MÉMOIRES

ET

ANECDOTES

SUR LA DYNASTIE RÉGNANTE

DES DJOGOUNS,

SOUVERAINS DU JAPON.

IMPRIMERIE DE LE NORMANT, RUE DE SEINE, N° 8.

Résidence du Djogoun à Yédo.

MÉMOIRES

ET

ANECDOTES

SUR LA DYNASTIE RÉGNANTE

DES DJOGOUNS,

SOUVERAINS DU JAPON,

AVEC LA DESCRIPTION DES FÊTES ET CÉRÉMONIES
OBSERVÉES AUX DIFFÉRENTES ÉPOQUES DE L'ANNÉE A LA COUR DE CES PRINCES,
ET UN APPENDICE CONTENANT DES DÉTAILS SUR LA POÉSIE DES JAPONAIS,
LEUR MANIÈRE DE DIVISER L'ANNÉE, etc;

OUVRAGE ORNÉ DE PLANCHES GRAVÉES ET COLORIÉES,
TIRÉ DES ORIGINAUX JAPONAIS

PAR M. TITSINGH;

PUBLIÉ AVEC DES NOTES ET ÉCLAIRCISSEMENS

PAR M. ABEL RÉMUSAT,

MEMBRE DE L'INSTITUT,
PROFESSEUR AU COLLÉGE DE FRANCE, etc.

A PARIS,

CHEZ A. NEPVEU, LIBRAIRE,

PASSAGE DES PANORAMAS, Nº 26.

MDCCCXX.

PRÉFACE

DE L'ÉDITEUR.

Parmi les ouvrages que M. Titsingh a laissés
en manuscrit, et dont la publication ne peut
qu'être impatiemment attendue par tous les
amis des sciences et des lettres, les uns sont
des traductions ou des extraits de livres chinois
ou japonais ; les autres, des Mémoires sur différens sujets, composés par l'auteur pendant
son séjour au Japon. Les premiers, quelque
considérables qu'ils soient, ne forment pas,
dans mon opinion, la partie la plus importante
de cette précieuse collection : nous possédons
en Europe la plupart des livres que M. Titsingh
avoit traduits, et nous savons qu'appliqué tout
entier à des soins plus importans, cet esti-
mable et laborieux voyageur n'avoit eu le
temps d'acquérir, dans l'histoire et dans les
langues de la Chine et du Japon, que des
connoissances assez superficielles.

Mais des travaux dont la perte, si malheu-
reusement elle avoit lieu, seroit, à notre avis,
irréparable, ce sont ces notices sur les arts,

les productions et le commerce du Japon ; ces recueils de figures dessinées ou enluminées avec soin, qui font connoître, mieux que toutes les descriptions, les costumes, les meubles, les machines, en usage dans ce pays célèbre ; ces remarques sur le gouvernement, les lois, les mœurs et le génie des habitans. M. Titsingh étoit un observateur aussi judicieux qu'attentif, et sa position, un séjour de quatorze années à Nangasaki, la considération dont il y fut entouré, les liaisons honorables qu'il forma avec les personnages les plus éminens, lui procurèrent tous les moyens d'avoir des renseignemens authentiques, d'éclaircir ses doutes, et d'acquérir enfin, sur tout ce qui peut intéresser les Européens, les notions les plus exactes et les plus approfondies qu'il soit possible à un étranger d'obtenir.

Il a fallu cette heureuse réunion de circonstances, pour donner naissance à l'ouvrage que nous publions en ce moment. On sait qu'à l'exemple des Chinois, les Japonais ont coutume de ne publier aucun livre d'histoire, relatif à une dynastie, tant que cette dynastie occupe le trône. Cet usage n'a pas seulement pour objet de préserver les historiens de la tentation d'altérer la vérité, par crainte, par flatterie, par haine ou par reconnoissance, on veut encore éviter des révélations prématurées, et des discussions qu'on croit injurieuses pour la majesté royale, et dangereuses pour la tranquillité de l'Etat. Quelque jugement qu'on porte sur ces précautions, leur effet est de dérober à notre connoissance les faits les plus récens, et quelquefois les événemens qui se passent de nos jours sont plus ignorés de nous, que ceux de l'antiquité. En particulier, nous sommes assurés qu'aucun ouvrage imprimé au Japon ne donnera de détails sur ce qui s'est passé dans cet empire depuis l'an 1600, époque où finit le *Nifon wo daï itsi ran*, ou les Annales des Daïris.

En voila sans doute assez pour faire accueillir avec intérêt et curiosité les *Mémoires sur les Djogouns*. M. Titsingh, qui les a traduits ou extraits d'ouvrages japonais manuscrits, explique lui-même par quels moyens il est parvenu à avoir connoissance de ces ouvrages. Sans la haute confiance que son caractère lui avoit attirée, et dont il a su profiter dans l'intérêt des sciences, il n'eût pu réussir à se procurer des Mémoires que leurs possesseurs cachent avec soin, ou ne laissent voir qu'à leurs intimes amis. Quand on connoît l'esprit soupçonneux du gouvernement japonais, son

a.

aversion pour les étrangers, l'inquisition sévère, et la jurisprudence barbare qui pèsent sur les particuliers, on a lieu de se féliciter de ce qu'un Européen est venu à bout de ce qu'un naturel n'eût jamais osé entreprendre. Grâces à ses soins, nous serons plus avancés que les Japonais eux-mêmes; et, par une singularité remarquable, nous connoîtrons plus tôt qu'eux et mieux qu'eux, les événemens de leur propre histoire.

M. Titsingh n'a pas rapporté de copie des manuscrits qui lui ont servi à la rédaction de ces Mémoires. Je n'avois conséquemment aucun moyen de vérifier l'exactitude de sa traduction, et j'ai dû me borner à donner une édition exacte de son ouvrage, dans l'état où je pouvois raisonnablement supposer qu'il l'eût mis lui-même, s'il eût pu l'achever et en surveiller la publication. Pour cela il y avoit à faire quelques changemens indispensables. En premier lieu, le style de l'auteur, quand il écrivoit en français, étoit tellement défectueux, que des corrections ordinaires eussent été tout-à-fait insuffisantes; il falloit refondre presque toutes les phrases et écrire, d'un bout à l'autre, l'ouvrage sous une forme nouvelle. Ce travail, long et fastidieux, a été fait par M. ***. En le revoyant, j'ai dû y joindre mes propres corrections, m'assurer si le sens de M. Titsingh avoit été partout bien saisi, et mettre en harmonie, par des transpositions et des renvois, les différentes parties d'un ouvrage dont, sous ce rapport même, la rédaction étoit entièrement à faire. Si je n'avois consulté que mon goût, j'aurois supprimé plusieurs récits puérils, des détails minutieux, et des listes de personnages inconnus, dont les noms n'offrent aucun intérêt; mais j'ai été retenu par l'idée que quelques personnes pouvoient juger de ces endroits autrement que moi, et que certains noms propres pouvoient devenir quelque jour utiles dans des discussions chronologiques. Je me suis donc décidé à ne faire aucune suppression, et à me borner à rejeter en note les listes de personnages, dont la longueur interrompoit le texte, et en rendoit la lecture fatigante. Les noms propres d'hommes et de lieux, et tous les mots japonais, répandus dans ce volume, ont été l'objet d'une autre opération : M. Titsingh les avoit transcrits d'après des règles qu'il s'étoit faites, de manière à ce que les Hollandais, ses compatriotes, les pussent prononcer sans difficulté. L'orthographe qu'il avoit adoptée à cet effet ne pouvoit subsister dans un ouvrage écrit en français; il falloit,

de toute nécessité, l'accommoder à notre prononciation. Dans un certain nombre de mots
qu'il n'a pas été possible de retrouver écrits
en caractères japonais, on s'est borné à une
rectification qui peut laisser quelque incertitude, quoiqu'on se soit toujours, pour la
faire, astreint à suivre les lois de l'analogie.

Divers morceaux que M. Titsingh avoit
insérés dans ses *Mémoires*, et qui ne pouvoient
rester à la place où il les avoit mis, ainsi que la
description circonstanciée des fêtes et des cérémonies qui ont lieu, dans le cours de l'année,
à Yedo, m'ont paru propres à former un
Appendice intéressant. J'y ai rapporté tout ce
que l'auteur, dans des notes trop étendues
pour être placées au bas des pages, avoit jugé
à propos de dire de la division de l'année
astronomique et civile chez les Japonais. On
pourra se servir de ces détails, qui nous ont
paru fort exacts, pour étendre et pour recti-
fier ce qu'on lit sur le même sujet dans les
ouvrages de Kæmpfer (1) et de Thunberg (2).
En général les mots japonais sont plus exactement rapportés et mieux traduits par M. Titsingh; ce qui tient sans doute à ce qu'il avoit
fait plus de progrès dans l'étude de la langue.

---

(1) Hist. du Japon, liv. II, chap. I.
(2) Tom. IV, pag. 89, édit. in-8°.

Cette raison m'a décidé à admettre dans l'Appendice quelques tables déjà connues, comme celles du cycle, des élémens, etc. On aura donc dans ce volume, sans être obligé de recourir ailleurs, tout ce qui est nécessaire à connoître sur la division du temps chez les Japonais. La table généalogique des Djogouns de la dynastie régnante, qui a été gravée d'après l'original dressé par M. Titsingh, est encore un morceau important. Elle fait connoître la descendance de ces princes, et de plusieurs familles régnantes du Japon, depuis le neuvième siècle jusqu'à nos jours, et elle complète la Table de Kæmpfer, qui s'arrête en 1693, au règne de Tsouna-yosi.

Les planches qui ornent ce volume, et qui sont soigneusement copiées et réduites d'après des dessins ou des planches exécutés au Japon, ont toutes un rapport plus ou moins direct aux objets qui y sont traités. Celle qui représente la terrible éruption de la montagne d'Asama, dans la province de Sinano, pourra, en la rapprochant de la description vive et animée que M. Titsingh a faite de ce phénomène, donner une idée des effrayantes convulsions auxquelles la nature est souvent en proie dans les îles japonaises. Le plan du palais des Djogouns, à Yedo, qu'on trouve en regard du frontispice, ne sera pas moins utile pour suivre ce qui est rapporté du cérémonial observé à la cour de ces princes. Il eût été bon, sans doute, de joindre à ce plan une description qui eût fait connoître les noms et la destination des corps de logis dont l'édifice est composé; mais je n'ai pas eu sous les yeux le plan original dans lequel, vraisemblablement, j'aurois pu trouver les éclaircissemens nécessaires. Les inscriptions que les Japonais, à l'imitation des Chinois, ont coutume de placer sur les portes, et qu'on reproduit fidèlement dans les plans, m'auroient tenu lieu d'autres explications, si j'avois eu cet original. C'est ce qui est arrivé pour deux autres plans qui sont insérés dans ce volume : l'un est celui de la factorerie chinoise, à Nangasaki; l'autre représente la factorerie hollandaise, et l'île de Desima, située près de la même ville. Comme les originaux de ces deux plans m'ont été remis, j'ai pu tirer, des inscriptions semblables à celles dont je viens de parler, et de quelques notes en japonais qui y étoient jointes, de quoi former une courte explication qu'on trouve à la suite de cette Préface. Les numéros de cette explication renvoient à ceux qui sont placés sur les planches.

Je n'ai joint au texte de M. Titsingh qu'un

petit nombre de notes assez courtes. En général, cet auteur avoit pris soin de donner
lui-même les explications les plus indispensables. J'ai suppléé à ses omissions dans ce
genre, quand je l'ai cru utile, et quand cela
m'a été possible; car nous avons encore si
peu de renseignemens authentiques sur le
Japon, qu'il arrive souvent d'être embarrassé,
particulièrement pour des faits de l'histoire
moderne, et cela pour les raisons qui ont été
rappelées plus haut. On possède cependant en
Europe l'un des ouvrages où l'on peut espérer
de trouver le plus d'éclaircissemens sur tout
ce qui tient aux usages, aux productions et à
l'économie rurale et domestique des Japonais :
c'est l'*Encyclopédie Japonaise*, rare et importante collection dont la Bibliothèque royale
doit la possession à M. Titsingh. Occupé, en
ce moment même, de faire l'extrait détaillé
de cet excellent livre, j'ai eu l'occasion de
me convaincre que tout ce qui pouvoit paroître obscur dans les traductions de M. Titsingh, ne le seroit pas si l'on avoit sous les
yeux les planches gravées, et les explications
claires et circonstanciées qui sont destinées à
faire connoître les productions du Japon,
ainsi que les mœurs des habitans, et les
meubles ou les machines dont ils font usage

Je regarde l'importation de l'Encyclopédie japonaise en Europe, comme un des services les plus considérables que M. Titsingh ait rendus à la littérature orientale ; car cet ouvrage d'origine chinoise, mais publié au Japon avec un grand nombre d'additions, contient tout ce qu'on a besoin de savoir sur les deux empires civilisés de l'Asie orientale, et répond mieux que ne sauroient le faire vingt voyageurs, à toutes les questions qui pourroient s'élever sur quelque point que ce soit des sciences historiques ou naturelles.

Si l'on s'arrête maintenant à considérer l'étendue des progrès que M. Titsingh aura fait faire à nos connoissances, quand ses manuscrits auront vu le jour, on sera obligé d'avouer qu'il n'a négligé presque aucun objet utile ou intéressant, et qu'il a contribué par ses travaux, autant que Kæmpfer, et beaucoup plus que Thunberg, à faire connoître à l'Europe cet empire singulier, qu'une politique qu'on eût pu taxer de timidité avant l'invasion de l'Hindoustan, s'obstine à fermer aux recherches des Européens. Sans parler des faits historiques contenus dans l'ouvrage que nous publions en ce moment, des anecdotes propres à faire juger le génie et les mœurs du peuple japonais, des détails de fêtes et de cérémonies

qui sont aussi des traits du caractère national,
et des renseignemens relatifs à la littérature,
aux sciences, et aux traditions japonaises, que
ce volume, quelque peu étendu qu'il paroisse,
renferme pourtant en si grand nombre, nous
dirons que les autres ouvrages qu'il a termi-
nés, et qui sont sur le point d'être publiés,
et plus encore les matériaux qu'il n'a pas eu
le temps de mettre en œuvre, mais dont on
ne lui est pas moins redevable, puisque c'est lui
qui les a choisis et rapportés en Europe,
forment la plus riche comme la plus utile
collection dont aucun pays de l'Asie soit
encore devenu le sujet. L'Encyclopédie japonaise suffiroit seule pour justifier cette
assertion. Mais combien d'autres travaux spé-
ciaux, ayant pour objet la connoissance de
l'homme ou de la nature au Japon, ne de-
vront-ils pas le jour au zèle actif et éclairé du
voyageur hollandais? Nous ne savons jusqu'à
présent, de l'histoire ancienne des Japonais,
que ce que nous en apprit Kæmpfer, dans
une chronique aride et abrégée, qui mériteroit
plutôt le nom de table chronologique. M. Titsingh, indépendamment d'un grand ouvrage
manuscrit, en japonais, dont il a fait présent
à la Bibliothèque du Roi, a consacré plusieurs
années à la traduction des *Annales des Daïris*,

ouvrage dont l'original forme sept volumes (1),
et contient les événemens de l'histoire japonaise, racontés avec les seuls détails qui con-
viennent pour un peuple si éloigné de nous,
et si complètement séparé du reste du monde:
Cette traduction, qu'on doit souhaiter de voir
paroître promptement, remplira une lacune
importante dans nos connoissances historiques, et sera nécessairement placée dans
toutes les bibliothèques, à côté de l'ouvrage
du P. Mailla, et de l'Histoire des Huns, de
Deguignes.

La géographie et la topographie ne gagne-
roient pas moins à la publication des matériaux amassés par M. Titsingh. La grande

---

(1) Je possède maintenant cet original, l'exemplaire même sur
lequel a travaillé M. Titsingh, et qui porte encore les traces de ses
élucubrations. C'est par là que j'ai pu apprécier le degré de connoissances qu'il avoit acquises dans les langues et la littérature de
ces contrées. Comme il avoit traduit avec l'aide d'interprètes peu
versés eux-mêmes dans l'étude des caractères chinois, et surtout des
matières historiques traitées dans cet ouvrage, M. Titsingh avoit
conservé des doutes sur un grand nombre de passages qu'il avoit
marqués, et, de retour à Paris, il avoit consulté, sur le sens de ces
endroits, une personne qui passoit alors pour savoir le chinois. Ses
interrogations, sur des points quelquefois très-faciles, prouvent du
moins de la candeur et de la modestie. Les réponses qui y sont restées attachées prouvent tout autre chose, et il y en a quelques unes
de très-extraordinaires. Cette remarque ne peut affoiblir en rien
l'estime due aux travaux de M. Titsingh; il étoit plus difficile de
faire ce qu'il a fait, avec une médiocre connoissance des langues,
que d'apprendre à fond le chinois et le japonais.

Carte du Japon, publiée en 1779, et dont il a rapporté plusieurs exemplaires, est certainement le plus beau monument qui ait été élevé, hors d'Europe, à la science géographique. Elle offre un très-grand nombre de noms et de situations; et, selon toute apparence, elle n'est pas moins exacte que détaillée. Quand elle aura été traduite et gravée, on connoîtra le Japon aussi bien et mieux que certaines parties de l'Europe. Des Cartes particulières de la Corée, de ces îles Lieou-khieou, sur lesquelles le voyage du capitaine Hall nous a fourni les premières notions exactes, de l'île de Yezo, qui a donné lieu à tant de discussions géographiques, et dont les Japonais seuls ont visité l'intérieur; beaucoup d'autres Cartes, avec les descriptions originales, ou les Mémoires qui s'y rapportent, ajoutent à nos connoissances plus de faits précis que certaines relations de voyageurs européens qu'on pourroit citer. Enfin, les vues, les routiers et les plans, parmi lesquels il y en a de fort détaillés, achèveront de faire connoître l'aspect du pays, la forme des montagnes, le genre de construction pour les ponts, les édifices publics et particuliers, etc. Les plans qui sont joints à ce volume, quoique dessinés d'après un système qui n'est pas le nôtre, donnent certainement une meilleure idée de l'architecture japonaise, et représentent plus exactement le palais de Yedo, et les deux factoreries de Nangasaki, que toutes les descriptions de Kæmpfer ou de Thunberg.

Quant aux productions du Japon, M. Titsingh a fait, pour nous en procurer la connoissance, tout ce que pouvoit faire un voyageur qui n'étoit pas naturaliste. Il a réuni les meilleurs livres, où les objets les plus intéressans étoient décrits et figurés. La collection des plantes cultivées dans le jardin du premier médecin de l'empereur, dessinées et peintes avec un soin admirable, n'est pas moins intéressante pour les arts que pour l'histoire naturelle; elle prouve que les peuples capables d'atteindre à ce degré de perfection, savent faire mieux que ces magots qu'on ne cesse de leur reprocher, et qui sont la seule chose qu'on ait recherchée parmi les productions de leurs arts. D'autres recueils de botanique, moins brillans par l'exécution, seroient peut-être plus utiles encore pour la science, et notamment un *Traité des Arbres, des Plantes et des Fleurs*, en sept volumes, offre les meilleures gravures en bois dont j'aie jamais eu connoissance (1). M. Titsingh avoit aussi

____

(1) Ce Traité, qui est en ma possession, servira de base à un

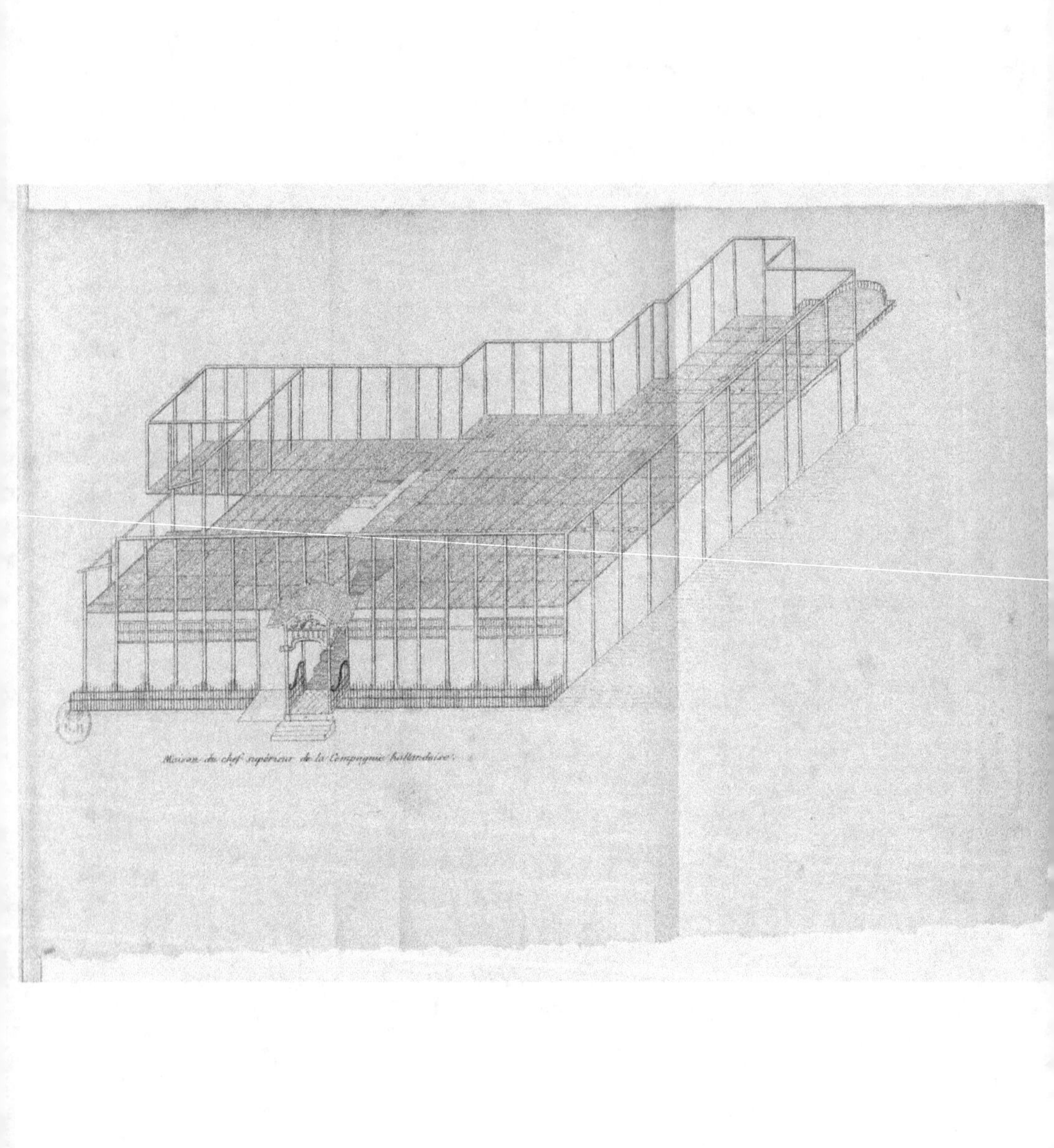

Maison du chef supérieur de la Compagnie hollandaise.

rassemblé de bonnes figures de cétacés, de poissons et de mollusques, qu'il seroit à désirer de voir publier avec les notes qu'il y avoit ajoutées.

Enfin, les arts des Japonais, leurs mœurs, leurs coutumes, leurs habillemens, etc. avoient surtout fixé l'attention de M. Titsingh, et il avoit composé sur tous ces sujets de nombreux Mémoires, toujours accompagnés de figures extraites des livres japonais. On a vu un échantillon des travaux de cette espèce, auxquels il s'étoit livré, dans l'ouvrage que M. Nepveu a publié l'année dernière, sur les cérémonies des mariages et des funérailles.

Il en reste plusieurs autres qui ne sont pas moins dignes de voir le jour. Tous les amis des connoissances utiles souhaiteront, sans doute, que le succès des premiers volumes de cette collection procure au libraire qui la possède les moyens d'en achever la publication.

---

ouvrage dont je compte bientôt commencer la publication. Il contiendra, sous le titre de *Flore chinoise et japonaise*, environ trois cents plantes ou arbres, dont les figures, tirées des meilleurs ouvrages originaux, seront accompagnées de notices traduites du chinois et du japonais, sur les propriétés, les habitudes et les usages économiques ou autres de chaque plante. On établira, à l'aide des figures et des descriptions, une synonymie la plus exacte possible entre les dénominations du pays et les nôtres, de manière à savoir avec précision de quelle plante les Chinois entendent parler sous tel nom, et aussi à tirer de la Chine les graines de celles qu'il pourroit être intéressant de naturaliser en Europe.

PLAN

DE LA FACTORERIE HOLLANDAISE,

A NANGASAKI.

1. Factorerie des *Olando* (Hollandais), dans l'île de Desima (l'île Avancée) (1).

2. La 13e année *Kouan-young*, *Ping-tseu* du cycle , 1636 (2), l'île de Desima fut affectée à la demeure des Barbares du Midi, qui eurent la permission de s'y établir pour le commerce.

3. La première époque de l'arrivée des Hollandais au Japon est de la 7e année *Khing-tchang* (1602). Leurs priviléges leur furent confirmés par Gongin, en 1609. Depuis, on a transporté leur établissement à Nangasaki. Cela a eu lieu la 18e année *Kouan-young* (en 1641).

4. De l'angle oriental à l'angle méridional, on compte 35 mesures d'environ 8 pieds japonais ; de l'angle méridional à l'angle occidental, on en compte 108.

---

(1) On nomme ainsi cette île, parce qu'elle fait saillie hors de la ville de Nangasaki. Voyez le plan de cette dernière ville dans le livre IV de l'*Histoire du Japon*, de Kæmpfer.

(2) Comparez, pour cette date, le récit de *Kæmpfer*, ouvrage cité, tom. II, pag. 186, édit. in-12.

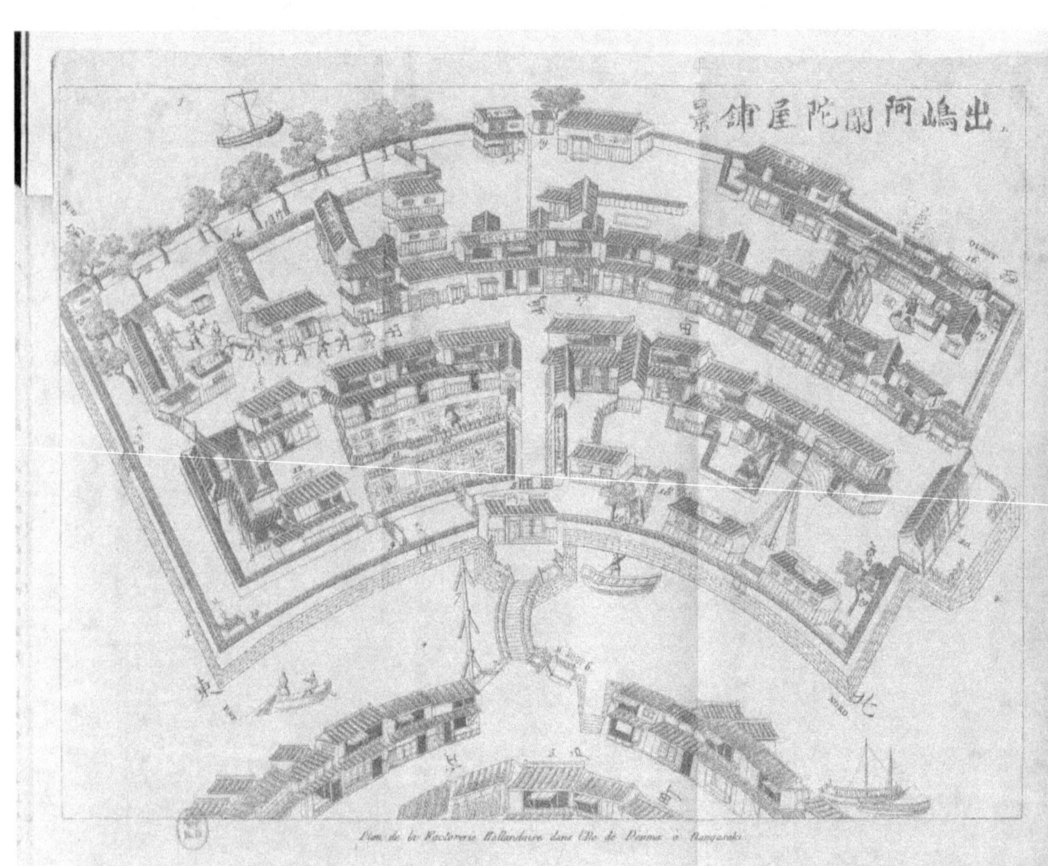
出嶋阿蘭陀屋舖景
NORD
OUEST
Plan de la Factorerie Hollandaise dans l'Ile de Desima à Nangasaki.

De l'angle septentrional à l'angle occidental, il y en a 35.

Et de l'angle septentrional à l'angle oriental, il y en a 96.

(La mesure dont il est parlé ici doit répondre à environ 8 pieds japonais, puisque Kæmpfer donne à l'île de Desima 600 pieds de longueur, et 240 de largeur. Cet auteur assure qu'en la mesurant lui-même, il a trouvé que sa largeur est de 82 pas communs, et sa plus grande longueur de 236).

5. Rue de la Porte des Eaux.

6. Bureau du subdélégué du gouverneur.

7. Barrière.

8. Porte d'Honneur.

9. Aqueducs.

10. Parterres.

11. Bassins.

12. Galeries pour prendre le frais.

13. Etables à bœufs.

14. Boulevard planté de bambous.

15. Maison du chef du quartier.

16. Maison des interprètes.

17. Desima mats, ou rue de Desima.

18. Lavoir.

19. Corps-de-garde.

20. Portes pour l'eau.

Je crois ne pouvoir mieux faire, à la suite

de cette courte explication, que de remettre sous les yeux des lecteurs la description de l'île Desima, par Kæmpfer. Cette description s'applique exactement au plan que nous donnons d'après M. Titsingh, comme il sera aisé de s'en convaincre en comparant l'une avec l'autre. D'ailleurs, suivant la remarque de l'éditeur anglais, Scheuchzer, on voyoit, dans l'original manuscrit de l'auteur allemand, des renvois que cet éditeur a supprimés, parce qu'ils se rapportoient à un plan qui ne s'est pas retrouvé parmi les papiers et les dessins de Kæmpfer (1). Il est donc utile de réparer cette omission involontaire, et de rapprocher du plan donné par M. Titsingh une description qui en forme le complément nécessaire.

« L'endroit où les Hollandais demeurent s'appelle Desima, c'est-à-dire l'île Avancée, ou située devant la ville. Quelquefois les Japonais l'appellent Desima mats, c'est-à-dire la rue de l'île de devant, à cause qu'elle est comptée au nombre des rues de Nangasaki, et sujette aux mêmes réglemens. Elle n'est pas loin de la ville, et a été élevée par art dans la mer, qui est, aux environs, pleine de rochers et de sable, et a peu de fond. Les fondemens, à la hauteur

---

(1) Trad. française, tom. II, pag. 189.

d'une toise et demie ou de deux toises, sont de pierres de taille, et elle s'élève environ à une demi-toise au-dessus de la pleine marée. Elle ne ressemble pas mal à un éventail dont on auroit coupé le manche : c'est un carré oblong, dont les deux grands côtés sont des segmens de cercle ; elle est jointe à la ville par un petit pont de pierres, de quelques pas de longueur, au bout duquel il y a un beau corps-de-garde, où des soldats sont toujours en faction. Au côté septentrional de l'île, sont deux grosses portes qu'on nomme les portes de l'Eau, que l'on n'ouvre jamais que pour charger et décharger nos vaisseaux, en présence d'un certain nombre de commissaires nommés par les gouverneurs. Toute l'île est entourée de planches de sapin, médiocrement exhaussées ; elles sont couvertes d'un petit toit, au haut duquel est planté un double rang de piques, à peu près comme ce qu'on appelle cheval de frise ; le tout en général est foible et incapable de résistance, en cas de besoin. A quelques pas de l'île, et dans l'eau, on a planté treize poteaux fort élevés, à une distance raisonnable l'un de l'autre, avec de petites planches de bois au haut, où est écrit en grands caractères japonais l'ordre des gouverneurs, défendant, sous des peines sévères, à tous les bateaux et vaisseaux de passer les poteaux, et d'approcher de l'île. Devant le pont, du côté de la ville, il y a un endroit bâti de pierres de taille, où l'on affiche les ordonnances et édits de l'empereur, et les ordres des gouverneurs, écrits sur un pareil nombre de planches. Un de ces ordres est au sujet de la garde, et l'autre s'adresse aux officiers de la rue de Desima, et à toutes les personnes qui y ont affaire, et qui sont obligées d'y entrer et d'en sortir..... On compte ordinairement que la surface de notre île est égale à celle d'un stade, ayant 600 pieds de longueur et 240 de largeur.... Une rue large coupe l'île dans sa longueur. On peut en faire le tour encore par un petit promenoir qui règne tout le long des planches de sapin qui l'environnent. On peut fermer cette petite allée, s'il est nécessaire. Les eaux des gouttières s'écoulent dans la mer par des tuyaux étroits et recourbés, faits ainsi à dessein, de peur qu'on ne fasse sortir quelque chose de l'île en cachette; ce qu'on suppose qui seroit aisé, si les tuyaux étoient droits. Il n'y a que la rue qui coupe l'île dans sa longueur, où il y ait des maisons de chaque côté; ces maisons furent bâties aux dépens de quelques habitans de Nangasaki, à qui nous devons payer, en vertu du contrat primitif, une rente annuelle de 6500 *siumome*, qui excède le capital de sa valeur réelle. Toutes les maisons qui sont bâties de bois, surtout de sapin, sont fort chétives d'ailleurs, et de vrais taudis. Elles ont deux étages; le plus bas sert de magasin. Nous occupons le plus haut, et nous sommes obligés de le meubler à nos dépens, avec du papier de couleur, au lieu de tapisseries, selon la coutume du pays; de nous pourvoir de nattes pour couvrir le plancher; de portes et de serrures, si nous voulons mettre nos meubles et nos hardes en sûreté, et fermer nos chambres pendant la nuit. Les autres bâtimens qui sont dans notre île sont trois corps-de-garde, un à chaque bout de l'île, et l'autre au milieu; un endroit tout près de l'entrée, où l'on tient tous les instrumens nécessaires pour éteindre le feu, et de petits puits qu'on a creusés pour en tirer de l'eau; on les ferme avec des planches clouées, de sorte qu'on puisse les découvrir aisément en cas de besoin. Toute l'eau dont nous nous servons dans la cuisine et dans l'usage ordinaire, vient de la rivière qui traverse la ville; elle est portée par des tuyaux faits de bambous, et se jette dans un réservoir bâti dans l'île. Cette provision d'eau est un article que nous payons à part. La compagnie des Indes fit bâtir, à ses dépens, derrière la grande rue, une maison destinée à la vente de nos marchandises, et deux magasins à l'épreuve du feu; car les magasins dont j'ai parlé, et qui sont le premier étage de nos maisons, sont exposés à la pluie et au feu, et ne sont guère à couvert des voleurs. Une grande cuisine, une maison pour les subdélégués des gouverneurs, qu'ils nomment pour la direction de notre commerce; une maison pour les interprètes, dont on se sert seulement dans le temps de nos ventes; une cuisine et un jardin de plaisance; un lavoir pour le linge, et autres choses; quelques jardins particuliers, et un bain. L'*ottona*, ou principal officier de la rue, a aussi une maison et jardin en son particulier. On a laissé une place vide, où l'on élève des boutiques qui sont sur pied tout le temps que nos navires sont dans le port. Il y a aussi un coin à l'écart, pour y mettre les guenilles, les cordes et les divers outils nécessaires pour emballer les marchandises. (1). »

---

(1) Comparez Thunberg, tom. III, pag. 35, de la traduction française, édition in-8°.

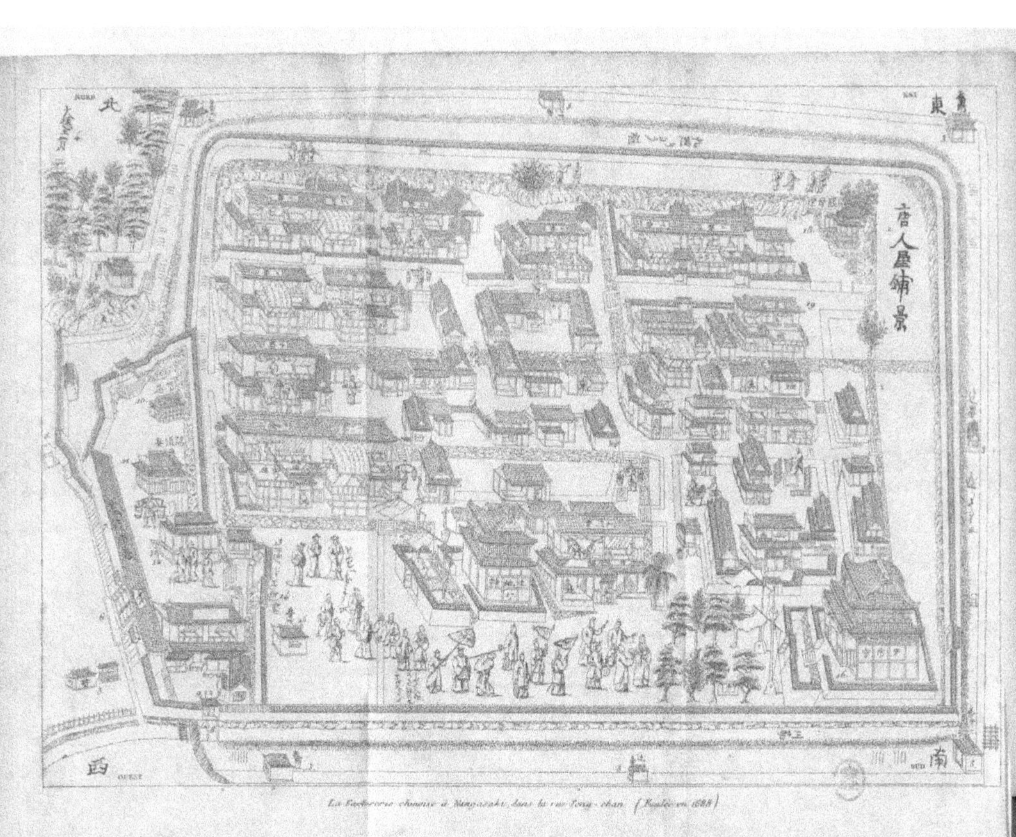

La Factorerie chinoise à Nangasaki, dans la rue Tong-chan. (Fondée en 1688)

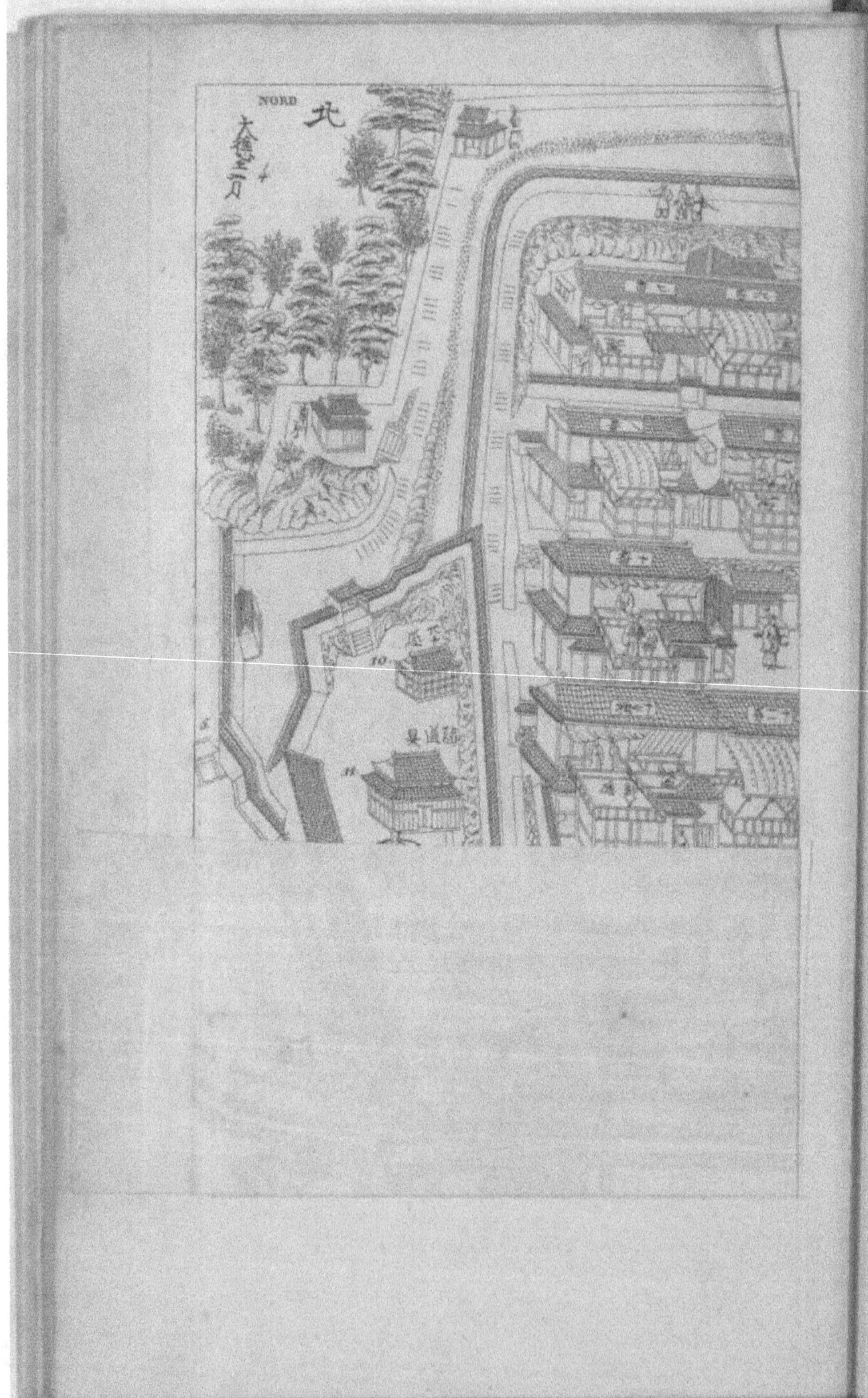

NORD 北
大德三月

PLAN

DE LA FACTORERIE CHINOISE,

A NANGASAKI.

Ce plan, copié et réduit d'après une gravure japonaise, offre, en plusieurs endroits, des inscriptions qui n'auroient pu être qu'imitées imparfaitement par le graveur français. Je vais donner la traduction de ces inscriptions, en marquant, par des renvois à la Planche, l'endroit où elles sont placées dans l'original.

1. Factorerie chinoise.

2. La factorerie chinoise avoit été, depuis 1688, dans un autre emplacement. Par ordre du gouverneur de Nangasaki, elle a été transportée, en 1780, sur l'emplacement d'un ancien temple, qui a été environné de dix corps-de-gardes, pour surveiller les Chinois.

3. Corps-de-gardes.

4. Emplacement du temple de la Grande-Vertu.

5. La porte donnant sur la rue des Bambous.

6. La grande porte.

7. Maison des interprètes.

8. Pont.

9. Porte.

10. Remises.

11. Magasins.

12. Bureau.

13. Seconde porte.

14. Registres des subrécargues.

15. Corps-de-garde.

16. Chapelle du *Prince du Ciel.* On voit les officiers de la factorerie, qui se rendent à cette chapelle pour une cérémonie.

17. Chapelle de l'Esprit tutélaire du pays.

18. Chapelle de *Kouan-in* (*Awalokites-chouara.*)

19. Premier magasin. Les autres sont rangés, à partir de celui-ci et en allant à gauche, jusqu'au treizième, qui est situé derrière la chapelle de l'*Esprit tutélaire.* On lit les numéros sur la porte de chaque magasin.

Nous joignons ici le plan de la résidence du chef de la compagnie hollandaise, d'après un plan qui s'est trouvé dans les papiers de M. Titsingh.

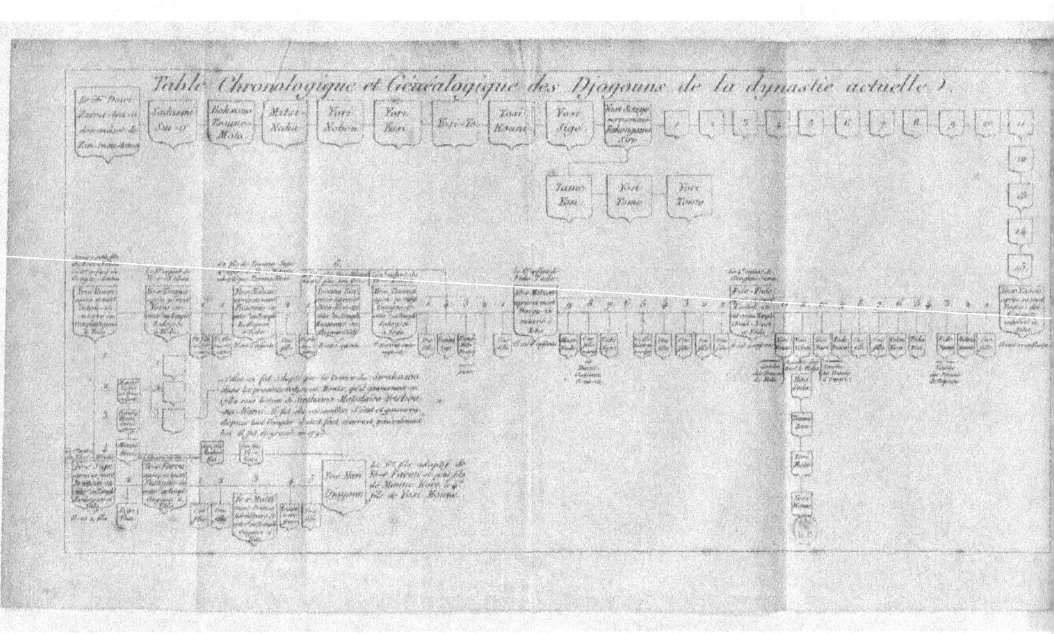

Table Chronologique et Généalogique des Djogouns de la dynastie actuelle

MÉMOIRES ET ANECDOTES

SUR LA DYNASTIE RÉGNANTE

DES DJOGOUNS,

SOUVERAINS DU JAPON.

———

Les *Daïris*, chefs spirituels du Japon, en furent les premiers souverains; ils conservèrent un pouvoir absolu jusqu'à la fin du XIIe siècle que *Yori-tomo* fut élu commandant en chef de l'empire (1185), et ensuite *Zi-i-daï Djogoun* (1192). Leur autorité, qui fut dès lors fortement ébranlée, s'affoiblit de plus en plus sous les *Djogouns* successeurs de *Yori-tomo*, et reçut le dernier coup sous *Yeye-yasou* ou *Gongin-sama*, premier *Djogoun* de la dynastie actuelle.

Le *Daïri* est encore regardé comme le souverain de l'empire : mais ce n'est qu'une vaine apparence; et comme son influence dans le temporel est à peu près nulle, on peut dire que le pouvoir suprême est dans les mains du *Djogoun*. Toutefois le consentement du *Daïri* est encore

requis dans toutes les affaires importantes, et
alors les ordres sont publiés en son nom. Il est
rare qu'il le refuse; on n'a pu m'en citer qu'un
exemple : ce fut lorsqu'il étoit question d'accorder le titre de *Kouambak* à *Fide-fada*, fils
de *Gongin*. Le *Daïri*, persuadé qu'il chercheroit
en vain à troubler la dynastie actuelle dans la
possession de son autorité, paroît se contenter
des égards et de la déférence que le *Djogoun*
lui montre par politique, et dont ce prince ne se
dispensera jamais s'il est sage : car l'inimitié du
chef spirituel de l'empire pourroit, sinon ren-
verser le trône, du moins exciter les plus grands
troubles dans l'État.

Les dynasties des *Djogouns* sont comprises
sous la dénomination de *Tenka-no-si-goun* (1),
ou de *Soso-no-si-goun;* il y en a quatre, savoir :

1°. Celle de *Yori-tomo.*

2°. Celle de *Faka-ousi.*

3°. Celle de *Fide-yosi* ou de *Taïko.*

4°. Enfin celle de *Yéyé-yasou* ou de *Gongin.*

Faka-ousi étoit de la famille de *Yosi-ye*, qui
descendoit du 56ᵉ Daïri *Seïwa-ten-o :* il par-
tagea le gouvernement entre ses deux fils *Yosi-
nori* et *Moto-ousi*, confiant à chacun l'administration de trente-trois provinces. Le dernier

---

(1) *Tenka*, empire; *no*, particule conjonctive; *si*, quatre;
goun, seigneur; *Soso*, qui s'est élevé soi-même.

qui commandoit dans la partie orientale fut nommé *Kamakoura-no-Djogoun* : il tint sa cour à *Kamakoura*, dans la province *Fagami*, près d'*Odewara*, et à trois milles de *Foasisawa*. *Yosi-nori*, qui avoit les provinces de l'occident, résidoit à *Miyako*, avec le titre de *Tchoko-no-Djogoun*.

L'empire étoit alors toujours en guerre, et *Faha-ousi*, en le partageant entre ses fils, espéroit que, dans le cas où l'un d'eux seroit vaincu, son frère pourroit venir à son secours. Mais ce partage ne fit que les armer l'un contre l'autre, et quoique frères, ils en vinrent souvent aux mains jusqu'à ce que la branche de *Miyako* fût détruite.

FIDE-YOSI ou TAÏKO.

Nobou-naga, de la famille *Feike*, fut tué par *Akedje-mitsou-fide*, qui vouloit usurper le trône et se faire *Djogoun*. Mais il périt lui-même peu de jours après son attentat. Sa mort donna lieu à ce proverbe : *Akedje-no-tenka-mika*. « Akedje ne régna que trois jours : » proverbe dont on se sert pour exprimer qu'une chose a été de peu de durée.

Après la mort de *Nobou-naga*, on choisit pour lui succéder, son petit-fils, *Sin-fosi*, fils de *Nobou-fada*. Les parens et les amis du dernier *Djogoun* se partagèrent l'administration des provinces. *Nabouko*, oncle du jeune prince, à qui celle d'*Ovari* étoit échue, fut chargé du gouvernement pendant la minorité. Les autres personnes qui avoient obtenu des provinces, étant allées en prendre possession, *Fide-yosi* resta seul à *Miyako*. Après avoir remporté plusieurs victoires dans les guerres qui désoloient alors l'empire, il prit le titre de *Djogoun*, la 13e année *Ten-djo* (1585) (1).

Les Annales des *Daïris* ne donnent aucun détail sur l'origine de ce prince; et comme il n'avoit pas de surnom connu, on lui donna celui de *Toyo-tomi*. Quelques écrivains assurent qu'il étoit né dans les dernières classes de la société; d'autres au contraire lui attribuent une naissance plus relevée. Voici ce que ces derniers racontent : Le *Yinnagon Motche-fagi*, officier du *Daïri*, accusé d'un crime qu'il n'avoit pas commis, avoit été exilé à *Ovari*. Il y devint amoureux d'une femme, dont il eut un fils qui reçut à sa naissance le nom de *Fi-yosi-marou*. L'innocence du père ayant été reconnue, il fut rappelé à *Miyako*, où résidoit sa famille, et rétabli

---

(1) Ses hauts faits sont racontés assez succinctement dans le *Taïko-ki*, ouvrage que mes occupations ne m'ont pas laissé le temps de traduire. L'auteur y exalte, au contraire, ceux de *Yeye-yasou*, dans la vue de flatter ses descendans. Cependant les Japonais regardent encore, de nos jours, *Fide-yosi* comme un de leurs plus grands princes.

dans son emploi. Sa maîtresse, qu'il avoit été forcé de laisser à *Ocari*, tomba dans la misère après son départ; et elle n'eut d'autre ressource pour subsister avec son fils que d'épouser un laboureur nommé *Nakamouro-yayemon*, qui prit soin de l'enfant, et le fit élever sous ses yeux. Après la mort de *Yayemon*, sa veuve se remaria avec le médecin *Tiekou-ami*.

Le fils de *Motche-fagi*, parvenu à l'âge de vingt ans, entra dans la maison de *Matsou-sita-kafesi*, officier du *Djogoun*, en qualité de porteur de babouches. Il passa de là au service de *Nobou-naga*, qui n'étoit encore que prince d'*Ocari*, et ce fut alors qu'il prit le nom de *Fide-yosi*. Il servit son nouveau maître avec tant de dévouement, et donna des preuves si multi-pliées de sagesse et de bravoure, que *Nobou-naga*, devenu *Djogoun*, l'éleva aux premières dignités militaires.

Fide-yosi, après la mort de ce prince, se mit en possession du gouvernement, et dès qu'un fils qu'il avoit adopté eut été élu *Kouambak*, il prit le titre de *Taïko*. Il étoit de petite taille, ayant à peine cinquante pouces de haut. Il avoit les yeux ronds comme ceux des singes, ce qui lui avoit fait donner le surnom de *Saroutsoura*, visage de singe.

Je lis dans un autre manuscrit des détails différens de ceux que je viens de rapporter. Les voici : *Fide-yosi* avoit épousé *Kita-no-marou-dono*, fille de la nourrice du prince de *Kaga*. Il étoit alors si pauvre, qu'il n'avoit pas même un *Sagaraki-yaki*, ou pot de terre commune pour boire le *Zakki* avec la mariée. *Fide-yosi* entra d'abord au service de *Matsou-sita-kafesi*, qui occupoit un emploi équivalent à celui de gouverneur de *Nangasaki*. Après avoir quitté cet officier, il s'enrôla sous les drapeaux de *Nobou-naga*, et, par sa grande bravoure et ses brillans exploits, il s'éleva auprès de ce prince à un tel degré de faveur, qu'il en obtint le commandement de l'armée.

Quelque différens que soient ces deux récits, ils s'accordent à prouver que *Fide-yosi* dut son élévation à son propre mérite et à la faveur de *Nobou-naga*.

Fide-yosi, à l'âge de quarante ans, étoit devenu amoureux de *Yodo-dono*, fille d'*Aza-i-bizen-no-kami-naga-masa*, qui s'étoit montré constamment l'ennemi de *Nobou-naga*, et qui, à la fin, se voyant vaincu, le 8ᵉ mois de la 1ʳᵉ année *Ten-djo* (1573), s'étoit donné la mort, aussi bien que son père *Simotske-no-kami-fisa-masa*. *Nobou-naga*, ayant confisqué son château d'*Odani*, en avoit confié la garde à *Fide-yosi;* et ce fut alors que celui-ci eut occasion de voir *Yodo-dono*, qui étoit aussi recommandable par sa beauté et par son esprit, qu'il paroît qu'elle l'étoit peu par ses mœurs. Quelques écrivains assurent qu'il l'épousa ; d'autres, qu'il vécut seulement avec elle, mais sans en faire sa femme. Quoi qu'il en soit, il lui resta constamment attaché, et il en eut, dans sa vieillesse, un fils, qui fut nommé *Fide-yori*. La mort lui avoit déjà enlevé un autre fils qu'il aimoit beaucoup.

Tchoan, dans son ouvrage qui a pour titre *Dou-gouaï-den*, prétend que *Yodo-dono* menoit une conduite très-équivoque ; il en conclut qu'il est fort incertain que *Fide-yori* eût le droit de donner le nom de père à *Taïko*. Mais cette assertion est sans fondement ; elle n'a eu pour objet que de rendre moins odieuse l'usurpation de *Gongin*, qui détrôna *Fide-yori*. En général, cet ouvrage est un tissu de mensonges, et ne mérite aucune confiance.

Cependant il paroît constant que *Yodo-dono*, après la mort de *Taïko*, devint la maîtresse d'un officier de la maison de *Fide-yori*, nommé *Ono-souri-farou-naga*. Cet homme, sans cœur et d'une conduite déréglée, n'avoit de mérite que ses agrémens extérieurs. *Yodo-dono*, au contraire, avoit un courage digne de sa haute fortune : sa fermeté et la sagesse de ses conseils furent d'un grand secours à son fils dans ses guerres contre *Gongin*. Aussi celui-ci lui portoit-il une haine implacable ; et après la prise du château d'*Osaka*, il l'emmena avec lui à *Yedo*, où l'on dit qu'elle se donna la mort.

Je n'entrerai pas dans le détail des événemens qui ont affermi *Gongin* sur le trône. On peut consulter l'ouvrage du P. Crasset où rien d'important n'a été omis. Il suffira, pour l'objet que je me propose, du récit succinct qu'on va lire.

Fide-yosi, avant d'avoir eu un enfant, en avoit adopté un, comme je l'ai déjà dit. C'étoit son neveu *Fide-tsougou*, fils de son frère cadet *Fide-naga*. Ce jeune prince, d'un naturel féroce, faisoit mettre à mort les vieillards, les aveugles et les infirmes qu'il rencontroit, en disant qu'ils n'étoient bons à rien dans ce monde. Il commit encore d'autres horreurs dont parle le P. Crasset (1). *Taïko*, indigné de ses cruautés, le confina dans le temple *Koyosan*, où il se tua avec ses gens.

Taïko, voyant sa fin approcher, crut devoir prendre des mesures pour assurer l'empire à son fils *Fide-yori*, alors âgé de six ans. Il ne trouva pas de meilleur expédient que de s'allier étroitement avec *Yeye-yasou*, seigneur de *Kouanto*, le plus recommandable et le plus puis-

____

(1) *Hist. de l'Eglise du Japon*. L. x, T. II, p. 48.

sant des princes de l'empire. A cet effet, pendant la maladie qui termina ses jours, il fiança son fils à la petite-fille de *Yeye-yasou*, qui n'avoit encore que deux ans. Il nomma *Yeye-yasou* tuteur de *Fide-yori*, après l'avoir fait jurer solennellement et signer de son sang que, dès que le prince auroit atteint sa quinzième année, il le reconnoîtroit et le feroit reconnoître pour *Djogoun*. *Taïko*, tranquillisé par ces précautions, remit le gouvernement à *Yeye-yasou* et à cinq de ses principaux favoris; et il mourut le 18 du 8ᵉ mois de la 3ᵉ année *Keï-djo* (l'an 1598), à l'âge de soixante-trois ans.

Après la mort de *Taïko*, la division ne tarda pas à se mettre parmi les gouverneurs, et il en résulta des guerres et des troubles dans l'Etat. *Yeye-yasou*, qui aspiroit depuis long-temps au pouvoir suprême, eut soin de fomenter ces troubles; et il s'en prévalut, jusqu'à ce que, voyant son autorité assez affermie, il leva le masque, attaqua *Fide-yori* sur des motifs plausibles, et l'assiégea dans son château d'*Osaka*. La paix se fit toutefois par l'entremise du *Daïri*, mais elle dura peu. La guerre recommença avec plus de violence, et on en peut voir l'issue dans l'ouvrage déjà cité du P. Crasset (1). Les détails qu'on en lit dans les lettres des em-

____

(1) T. II, L. XV.

ployés de la compagnie hollandaise au Japon,
quoique curieux sous le rapport du commerce
de ce temps, n'ont pas assez d'intérêt pour que
je m'y arrête.

Gongin, devenu maître de l'empire par la
défaite de *Fide-yori* et de ses partisans, ne songea
plus qu'aux moyens de s'assurer pour toujours le
pouvoir suprême. Comme il y avoit beaucoup de
personnes à la cour du *Daïri* qui favorisoient le
parti de *Fide-yori*, et qu'il étoit du plus grand
intérêt pour l'usurpateur de tenir cette cour
dans une dépendance absolue, il sut persuader
au *Daïri* de nommer deux de ses fils grands-
prêtres, l'un dans le temple de *Niko*, et l'autre
dans celui d'*Ouyeno* à *Yedo*. De cette manière
il n'eut plus rien à craindre du *Daïri*, qu'il auroit
pu faire remplacer immédiatement par un de
ses fils, s'il eût osé tenter quelque entreprise
contre son pouvoir usurpé.

Gongin, tranquille de ce côté, fit des règle-
mens si sages, que l'empire, trop long-temps
déchiré par des discordes civiles, parvint enfin
à goûter une tranquillité parfaite, et qu'on put
jeter les fondemens de la prospérité dont il jouit
encore aujourd'hui.

C'est à cette époque que se termine le *Nipon-
o-daï itche-ran* (ou Annales des *Daïris*). Depuis
l'avènement de *Gongin*, il est défendu de rien

imprimer de ce qui a rapport au gouvernement.
Mais les curieux conservent chez eux des manuscrits où sont racontés tous les événemens
remarquables arrivés sous les différens princes
de la dynastie actuelle. Ces manuscrits sont fort
recherchés. La conduite des personnes élevées
en dignité y est quelquefois aussi franchement
censurée, qu'elle pourroit l'être en Europe dans
les pays les plus libres. Les entraves que le gouvernement met à la publication des livres historiques empêchent que ces ouvrages ne soient
connus, et préviennent ainsi tout ce qui pourroit faire une impression funeste sur les esprits,
et nuire aux intérêts de la dynastie régnante,
aussi bien qu'au repos de l'empire. C'est de
quelques uns des manuscrits dont je viens de
parler que sont tirés les détails que je donne
au public. Les Japonais qui les possèdent ont
soin de les bien cacher, et il est difficile de s'en
procurer la lecture. Si j'ai pu obtenir que ceux
dont j'ai extrait des notes si curieuses me fussent
communiqués, j'en suis redevable au zèle ardent
que mes amis mettoient à m'aider dans toutes
mes recherches. Jamais je ne pourrai leur témoi-
gner assez de reconnoissance pour ce service,
et pour toutes les autres marques de bienveil-
lance dont ils n'ont cessé de me combler pendant les cinq années que j'ai résidé parmi eux.

J'ai cru inutile de m'appesantir sur tout ce qui concerne le gouvernement, matière peu intéressante pour un étranger, depuis que l'empire jouit du repos le plus profond : je n'en ai recueilli que ce qui pouvoit contribuer à faire bien connoître au lecteur la manière de penser et d'agir de ce peuple sur lequel on n'a en Europe que des notions imparfaites. C'est pour cette raison que j'ai traduit le plus littéralement qu'il m'a été possible ce que j'ai extrait des ouvrages originaux.

LE PREMIER DJOGOUN DE LA DYNASTIE RÉGNANTE.

Minamotto-no-Yeye-yasou eut pour père *Zo-ou-Daïnagon-firo-fada;* sa mère *Dentsou-in-den* étoit fille de *Misou-no-ouyemon-no-dayou-fada-masa :* il se faisoit descendre du 56ᵉ *Daïri Seïva-ten o* (1). Avant son avènement, il étoit prince d'*Okasaki.*

---

(1) Il comptoit parmi ses ancêtres :
Sada-oumi-sin-o.
Kokfon-no-tsoune-motto.
Fada-no-mandjou, *Ninamotto-no-reiko*, qui adopta son frère.
Minamotto-no-yori-nobou.
Iyo-no-kami, *Minamotto-no-yori-yosi.*
Minamotto-no-yosi-ye fatsman-farou, depuis *Mouts-no-kami.*
Minamotto-no-yosi-kouni. Sikibou-no-dayou.
Minamotto-no-yosi-sige-nita-ouye-no-souke.
Minamotto-no-yosi-souze, fakougawa-siro.
Il y a quinze petits princes entre ce dernier et *Yeye-yasou.*

Yeye-yasou eut douze enfans (1), dont le second, *Nobou-yasou*, étoit un jeune prince rempli d'excellentes qualités. Il encourut la disgrâce de son père, qui, sur de fausses accusations, lui donna l'ordre de se couper le ventre. Son innocence ayant été reconnue lorsqu'il n'étoit plus temps, *Gongin* regretta vivement sa perte.

De son troisième fils descendent les princes actuels d'*Yedjezen*. Il eut un fils, nommé *Fada-noa*, homme pervers et cruel, qui, pour des fautes légères, fit mourir plusieurs de ses domestiques. Son père, pour l'en punir, le força de se couper les cheveux, et l'exila dans la province *Boungo*.

----

(1) Les noms de ces douze enfans sont :

1°. Une fille mariée à *Okou-faïra-mimasaka-no-kami*, prince de *Nakats*.

2°. Un fils, *Minamotto-no-nobou-yasou*, ou *Okasaki-no-zanro*.

3°. Un fils, *Yedjezen-djounagan-djosan-i-fide-yasou*.

4°. Un fils, *Fide-fada*, *Dju-itche-i*, *Faydjo-daysin-sy-i-daï-djagoun*.

5°. Un fils, *Fada-yosi*. *Madsdaira-fatsouma-no-kami*.

6°. Un fils, *Nobou-yosi*, *Fahedu-mantche-o-marou*, le premier prince de *Mito*.

7°. Une fille mariée au prince d'*Odevara*.

8°. Une fille, mariée à *Gamo-fica-no-kami*, *Fide-youki*.

9°. Un fils, *Fada-ferou*, *Kadsousa-no-souki*, à qui les princes de *Fetzego* rapportent leur origine ; homme sans courage, et que *Gongin* méprisoit, à cause de la lâcheté qu'il avoit montrée dans la guerre d'*Osaka*.

10°. Un fils, *Yosi-nari*, *Ovari-daynagon*, *Oufve-no-souki*, dont descendent les princes d'*Ovari*.

11°. Un fils, *Yori-nobou*, *Ki-daïnagon*, *Fitats-no-souki*, qui fut la couche des princes de *Kidjo*.

12°. Un fils, *Yori-fousa*, *Mito-tchounagon*, *Sayemon-no-kami*.

Ce fut *Fide-Fada*, fils de *Yeye-yasou*, qui succéda à son père.

Le sixième, *Nabou-yosi*, mourut en bas âge, et eut pour successeur le neuvième fils de *Yeye-yasou*.

Son septième enfant étoit une fille, mariée au prince d'*Odevara*. Ce prince, ayant osé faire la guerre à *Taïko*, fut défait, et forcé de se couper le ventre. *Taïko* laissa la vie à son fils, parce qu'il étoit gendre de *Yeye-yasou*; mais il le fit prêtre, et le confina dans le temple *Koya-san* en *Kidjo*. *Taïko*, après avoir apaisé les troubles, lui accorda sa grâce, le créa prince, et lui donna un revenu de cent *Mankobf* (1). Mais le nouveau prince mourut de la petite-vérole, avant qu'on eût pu lui assigner une province, et sans laisser d'enfans. Il descendoit de *Kiyo-mori*, qu'on disoit issu du 50ᵉ *Daïri*, *Koan-mou-ten-o*; mais c'est une erreur : car son père étoit le 72ᵉ *Daïri*, *Ziro-kava-no-fowo*, qui mourut le 1ᵉʳ mois de la 3ᵉ année *Nin-fe* (1153). *Zirokava* l'avoit eu d'une de ses concubines, dont il fit présent à *Fada-mori*, lorsqu'elle étoit encore enceinte. Quelque temps après la naissance de *Kiyo-mori*, et lorsqu'il

____

(1) *Man*, dix mille ; *Kobf* ou *Kobang*, pièce d'or, dont la valeur a varié. La somme indiquée en cet endroit peut être évaluée à douze millions de francs. A. R.

rampoit encore sur les pieds et les mains, *Fada-mori* le porta au *Daïri* pour le lui montrer, et lui dit ces vers :

> *I moga bao*
> *Fofo dono ni koso*
> *Nari ni hiri.*

« Que doit devenir le fruit rampant d'une » concubine ? »

Zirokava répondit sur-le-champ par ces autres vers :

> *Fada-mori torite*
> *Yasi na-i ni ze yo.*

« *Fada-mori*, adoptez-le, et prenez soin de » lui. »

Le mari de la huitième fille de *Yeye-yasou*, *Fide-youki* étoit un seigneur d'un grand courage, et que *Taïko*, qui le redoutoit beaucoup, fit empoisonner, suivant les uns, avec du thé, suivant d'autres, avec de petits gâteaux appelés *Mandjou*. Il étoit alors âgé de quarante ans. Sa veuve épousa en secondes noces *Asa-i-no-tasima-no-kami*, *Naga-nori*, de qui descendent les princes d'*Aki*.

Yori-nobou, onzième fils de *Yeye-yasou*, étoit un homme de beaucoup d'esprit et de courage. On assure qu'il fut impliqué dans la conspiration de *Youino-djosits* et de *Marabasi-tchouya*, laquelle éclata sous le quatrième *Djo-*

goun, dans la 4ᵉ année *Kè-yan* (1651), et dont nous parlerons quand nous en serons au règne de ce prince.

Enfin son douzième fils, *Yori-fousa*, parvint à l'empire à la mort de son cinquième frère, *Nobou-yosi*, et fut la souche des princes de *Mito*. Il n'a rien fait de remarquable.

Yeye-yasou, blessé, dit-on, dans les reins, d'un coup de pique à la prise d'*Osaka*, par *Sa-nada-sayemon-youki-mora*, général des troupes de *Fide-yori*, homme d'un grand mérite, brave, entreprenant, et qui l'avoit déjà vaincu plusieurs fois, mourut à *Sourouga*, des suites de sa blessure, le 17ᵉ jour du 4ᵉ mois de l'année 1616. Il étoit né le 26 du douzième mois de la 11ᵉ année *Ten-boun* (1542), à *Okasaki*, dans la province *Mikawa*. Ainsi, suivant la manière de compter des Japonais, il vécut soixante-quinze ans.

Déjà, dans la 10ᵉ année *Ki-djo* (1605), il avoit cédé le gouvernement à son troisième fils, *Fide-fada*, en se réservant toutefois le droit de surveillance, qu'il exerça jusqu'à sa mort. La tablette qui porte son titre posthume, aussi bien que celui de tous ses successeurs (1), est placée dans le temple à *Niko*.

---

(1) *Voyez*, pour le titre posthume, en japonais *Sinzou* ou *Ifaï*, la Description des Cérémonies funèbres, pag. 188.

On veut que *Yeye-yasou* ait été enterré à *Sakaï*, où l'on voit en effet un tombeau que les habitans disent être le sien. Ce qui le feroit croire, c'est que des princes, en se rendant à *Osaka*, allèrent le visiter avec peu de suite, et y faire leurs prières. Au surplus, on ne sait rien de positif, parce qu'il est défendu d'en parler, et surtout de rien publier par écrit à ce sujet. Quelques personnes croient que ce tombeau est celui de *Taïko*, quoique d'autres assurent que ce prince fut enterré dans son château de *Fousoumi* (1).

Quoi qu'il en soit, lorsque *Gongin* et *Fide-yori* se disputoient l'empire, *Sanada-awa-no-kami*, *Masayouki*, qui avoit deux fils, nommés *Sanada-ize-no-kami* et *Sanada-sayemon-youki mora*, avoit imaginé de faire entrer l'un au service de *Gongin*, et de placer l'autre auprès de *Fide-yori*, dans l'espoir que, quel que fût l'événement, sa famille trouveroit un appui dans le vainqueur. Son espérance ne fut pas trompée, puisque les descendans du fils aîné sont

---

(1) Le nom de *Gongin*, prononcé à la manière chinoise, est *Khang-koung-tsiang-kiun*. Nous donnerons ainsi par la suite les noms chinois de ces princes, parce qu'ils peuvent aider à reconnoître les caractères avec lesquels on les écrit dans les livres chinois ou japonais. A. R.

encore aujourd'hui princes de *Simano*, et jouissent d'un revenu de dix *Mankokf* (1).

Quant à *Sanada-sayemon-youki-mora*, quelques auteurs ont écrit qu'il avoit été forcé de se couper le ventre à *Osaka*, ainsi que son fils *Sanada-Daïski*. Mais ce fait est contesté par d'autres écrivains. Voici ce que ces derniers racontent. Plusieurs princes, qui étoient venus au secours de *Fide-yori*, ayant par trahison mis le feu au palais d'*Osaka*, *Sanada*, son fils, et plusieurs autres personnages de distinction, voyant qu'il n'étoit plus possible d'y tenir, se sauvèrent sur de petites barques, avec *Fide-yori*, à *Fiogo*, où ils s'embarquèrent sur des bâtimens de *Satsouma*, qu'ils y avoient fait préparer d'avance en cas que la fortune des armes leur fût contraire. Ces bâtimens, ayant mis aussitôt à la voile, les transportèrent à *Satsouma*; et l'on y trouve encore des descendans de plusieurs de ces familles; mais ils sont pauvres et peu considérés. Les successeurs de *Gongin* n'ont cessé, par politique, de mettre les princes de ce pays dans leurs intérêts, en s'alliant avec eux. Aujourd'hui encore (1782), la fille du prince actuel de *Satsouma* a épousé le prince héréditaire.

---

(1) Un million deux cent mille francs, environ. *Voy.* la note de la pag. 14. A. B.

FIDE-FADA, DEUXIÈME DJOGOUN.

Minamotto - no - fide - fada, successeur de *Gongin*, étoit son troisième fils. Il avoit épousé la sœur cadette de *Yodo-dono*, femme de *Taïko*. *Aza - i - bizen - no - kami*, *Naga-masa*, avoit eu d'*Odani*, sœur cadette de *Nobou-naga*, son épouse, les deux filles dont on vient de parler, et un fils. Ce dernier avoit treize ans, quand *Nobou-naga*, son oncle, le fit venir et le tua de sa main, soit pour punir encore sur lui le crime de son père, soit qu'il craignît qu'un jour il ne voulût venger sa mort (1).

-----

(1) *Fide-fada*, dont le règne n'offre rien de remarquable, eut neuf enfans.

1°. Une fille, mariée à *Toyo-tomi-nadaïsin*, *Fide-yori*, fils de *Taïko*.

2°. Une fille, mariée à *Akamatsou-tchounagon-tosi-mitsou*, prince de *Kaga*.

3°. Une fille, mariée à *Yetchezen-no-zeïsio*, *Fada-noa*, dont il a été parlé à l'article des enfans de *Gongin*.

4°. Une fille, mariée à *Kiogok-wakassa-no-kami*, *Taka-tsouzou*, prince de *Sanouki*.

5°. Un fils, mort en naissant.

6°. Un fils, *Yeye-mitsou*, *Ziou-itche-i-sadaïsin*, *Si-y-daï-Djogoun*, qui succéda à son père.

7°. Un fils, *Fada-naga*, *Sourouga-Daïnagon*, *Djau-ni-i*. Son frère, contre qui il avoit conspiré, le força de se couper le ventre. Depuis sa mort, il n'y eut plus de prince de *Sourouga*, et le château cessa d'être occupé. Il est seulement gardé par quelques officiers que l'on envoie à cet effet chaque année de *Yedo*.

8°. Une fille, mariée au *Daïri Go-misou-o-no-in*.

9°. Un fils, *Masa-youhi*, *Fosina-satchouzio*.

2.

La huitième fille de *Fide-fada* avoit été mariée au *Daïri*; à la mort de son mari, on la nomma *Tchofouk-mon-in*, du nom de la porte *Tchofouk*. Le palais a douze portes; et à la mort du *Daïri*, la veuve reçoit en propriété une maison, et prend le nom de la porte près de laquelle elle est située.

Le plus jeune fils de *Fide-fada* eut le titre de *Figo-no-kami*, et fut prince d'*Aïsou*, dans la province d'*Ozio*, qui dépend de celle de *Mouts*. C'étoit un homme d'un grand savoir, et que le *Djogoun* et son successeur consultèrent dans toutes les affaires importantes. Il détestoit la religion de *Siaka*, et ne permit à aucun de ceux qui étoient sous son obéissance de s'y faire prêtre. Sa mémoire est restée jusqu'à ce jour en grande vénération.

Fide-fada céda l'empire à son fils *Yeye-mitsou*, la 9ᵉ année *Gen-wa* ou l'an 1623 (1), et mourut le 24 du 1ᵉʳ mois de la 9ᵉ année *Kouan-ye* (1632).

YEYE-MITSOU, TROISIÈME DJOGOUN.

Minamotto-no-Yeye-mitsou étoit le second fils de *Fide-fada*. Sous son règne, il n'y eut de

---

(1) Le titre chinois de *Fide-Fada* est *Sicou-tchoung Tsiang-kiun*. A. R.

remarquable que la guerre d'*Arima* et de *Sima-bara*, dont il sera parlé ailleurs (1).

YEYE-TSOUNA, QUATRIÈME DJOGOUN.

Minamotto-no-yeye-tsouna, fils aîné de *Yeye-mitsou*, succéda à son père la 4ᵉ année *Keï-zan* (l'an 1651).

On ne trouve non plus rien dans son règne qui mérite d'être transmis à la postérité, si ce n'est la conspiration du prince de *Tosa*, que les manuscrits ont racontée avec détail.

Le prince de *Tosa*, fidèle ami de *Fide-yori*, s'étoit dévoué à son service, et avoit combattu pour sa cause. Après la défaite de son maître, il tomba au pouvoir de *Gongin*, qui, entre autres traitemens ignominieux, lui fit couper les mains; ce qui est regardé comme le comble de l'infamie. Ce malheureux prince ayant reproché au vainqueur sa cruauté, sa perfidie, la

---

(1) Il eut six enfans, savoir :

1°. Une fille, mariée à *Owari-daïnagon-mitsou-tomo.*

2°. Un fils, *Yeye-tsouna, Zio—ni—i, Oudaï-sin—si-i-daï Djo-goun,* qui succéda à son père.

3°. Un fils, mort en naissant.

4°. Un fils, *Tsouna-sige, Sama—no-kami,* d'où descendent le princes de *Kaï.*

5°. Une fille, mariée à *Matsdaïra-Tsikouzen-no-kami, Mitsou-taka.*

6°. Un fils, *Tsouna-yori,* prince de *Kootske,* surnommé *Tate-bayasi-zeï-yo :* il succéda à son frère *Yeye-tsouna.*

Son titre chinois est *Kouang-koung Tsiang-kiun.* A. R.

violation de son serment, *Gongin* eut la barbarie de lui faire couper la tête.

Marabosi-Tchouya, fils de *Tosa*, forma le projet de venger la mort de son père aussitôt qu'il seroit en âge ; mais alors, les moyens ne lui permettant pas de tenter une entreprise aussi hardie, il résolut de cacher son dessein avec soin, et d'attendre une occasion favorable. Devenu commandant des piquiers de *Yori-nobou*, huitième fils de *Gongin*, il se crut en position d'exécuter son entreprise, et se lia à cet effet avec *Youïno-djositz*, fils d'un fameux teinturier en toiles, homme justement estimé pour son grand savoir, et qui avoit été précepteur de *Yori-nobou*. On assure même que *Yori-nobou* entra dans la conjuration ; mais le fait ne fut jamais prouvé, *Tchouya* ayant eu soin de ne pas le compromettre. Quoi qu'il en soit, *Tchouya* étoit convenu avec *Djosits* d'exterminer toute la famille de *Gongin*, de se rendre maîtres de l'empire, et de le partager entre eux.

Tchouya étoit prodigue ; il dissipoit en folles dépenses l'argent qu'il venoit à bout de se procurer pour l'exécution de son entreprise, en sorte qu'il se trouvoit souvent dans le besoin. *Djosits* lui prédit que le projet échoueroit par sa faute, et l'événement ne tarda pas à vérifier la prédiction.

Tchouya, après avoir emprunté de tous côtés, se vit pressé par les créanciers qui exigeoient les intérêts échus; il n'étoit pas en état de les payer. Il demanda donc un nouveau délai de quinze jours, promettant de payer le double à l'échéance. Son assurance donna des soupçons; on lui représenta qu'avec le peu de moyens qu'on lui connoissoit, il étoit impossible qu'il pût en si peu de temps se procurer la somme nécessaire. Un de ses créanciers, *Youmisi*, ou fabricant d'armes, nommé *Tosiro*, le pressant plus vivement, il eut l'imprudence de lui dévoiler son projet, dans l'espoir de l'engager à prendre patience. *Tosiro* fit semblant d'être satisfait; mais il courut dénoncer au gouverneur de *Yedo* ce qu'il venoit d'entendre, et le gouverneur en donna immédiatement avis à la cour.

Le gouverneur, pour s'assurer de *Tchouya*, eut recours à ce stratagème. Il fait crier au feu devant sa porte. *Tchouya*, effrayé de ces cris, s'élance dans la rue, armé seulement d'un sabre court. Aussitôt quatre hommes sautent sur lui. Il en renverse deux. Mais, plusieurs de leurs camarades étant accourus à leur secours, ils se rendent maîtres de sa personne, après une longue résistance. Sa femme, avertie par le bruit du combat, et soupçonnant la vérité, se saisit des

écrits qui pouvoient faire connoître les conjurés, et elle les brûla à la flamme d'une lampe.
Ainsi, sa présence d'esprit sauva un grand
nombre de princes et des premiers personnages
de l'Etat qui étoient impliqués dans la conjuration. Les Japonais parlent encore aujourd'hui
avec éloge de la conduite de cette généreuse
femme; et, lorsqu'on veut louer une femme
d'esprit et de résolution, on la compare à celle
de *Tchouya*. Le gouverneur, après s'être emparé
de ce chef des conjurés, fit faire des recherches dans toute la maison, et, n'y trouvant rien
de ce qu'il espéroit, il fit conduire en prison la
femme, le mari et toute sa famille.

Djosits étoit alors à *Yougi*, lieu de sa naissance,
près de *Kambara*. On expédia au gouverneur
de *Foutcho* l'ordre de l'arrêter. Mais cet homme
courageux, apprenant que la conspiration étoit
découverte, se coupa le ventre, pour se soustraire à la honte du supplice. On lui trancha
néanmoins la tête, et elle fut exposée sur le lieu
des exécutions, près de la rivière *Abikawa*.

On arrêta tous ceux qu'on savoit avoir été
intimement liés avec *Tchouya: Skiyemon* et
Fatsiyemon étoient du nombre. Il ne fut pas
difficile de les faire convenir l'un et l'autre de
la part qu'ils avoient prise personnellement à
la conspiration. Ils avoient l'âme trop géné-

reuse pour s'excuser, par des mensonges, d'avoir trempé dans un projet qu'ils jugeoient si honorable. Mais rien ne put les déterminer à nommer un seul de leurs complices. Le conseiller d'Etat ordinaire, *Matsdaïra-ize-no-kami*, ne pouvant rien obtenir par ses instances, ordonne au bourreau *Izide-tate-waki* de leur faire subir le genre de torture appelé le *Kamaboko-zeme*, et qui consiste à étendre le corps du criminel, enduit d'argile, sur une couche de braises ardentes, jusqu'à ce que la chaleur fasse dessécher l'argile, et entr'ouvrir toutes les chairs. Ce fut le 21 jour du huitième mois de la 4ᵉ année *Keï-zan* (1651), suivant le manuscrit *Keïzan-daï-feki*, que *Tchouya* et ses deux amis subirent ce cruel supplice. Aucun d'eux ne fit paroître la moindre altération dans ses traits; ils sembloient insensibles à la douleur. « Je suis venu de loin, dit *Fatsiyemon*; cette brûlure sera utile à ma santé; mes jambes n'en deviendront que plus agiles. »

Le *Kamaboko-zeme* n'ayant pu triompher de la constance de ces deux intrépides amis, on eut recours au *Neto-zeme* en cette manière.

On leur ouvrit le dos dans la longueur de huit pouces, et l'on versa du cuivre fondu dans l'ouverture. Après l'avoir laissé refroidir, on l'en arracha avec tant de violence, à l'aide d'une pelle de laboureur, que la chair demeura attachée tout autour du cuivre. Tous les spectateurs frémissoient d'horreur à cette vue ; les patiens seuls ne donnèrent aucun signe de douleur, ne firent entendre aucune plainte. *Fatsiyemon*, conservant son sang froid, dit, en plaisantant, qu'il étoit malade ; que cette opération ne lui seroit pas moins salutaire que celle du moxa, et qu'elle le guériroit infailliblement.

Ize-no-kami, voyant que la douleur ne pouvoit leur arracher leur secret, pressa de nouveau *Tchouya* de découvrir ses complices, s'il vouloit éviter d'autres tourmens. *Tchouya* répondit avec fermeté : « J'avois à peine atteint l'âge de neuf ans, que je formai le projet de venger mon père, et de me rendre maître de l'empire. Mon courage est aussi inébranlable qu'une muraille de fer. Tu ne sauras rien de moi. Je brave tes menaces. Invente de nouveaux supplices. Quoi que tu fasses, ma constance est à toute épreuve. »

Le conseiller d'Etat, fatigué de ces tortures, qui excitoient l'indignation des spectateurs, sans produire l'effet qu'il en avoit attendu, ordonna au bourreau de suspendre, et fit reconduire les coupables en prison.

Le 24, à la quatrième heure du jour (temps qui répond chez nous à dix heures du matin), deux hommes, âgés d'environ soixante ans, et nommés, l'un *Sawara*, l'autre *Naga-yama*, ne trouvant d'asile nulle part, se présentèrent chez le gouverneur, et s'avouèrent complices de *Tchouya*; quelques autres, à leur exemple, vinrent également se livrer. Ils furent tous garrottés et menés en prison.

Le jour de l'exécution fut fixé au 28. Dans la matinée, on apprit que deux des complices de la conspiration s'étoient coupé le ventre à *Asabou-o-toriba*, bourg près de *Yedo*.

Le cortége commença dès le point du jour. Sept sous-officiers marchoient en avant pour écarter la foule. Ils étoient suivis de cent bourreaux, tenant chacun une pique nue ; ensuite venoient cent autres bourreaux, avec de longs bâtons; puis encore cent autres, armés de sabres; enfin, cinquante officiers (*Banyoosen*). Après eux marchoit un bourreau portant un écriteau, sur lequel le crime des conjurés étoit détaillé, et dont il faisoit la lecture à haute voix dans les principales rues et dans les carrefours. *Tchouya* le suivoit, vêtu de deux robes d'un bleu clair, de l'étoffe *Fabita*, les mains liées derrière le dos; puis *Ikiyemon* avec ses fils, *Ousinoski* et *Kamenoski*; après eux, *Yosida-fatsiyemon*, *Ari-i-fatsiso*, *Sawara-youbi*, *Naga-Yama-fioyemon*, *Wadaski*, porteur des mules de *Djosits*, et plusieurs autres, au nombre de vingt-sept. La mère et la femme de *Tchouya*, celle de *Ikiyemon*, et quatre autres femmes, terminoient la marche.

On les promena par toute la ville. En passant auprès du pont *Nipon-bas*, *Tchouya* entendit un homme d'environ quarante ans qui disoit à un autre : Que c'étoit une entreprise bien coupable et bien extravagante que de conspirer contre l'empereur; *Tchouya*, le regardant avec indignation, lui dit : « Il te sied bien, misérable hirondelle, de te comparer à l'aigle ou à la grue. » L'homme rougit de honte, et alla se cacher dans la foule.

Au moment où l'on arrivoit au lieu du supplice, à *Sinagawa*, un homme portant deux sabres à poignées d'or, et vêtu d'un manteau de l'étoffe de *Gilan*, fend la presse, et, s'avançant vers l'inspecteur *Tomida-sioubi-dono*, lui dit : « Mon nom est *Sibata-zabrobe*; je suis ami de *Tchouya* et de *Djosits*; demeurant à une grande distance de *Yedo*, j'ignorois la découverte de la conspiration. Aussitôt que j'en eus entendu parler, je m'empressai d'aller à *Sourouga*, pour savoir des nouvelles de mes malheureux amis. J'appris la mort de *Djosits*, et, ne pouvant plus douter du sort qui attendoit *Tchouya*, je suis accouru à *Yedo*; je m'y tenois toutefois caché, espérant que l'empereur lui feroit grâce; mais puisqu'il est condamné, et qu'il marche à la mort, je viens l'embrasser et mourir avec lui. — Vous êtes un brave homme, lui répondit l'inspecteur ; il seroit à désirer que tout le monde vous ressemblât. Je n'ai pas besoin de prendre les ordres du gouverneur de *Yedo*; je vous donne la permission de parler à *Tchouya*. »

Les deux amis s'entretinrent long-temps ensemble. *Sibata* lui témoigna toute la douleur qu'il ressentoit de la découverte de la conjuration, de sa condamnation, et de la mort de *Djosits*. Il ajouta qu'à cette fatale nouvelle il étoit venu à *Yedo* pour partager son sort ; qu'il auroit honte de lui survivre. Il tira ensuite un petit pot de *Zakki* de sa manche, et ils se firent leurs adieux en buvant. Des larmes inondoient les joues de *Tchouya* ; il remercia *Sibata* de sa courageuse résolution, et se félicita de pouvoir encore l'embrasser avant de mourir. *Sibata*, pleurant aussi, répliqua : « Notre corps, dans ce monde, est semblable à la fleur *Asagawa* (fleur magnifique avant le lever du soleil, et qui aussitôt après se fane et tombe) ou au *Kogero* (insecte qui naît et meurt le même jour) ; après la mort, nous passons dans un meilleur monde. Là, nous pourrons nous entretenir à loisir. » Après avoir prononcé ces mots, il se leva, et remercia l'inspecteur de sa condescendance.

Tous les criminels furent attachés sur des croix, et les bourreaux s'armèrent de leurs piques. *Tchouya* fut frappé le premier, par deux bourreaux qui lui ouvrirent le corps en forme de croix. On assure que ceux qui font ce métier sont si exercés à ce genre de supplice, qu'il n'en est aucun qui ne puisse percer seize fois le criminel sans toucher les parties nobles.

Les fils d'*Ikiyemon* émurent tous les cœurs de compassion. L'aîné dit à son frère, qui avoit à peine atteint sa douzième année : « Nous montons au séjour des dieux ; et il se mit en prières, en prononçant plusieurs fois : *Namandaoubts* (*Nami-Amida-Bouts* (1), Amida, prie pour nous!*) Il n'y eut personne qu'un tel spectacle ne fît fondre en larmes.

La femme de *Tchouya* pria la mère de son mari d'invoquer les dieux avec elle au moment d'aller se rejoindre à eux. « Je suis vieille, répondit la mère, et vous, vous êtes encore jeune ; cependant, puisque vous le désirez, je veux bien m'unir à vous pour prier les dieux, et détourner nos pensées de tout objet terrestre.

Lorsque tous eurent été mis à mort, *Sibata*

---

(1) C'est une formule d'invocation prise de la langue samskrite, qui a pénétré jusqu'au Japon avec le Bouddhisme. *Nama* signifie *j'invoque* ; *Amida* est le nom du Dieu suprême, dans la période de temps qui a précédé le monde actuel. *Bouts* est l'abrégé de *Bouddha*. A. R.

alla trouver l'inspecteur, lui offrit ses deux sabres, et lui dit : « C'est à vous que je dois la consolation de m'être entretenu avec mon ami *Tchouya*, et d'avoir pu lui dire un dernier adieu, avant d'entrer dans un meilleur monde : je vous prie de me dénoncer au gouverneur de *Yedo*, pour qu'il me fasse mourir comme mon ami. » « Les dieux m'en préservent ! répliqua l'inspecteur. Si je faisois ce que vous dites, vous mourriez comme *Tchouya*. Votre courage mérite un meilleur sort. Tandis que tous ses autres amis se cachent au fond des antres et des cavernes, vous avez bravé la mort pour l'embrasser : les hommes comme vous sont rares. » On ne dit pas ce que devint *Sibata*; le manuscrit que j'ai eu entre les mains ne parle plus de cet ami généreux.

Grâce à la précaution qu'avoit eue la femme de *Tchouya*, de brûler les écrits qui pouvoient compromettre les conjurés, et à la fermeté que les condamnés avoient déployée au milieu des tortures, les principaux complices restèrent inconnus. *Fori-nobou* fut cependant soupçonné, et l'on fit des recherches dans sa maison. Mais son secrétaire, *Kanno-feyemon*, prit tout sur lui, protesta que lui seul étoit dans la confidence du projet ; qu'il en avoit fait un secret à son maître : il se coupa ensuite le ventre, et, par son courage, il sauva *Yori-nobou*, qui ne fut point inquiété, et put rester à *Yedo*.

Lorsque *Yosi-moune*, descendant de *Yori-nobou*, fut devenu *Djogoun*, il récompensa la fidélité de ce secrétaire dans la personne de ses descendans, qu'il revêtit des emplois les plus honorables. L'un d'eux, *Kanno-fotomi-no-kami*, est aujourd'hui (1784) conseiller d'Etat extraordinaire.

Le *Djogoun Yeye-tsouna* mourut le 8 du 5ᵉ mois de la 8ᵉ année *In-po* (l'an 1680), sans enfans, et l'année suivante son frère cadet *Tsouna-yosi* lui succéda (1).

TSOUNA-YOSI, CINQUIÈME DJOGOUN.

Minamotto-no-tsouna-yosi, quatrième fils de *Yeye-mitsou*, étoit, avant son avènement, prince de *Kootski;* il tenoit sa cour à *Tatebayasi*, avoit le rang de *Zeïsio*, et portoit le titre de *Tatebayasi-zeïsio-no-tsouna-yosi*. Son frère aîné, *Kofou-tsouna-Siye*, s'étoit perdu par sa passion immodérée pour les femmes et pour le vin. L'ivresse lui avoit fait commettre beaucoup d'excès, et souvent il lui étoit arrivé de frapper et de blesser ses gens. *Yeye-tsouna*, indigné de

---

(1) Le titre chinois de *Yeye-tsouna* est *Kang-koung Tsiang-kiun*. A. R.

sa mauvaise conduite, lui ayant donné l'ordre de se couper le ventre, il laissa à sa mort un fils, *Yeye-nobou*, qui fut, dit-on, adopté par *Tsouna-yosi*, après que ce prince eut eu le malheur de perdre son propre fils. Mais la manière dont on raconte l'avènement de *Yeye-nobou* prouve que *Tsouna*, loin d'adopter son neveu, avoit jeté les yeux sur le fils d'un de ses officiers, qu'il vouloit désigner pour son successeur ; et ce projet, qui eût vraisemblablement excité des troubles dans l'empire, ne manqua, comme on le verra plus loin, que par la généreuse résolution de la femme de *Tsouna*, qui tua son mari et se donna la mort à elle-même, avant qu'il eût pu être exécuté.

Tsouna fut dans sa jeunesse passionné pour les sciences ; il fonda, le 21 du 8ᵉ mois de la 4ᵉ année *Gen-rok* (1691), une université à *Yedo*, sur la place de *Yousima*, où l'on trouve le portrait de Confucius. *Simio-in-Daïnagon*, *Motosouke*, officier du *Daïri*, fit graver en caractères magnifiques, au-dessus de la seconde porte, ces mots : *Nitok-Mon*, qui signifient, Entrée des plus précieux trésors. L'inauguration se fit en présence du *Djogoun*, qui s'y rendit accompagné des princes de *Kidjo*, d'*Owari*, et de *Mito*, de plusieurs autres membres de sa famille, et des personnages les plus distingués de

l'empire. Les rues étoient encombrées de spectateurs, et les offrandes entassées en forme de
pyramides. On assigna au premier professeur,
Fagasi-daïgak-no-kami, un revenu de mille
kokf (1). La nouvelle de cette fondation se répandit bientôt, et elle donna dans tout l'empire
une impulsion favorable aux sciences.

Le *Djogoun* lui-même s'y livra avec tant d'ardeur que sa santé en souffrit. Son serviteur
Yanagi-sava-dewa-no-kami représenta à un
des amis du prince que cette passion immodérée
pour l'étude ne tarderoit pas à le rendre malade.
On sentoit que l'amour seul pourroit le distraire
de travaux qui avoient tant d'attraits pour lui;
et l'on eût souhaité qu'il donnât du relâche à
son esprit en occupant son cœur; mais ses amis
ne savoient comment lui en faire la proposition.
A la fin ils se déterminèrent à lui envoyer sept
ou huit des plus belles femmes de *Yedo*, dans
l'espoir que l'une d'elles triompheroit de cette
passion pour l'étude. On assure qu'elles étoient
toutes parentes de *Dewa-no-kami*. Quoi qu'il
en soit, ce fut peine perdue, et aucune de ces
femmes ne réussit, du moins pour ce moment,
à toucher le cœur du *Djogoun*.

---

(1) C'est-à-dire 12,000 francs environ, s'il s'agit des *kokf* ou
kobans nouveaux. Si l'on vouloit parler des anciens *kobans*, la
somme s'élèveroit à 24,000 francs. On peut voir à ce sujet une
note à la fin du volume. A. R.

Au bout de dix mois il tomba malade ; mais, quoique son indisposition fût légère, *Dewa-nokami* et *Maki-no-bizen-no-kami* craignirent qu'elle ne devînt plus grave par trop d'application : ils firent venir les médecins pour prescrire des remèdes, et le prêtre *Gosiou-in-no-zosio*, pour demander au ciel, par ses prières, la guérison du prince. Après qu'il eut recouvré la santé, le prêtre fut considéré comme un dieu. Il profita de cet avantage pour obtenir que le *Djogoun* publiât dans tout l'empire la défense de donner la mort à un animal vivant ; et comme *Tsouna-yosi* avoit été proclamé *Djogoun* la seconde année *Ten-wa* (1682), ou l'an du Chien, il fut plus spécialement défendu de tuer des chiens. On fit même construire une enceinte fermée de palissades, dans laquelle on nourrissoit chaque jour un grand nombre de ces animaux (1).

Le prêtre reçut pour sa récompense deux cents onces d'argent. La mère et la femme

---

(1) C'est, dans l'opinion des Bouddhistes, une bonne action que d'épargner la vie des animaux. Il y a des dévots qui rachètent les bœufs et les moutons destinés à la boucherie, et les enferment dans des parcs où ils les nourrissent avec soin, et les laissent mourir de vieillesse. C'est ce que les Chinois nomment *fang-seng. Tsouna-yosi* accorde ici une protection spéciale aux chiens, parce que la première année de son règne étoit marquée du caractère qui signifie *chien* dans le cycle des douze animaux. C'est l'an *Jia-sou* du cycle de 60 années. A. R.

du *Djogoun* lui prodiguèrent les *Obangs* (1) ; l'argent, les étoffes précieuses ; *Bizen-no-kami* et *Dewa-no-kami* lui donnèrent chacun trente lingots d'argent (2). On lui accorda aussi le privilége de présenter en personne tous les placets au *Djogoun*. Jamais le temple de *Gosiou-in* ne fut aussi riche que sous la direction de ce prêtre.

Parmi les femmes qui avoient été présentées au *Djogoun*, il choisit, après son rétablissement, la belle *Ouneme* qui devint bientôt enceinte. Elle accoucha, à la grande satisfaction de *Dewa-no-kami*, son oncle, d'un fils qui fut nommé *Tokoumats-kimi*. Le *Djogoun* en fut si enchanté, qu'il fit présent de vingt mille *kokf* (3) à *Dewa-no-kami*, en considération de sa nièce. La première femme du *Djogoun* devint aussi enceinte dans le même temps ; mais elle eut une fille qui reçut le nom de *Fama-fiime-kimi*.

Le 8 du 8ᵉ mois de la seconde année *Ten-wa* (l'an 1682), trois ambassadeurs du roi de la

---

(1) Grande pièce d'or assez mince et de forme ovale, et qui vaut environ 400 francs. Il y en avoit plusieurs dans la Collection des monnaies du Japon, rapportée par M. Titsingh. A. R.

(2) Le lingot de la valeur de trois *taels* et quatre *mas* vaut 2 rixdallers 21 gros, au cours de Nangasaki en 1786. Trente lingots vaudroient plus de 800 fr., argent de Chine.

(3) Près de 500,000 francs en ancienne monnaie. A. R.

Corée arrivèrent à *Yedo* avec une lettre de leur maître, pour complimenter le *Djogoun* sur son avènement à l'empire. A leur départ, *Tsouna-yosi* leur remit en réponse une lettre à laquelle il manquoit un des cachets dont ces sortes de missives sont ordinairement scellées. Il est d'usage en effet de joindre aux lettres du *Djogoun* une autre lettre, scellée des cachets de ses quatre premiers officiers, qu'on nomme *Taïro*, sont d'un rang supérieur à celui des conseillers d'Etat, et prennent connoissance de toutes les affaires : cette lettre est également scellée des cachets des conseillers d'Etat. Mais un des premiers officiers, *Sakaï-outa-no-kami*, prince de *Fimesi*, venoit d'être disgracié pour malversation, et on l'avoit privé de son emploi; c'est pour cette raison qu'il manquoit un cachet. Les ambassadeurs, rigoureux observateurs de l'étiquette, comme l'on est dans tout l'Orient, refusèrent de recevoir la lettre, et l'on ne trouva pas d'autre expédient que de faire venir le fils du prince, et de le créer *Taïro* en remplacement de son père. Aussitôt après sa nomination, il apposa son cachet sur la lettre. Les ambassadeurs ne firent plus difficulté de la recevoir, et ils retournèrent rendre compte de leur mission à leur maître.

Le 14 du 3ᵉ mois de la 14ᵉ année *Gen-rok* (1701), *Assan-no-takoumi-no-kami*, *Naganori*, prince d'*Ako*, qui s'étoit vu plusieurs fois traiter avec mépris par *Kira-kotsouki-no-ski*, en ayant reçu un nouvel outrage dans le palais du *Djogoun*, tira son sabre dans l'intention de venger son affront. Mais quelques personnes étant accourues au bruit les séparèrent, et *Kotsouki* ne fut que légèrement blessé. C'est un crime impardonnable que de tirer son sabre dans le palais : le prince eut l'ordre de se couper le ventre, et ses descendans furent bannis à perpétuité. Son adversaire qui, par respect pour le palais, s'étoit abstenu de tirer son sabre, obtint son pardon.

Cette injustice révolta les serviteurs du prince, d'autant plus que c'étoit *Kotsouki* qui, par ses insultes réitérées, avoit été la cause du malheur de leur maître : quarante-sept d'entre eux, s'étant réunis pour le venger, pénétrèrent de force, la nuit du 14 du 12ᵉ mois de l'année suivante, dans le palais de *Kotsouki*; et, après un combat qui dura jusqu'au jour, ils parvinrent jusqu'à lui, et le tuèrent. Le *Djogoun*, à la première nouvelle de cette attaque désespérée, avoit envoyé des forces au secours du malheureux *Kotsouki*; mais elles arrivèrent trop tard pour le sauver. Les assaillans, dont aucun n'avoit perdu la vie dans le combat, furent tous pris, et condamnés à se couper le ventre ; ce qu'ils exécutèrent avec le plus grand courage, satisfaits d'avoir vengé leur maître ; ils furent tous enterrés dans le temple *Singakousi*, auprès du tombeau du prince. Les militaires, pour rendre hommage à leur fidélité, vont encore aujourd'hui visiter leurs tombes, et y faire leurs prières. Le fils de *Kotsouki*, que sa lâcheté avoit empêché de courir au secours de son père, quoiqu'il fût alors dans le palais, fut privé de son emploi, et banni avec tous ses parens à l'île d'*Awasi*.

Fakaki-fikoyemon, commandant de *Nangasaki*, avoit obtenu du *Djogoun* la permission de porter deux sabres, et d'avoir une pique dans ses armoiries ; ses gens en devinrent si insolens qu'ils traitoient tout le monde avec hauteur et mépris.

Le 20 du 12ᵉ mois de la 14ᵃ année *Gen-rok* (l'an 1701), on portoit sa fille dans une chaise à porteurs au temple, pour y recevoir un nom (1).

---

(1) Les enfans des personnes de distinction reçoivent un nom le septième jour après leur naissance. Dans les classes inférieures, les garçons ne le reçoivent qu'au bout de trente jours, et les filles après trente-un. La grand'mère, la tante, ou quelque autre femme de la famille, porte l'enfant au temple. Le prêtre, ayant

De fortes pluies avoient rendu le chemin bour-
beux. *Fokka-fouri kouanseïmon*, c'est-à-dire
le commandant du village de *Fokka-fouri*, en
passant à la hâte auprès de la chaise, eut le
malheur de l'éclabousser. Les gens de *Fikoye-
mon* commencèrent par lui dire des injures, et,
peu satisfaits de ses excuses, ils tombèrent sur
lui, l'accablèrent de coups, coururent à sa
maison, dans la rue *Ouya-goto-matche*, où ils
brisèrent tous les meubles.

Les domestiques de *Kouanseïmon* prirent un
bateau, et s'empressèrent de porter à *Fokka-
fouri* la nouvelle de ce qui venoit d'arriver.
Après avoir délibéré sur les moyens de se venger
de cet affront, qui ne pouvoit s'effacer que dans
le sang, ils revinrent à *Nangasaki* avec plusieurs
des habitans de *Fokka-fouri*, se réunirent au
nombre de plus de deux cents devant la demeure
de *Fikoyemon*; et, aussitôt qu'on en ouvrit la
porte, ils y pénétrèrent de force, et attaquèrent
le maître et ses gens. *Fikoyemon* se défendit
vaillamment; mais, ayant eu le malheur de faire
un faux pas, ses adversaires se jetèrent sur lui,
et lui coupèrent la tête, qu'ils emportèrent en
triomphe à *Fokka-fouri*, comme un trophée

---

les mains jointes, tient dans l'une un petit hochet à grelots, et dans
l'autre, un goupillon de papier. On lui montre par écrit les noms
des trois personnes les plus riches de la famille; il en choisit un, et
le prononce à haute voix, en agitant ses mains au-dessus de l'enfant.

de leur vengeance (1). Elle fut rapportée à *Nangasaki*, et enterrée avec le corps près du temple *Fon-ren-si*, ainsi qu'un chien blanc qui s'étoit jeté au milieu des assaillans pour défendre son maître, et qui avoit été tué après en avoir blessé plusieurs.

Deux des gens de *Kouanseïmon* se coupèrent le ventre sur le pont, près de la demeure de *Fikoye-mon*, appelant le peuple à grands cris pour être témoins du courage avec lequel les habitans de *Fokka-fouri* savoient souffrir la mort pour venger leurs injures. Telle fut la fin de *Kouanseïmon*.

Yodoya-fatsgro, fils d'un des plus riches marchands d'*Osaka*, ayant perdu son père, passoit sa vie dans les maisons de courtisanes, où il se livroit à de folles dépenses. Sa mère lui donnoit trente *kobans* par mois (2), mais il en dépensoit plus de mille ; et il étoit obligé d'emprunter pour suffire à ses prodigalités. Ses gens, *Kanbe et Zobe*, et ses compagnons de débauches, le médecin *Gentets*, *Yagofadsi*, *Kiseï-mon* et *Siosaïmon*, qui profitoient de ses dis-

---

(1) Pendant mon séjour au Japon, il y avoit encore à *Nanga-saki* une femme qui se souvenoit d'avoir vu passer ces furieux, tenant par les cheveux cette tête dégouttante de sang.

(2) Environ 720 francs.

sipations, l'aidoient à trouver de l'argent, et à le dépenser. Suivant l'usage, les créanciers se présentèrent avant la fête des Lanternes, pour recevoir ce qui leur étoit dû. La mère, à qui ils s'adressèrent, refusa de payer, en disant que le défaut d'argent forceroit son fils à renoncer à son infâme conduite. Ce refus mit le jeune homme dans un grand embarras; il tint conseil avec ses amis, et déroba du magasin de sa mère, un coq d'or, un chaudron d'or, une grosse pièce de bois de *calambac* (1), et un billet écrit anciennement de la main de *Teïka*, officier du *Daïri*, dont l'écriture est fort recherchée au Japon, à cause de sa grande beauté. Il mit le tout en gage chez l'usurier *Fousia-itcheyemon*, qui consentit à lui avancer de l'argent sur ces effets précieux. Mais la somme qu'il en retira ne suffisant pas pour acquitter les dettes qu'il avoit contractées dans la rue des Courtisanes, *Gentets* lui conseilla de faire une fausse obligation au nom de *Taga-fasi-Yagofasi*, à la charge de son maître, *Yana-gisawa-dewa-no-kami*, pour la somme de trois mille *kobans* (2). *Fatsgro*, pressé par le besoin, eut l'imprudence de faire l'obligation qu'il

---

(1) Le calambac ou calambouc est une espèce de bois d'aigle, très-estimé des Japonais, qui le tirent de Camboge et de la Cochinchine, et le paient quelquefois au poids de l'or. *Voy.* Marini, *Relation du Tunquin*, pag. 46. A. R.

(2) 72,000 francs.

signa aussi de son nom. Il en chargea un de ses gens, qui, sous le nom de *Yagofasi*, alla la présenter au banquier *Ikeda-zirobi* : celui-ci, qui connoissoit le grand crédit dont *Dewa-no-kami* jouissoit auprès du *Djogoun*, et qui savoit d'ailleurs que les grands seigneurs, lorsqu'ils ont besoin d'argent, contractent souvent de pareilles obligations, ne fit pas difficulté d'escompter celle qui lui étoit présentée ; en sorte que *Fatsgro*, après avoir payé toutes ses dettes, put se livrer à de nouvelles débauches.

En revenant chez lui un matin, après avoir, suivant son usage, passé toute la nuit à boire dans la rue des Courtisanes, il se défit de ses vêtemens de dessus, et ne garda que la robe blanche, que les prêtres, les femmes, et ceux qui ont le titre de *Kami*, ont seuls le droit de porter. Comme il se promenoit ainsi dans la rue, une longue pipe d'argent à la bouche, il fut rencontré par le gardien du château, *Matsdaïra-inabo-no-kami*, et par l'inspecteur de la ville, *Kigane-yayemon*, qui, ne le connoissant pas, lui firent demander son nom. *Okoubo-osoumi-no kami*, gouverneur d'*Osaka*, à qui ils firent leur rapport, manda *Fatsgro* au palais du gouvernement. Il y vint revêtu de la robe blanche. Le gouverneur lui ayant demandé qui lui avoit donné la permission de porter une robe

de cette couleur, il garda le silence. Son domestique *Kanbe* répondit pour lui : « Mon maître
» a hérité de ses ancêtres du privilége de rece-
» voir chaque année les vêtemens avec les
» armes du *Djogoun* ; et il croit devoir par res-
» pect porter par-dessous une robe blanche. »
« Je ne ne saurois admettre cette excuse, répli-
» qua le gouverneur ; personne, pas même les
» officiers du *Djogoun*, eussent-ils dix mille
» *kokf* de revenus, n'a le droit de porter une
» robe blanche, s'il n'est en possession du titre
» de *Kami*. Ton maître, l'un des principaux
» habitans d'*Osaka*, ne sauroit l'ignorer. S'il
» tenoit à porter une robe blanche, que n'y
» a-t-il du moins fait coudre en quelque endroit
» un petit morceau d'étoffe de couleur ? Ton
» maître a donc enfreint les ordres du *Djo-
» goun* ; ce qui est un crime capital. » En conséquence, le gouverneur fit conduire *Fatsgro*
en prison, jusqu'à ce que l'affaire pût être définitivement jugée.

Cette aventure se répandit bientôt dans tout
Osaka. Le banquier, inquiet pour son obligation qui portoit la signature de *Fatsgro*, s'empressa d'aller chez l'intendant de *Dewa-no-
kami*, et lui demanda quand elle seroit payée.
L'intendant, étonné, répondit qu'il n'avoit
chargé personne de prendre de l'argent chez lui,

et que l'obligation étoit fausse. Le banquier réplique, raconte le fait comme il s'est passé, et ne pouvant persuader l'intendant, ils vont tous les deux porter plainte au gouverneur. L'intendant, après avoir examiné l'obligation, avoua qu'il reconnoissoit bien son nom, mais il déclara que le cachet étoit faux (1); ce qui fut constaté. Le gouverneur se fit amener *Fatsgro*, qui confessa tout. Ses complices furent à l'instant arrêtés et conduits au gouvernement où on leur fit subir un sévère interrogatoire. Celui qui avoit représenté le personnage d'intendant fut, aussi bien que les autres, convaincu par son propre aveu.

Le délit étoit trop grave pour demeurer impuni. Le gouverneur en donna connoissance à la cour. L'ordre vint de condamner tous les complices de *Fatsgro* à avoir la tête tranchée. Pour lui, par considération pour les services que ses ancêtres avoient rendus à *Gongin*, *Dewa-no-kami* obtint qu'on lui fît grace de la vie. On espéroit d'ailleurs qu'étant encore jeune, il pourroit se corriger, et que le supplice de ceux qui l'avoient entraîné dans le crime, seroit une leçon qu'il n'oublieroit jamais. Toutefois ses

____

(1) Il est d'usage au Japon d'apposer son cachet à côté de sa signature.

biens furent confisqués (1), et on l'exila à *Ya-matta*, près de *Fousoumi*, où depuis il fut admis au nombre des prêtres.

---

(1) L'état des effets de *Fatsgro*, qui fut dressé pour la confiscation, nous a paru contenir des détails curieux. Nous le donnons ici tel que M. Titsingh le rapporte dans son manuscrit, mais en ajoutant entre parenthèses quelques explications qui nous ont semblé nécessaires. A. R.

EFFETS PRÉCIEUX.

Un coq d'or pur, apporté de la Chine, qui avoit appartenu à l'empereur *Genso-Koté* (*Han-hao-tsou*).

Un tableau, peint par l'empereur *Kiso-Koté*, représentant un coq et une poule, et jugé hors de prix.

Une natte pour servir de jalousie, faite de corail rouge.

Deux tuiles du palais de l'empereur chinois *Kan*.

Quatre tuiles du palais de l'empereur chinois *Zoo-ko-te* (*Soung-hao-tsou*).

Trois lettres de l'officier du *Daïri*, le fameux écrivain *Teïka*.

Un poids en or, pesant sept cent cinquante *taels*, que *Taiko* avoit donné en présent à un de ses parens.

Un encensoir d'or, en forme de chariot.

Seize figures de moineaux d'or et d'argent.

Trente petites idoles d'or.

Un chaudron d'or.

Un vase d'or pour faire bouillir l'eau.

Trois boîtes à thé en or.

Deux tasses à thé en or,

Un chapelet, de cent vingt-huit grains de corail rouge, dont cent huit de la grosseur d'un œuf de pigeon, et vingt de moindre grosseur.

Dix branches de corail.

Cinq tasses à thé en argent.

Sept soucoupes faites du bois *calambak* (bois d'aigle).

Un damier avec les dames d'or et d'argent, dans une caisse de bois d'ébène.

Un grand encrier chinois, enrichi d'une pierre précieuse.

Un magnifique pot à l'eau chinois.

Vingt-huit fermiers à carreaux.

Quarante-huit tapis, ayant chacun trente pieds de long et dix-huit pieds de large.

Cinq cents tapis plus petits.

Trois cent trente tableaux japonais différens.

Cent soixante-dix sabres de toutes longueurs.

Trente-sept piques ou sabres.

Trois harnois de chevaux.

Autant *Tsouna-yosi* s'étoit fait estimer au commencement de son règne par ses bonnes

---

Cent vingt mille *kobans* (2,880,000 francs).

Quatre-vingt-cinq mille *taels* en argent. (plus de 600,000 fr.)

MAISONS ET TERRES.

A Osaka.

Douze grandes maisons.

Seize de moyenne grandeur,

Cinquante-six plus petites.

A Sakaï.

Onze maisons.

A Fousimi.

Dix-sept maisons.

Un champ long de deux mille sept cents pieds, ou de sept *rues* et demie (*).

A Miyako.

Trente-cinq maisons.

Dans la province d'Isoumi.

Un champ, long de deux mille huit cent quatre-vingts pieds, ou de huit *rues.*

Dans la province de Tamba.

Un champ, long de trois mille deux cent quarante pieds, ou de neuf *rues.*

Dans la province de Awa.

Un champ, long de dix-sept mille deux cent quatre-vingts pieds, ou de quarante-huit *rues.*

Dans la province de Yamatho.

Un champ, si étendu que, pour l'ensemencer, il falloit deux cent *kokf* de graines (**).

L'argent à percevoir de plusieurs princes, montoit à deux cent mille *taels.*

Une obligation sur *Gongin-sama*, signée et scellée de sa main, de quatre-vingt mille *kobans* (1,920,000 francs), avancés à ce prince par les ancêtres de *Fatsgro.*

Le *Djogoun*, en reconnoissance des services distingués rendus par ses ancêtres à *Gongin*, avoit fait présent à *Fatsgro*, en échange de cette obligation, du dernier champ de deux cents *kokf*, et du tableau de l'empereur chinois *Kiso-kote.*

Ikeda-zirobi perdit les trois mille *kobans* qu'il avoit avancés ; on le jugea en effet coupable d'avoir escompté l'obligation sans avoir pris les informations nécessaires.

L'usurier *Itcheyemon* eut sa maison et ses meubles confisqués, pour avoir reçu en gage des objets si précieux, sans en avoir fait la déclaration au gouvernement.

Cette sentence fut prononcée le 1er jour du 5e mois de la 4e année *Fo-ye* (l'an 1707).

(*) La rue est de 360 pieds, ou de 60 *ikse* japonais.
(**) Le *kokf* est d'environ 308 livres.

qualités et par son application à l'étude, autant fut-il détesté dans la suite pour ses débauches et ses prodigalités. Dégoûté des plaisirs permis, il négligeoit les femmes pour s'abandonner à des goûts honteux, alors trop généralement répandus dans toutes les classes des Japonais. Il dissipa les trésors accumulés par ses ancêtres dans des dépenses si folles et si extravagantes, que son précepteur, *Araï-tsikougo-no-kami*, se crut obligé de lui remettre sous les yeux les suites funestes d'une pareille conduite. Il composa à cet effet, dans la cinquième année *Fo-ye* (l'an 1708), un traité, intitulé *Itokoua-siriak*, dont je parlerai en faisant la description des monnaies d'or, d'argent et de cuivre; il terminoit cet ouvrage en ces termes :

« Quant aux richesses des pays étrangers, je » trouve chez les anciens auteurs que la Chine » produisit beaucoup d'or sous la dynastie de » *Kan* (1); mais cette richesse diminua peu à

---

(1) Les noms des dynasties chinoises dont il est parlé en cet endroit, sont altérés par la prononciation japonaise. *Kan* est la dynastie des *Han*, qui a régné depuis le deuxième siècle avant J.-C. jusqu'à l'an 220 de notre ère. *Zoo* est la dynastie des *Soung*, depuis 960 jusqu'en 1279. *Gen* est celle des *Youan*, ou Mongols du treizième siècle. *Mien* est la célèbre dynastie des *Ming*, celle qui a précédé immédiatement la dynastie régnante. Celles dont il est parlé plus bas, sous les noms de *Zin*, *Rio* et *Kin*, sont les dynasties de *Tsin*, des *Liao* ou des *Khitans*, et celle des *Jou-tchi*, vulgairement appelés *Nia-tche*. A. R.

» peu. Sous la dynastie de *Zoo*, on employoit
» de petites tablettes au lieu d'argent ; sous celle
» de *Gen*, ce fut presque la seule monnaie en
» usage ; sous celle de *Mien*, on se servit des
» monnaies de cuivre et des tablettes. La raison
» en est que, depuis la dynastie de *Kan*, l'or,
» l'argent et le cuivre étoient de jour en jour
» devenus plus rares en Chine.

» Les anciens écrivains comparoient les mé-
» taux aux ossemens du corps humain, et les
» contributions au sang, à la chair, au poil et
» à la peau qui se renouvellent continuellement ;
» ce qui n'a pas lieu pour les métaux. On avoit
» trop épuisé les mines sous la dynastie de *Kan* ;
» ce fut ce qui causa cette pénurie d'or et d'ar-
» gent. Sous les dynasties de *Zio*, *Rio*, *Kin* et
» *Gen*, la Chine fut constamment en guerre :
» l'or et l'argent passèrent en grande partie au
» *Kettan* (1), et dans d'autres pays qui faisoient
» le commerce avec les Chinois. Dans plus de
» soixante provinces de cet empire, on ne se
» servoit que de *sepikkes* étrangers, d'où l'on
» peut conclure quelle quantité prodigieuse d'or
» et d'argent avoit été exportée de la Chine.

---

(1) Le *Kettan* est la partie de la Tartarie qui fut soumise aux
Khitans ou *Liao*, c'est-à-dire la Mongolie et la petite Boukharie.
On sait que de ce nom est venu celui de Cathaï, qui a été donné
à la Chine elle-même. A. R.

» Lorsque la doctrine de *Siaka* se répandit
» en Chine, la rareté de l'or et de l'argent de-
» vint encore plus grande, parce que les prêtres
» de cette divinité construisirent beaucoup de
» temples, et employèrent ces métaux pour en
» couvrir leurs idoles.

» Il y a mille ans, l'or, l'argent et le cuivre
» étoient inconnus au Japon ; cependant on n'y
» manquoit pas du nécessaire. La terre étoit
» fertile, et c'est là sans doute la première
» richesse. Après la découverte de ces métaux,
» l'usage ne s'en répandit que lentement ; ils
» étoient encore très-rares du temps de *Gongin*.
» Ce fut ce prince qui le premier fit exploiter
» les mines avec activité, et on en tira, sous
» son règne, une si grande quantité d'or et
» d'argent, qu'à peine auparavant auroit-on pu
» s'en former l'idée ; et puisqu'il en est de ces
» métaux comme des os du corps humain, ce
» qui est une fois extrait de la terre, ne se
» reproduit plus : si donc on continue d'ex-
» ploiter les mines, avant mille ans elles seront
» épuisées.

» J'estime que la quantité d'or et d'argent
» exportée de l'empire depuis le temps de
» *Gongin*, ou depuis environ cent ans, est plus
» considérable que ce qui a été transporté de
» la Chine en Tartarie ; et j'évalue à environ

» cent cinquante mille *kobans* l'exportation
» annuelle de l'or; en sorte qu'en dix ans cet
» empire se trouve appauvri de quinze cent
» mille *kobans* (1). Si l'on n'y fait donc une sé-
» rieuse attention, et si l'on ne règle les dépenses
» avec la plus sévère économie, le pays sera
» bientôt entièrement ruiné; et cette même pé-
» nurie dont parlent les auteurs chinois s'y fera
» sentir avant cent ans.

» Anciennement, comme je l'ai dit, et lors-
» qu'on ne connoissoit pas encore l'or, l'ar-
» gent et le cuivre, on ne manquoit de rien, et
» le peuple étoit bon et vertueux. Depuis que
» ces métaux ont été découverts, le cœur de
» l'homme s'est perverti de jour en jour. Ce-
» pendant, à l'exception des médicamens,
» nous pourrions nous passer de tout ce qui
» nous vient du dehors. Les étoffes et tous
» les autres articles étrangers ne nous sont ici
» d'aucune utilité réelle; on ne les connoissoit
» même pas autrefois. Tout l'or, l'argent et le
» cuivre, qui a été extrait des mines sous le
» règne de *Gongin*, et depuis lui, s'est dissipé,
» et, ce qui est encore plus à regretter, pour
» des choses dont nous pouvions nous passer
» facilement. Si nous épuisons ainsi tous nos

---

(1) Trente-six millions de francs.

» trésors, de quoi subsisterons-nous ? Que cha-
» cun des successeurs de *Gongin* veuille bien
» réfléchir sur ce que je viens de dire, et la
» richesse du Japon durera autant que le ciel
» et la terre. »

Loin que ces sages conseils fissent la moindre
impression sur le *Djogoun*, il continua ses prodigalités et ses extravagances. Son fils, *Tokoumats-kimi* étoit mort en bas âge. *Tsouno-yosi*,
épuisé par les débauches, et n'ayant plus depuis
long-temps de commerce avec les femmes, ne
pouvoit plus espérer d'avoir un héritier; il se
détermina donc, dans la 6ᵉ année *Fo-ye* (1709),
à se choisir un successeur.

Il jeta les yeux sur *Kaï-no-kami*, fils de
Yanagisava - deva - no - kami, qu'il résolut
d'adopter. Le 11 du premier mois de l'année,
il est d'usage que les princes et principaux officiers, après les complimens de félicitation,
soient régalés par le *Djogoun*. Ce fut ce jour-là
même que *Yosi* choisit pour annoncer publiquement son intention d'adopter *Kaï-no-kami*.

Son premier officier, *Ino-kamon-no-kami*,
lui représenta que ce choix révolteroit tous les
princes, et qu'il étoit à craindre qu'il ne s'en-
suivît une révolution dans l'empire. Voyant
que tout ce qu'il pouvoit dire étoit inutile, il se
rendit chez la femme du *Djogoun*, l'informa

du dessein de son maître; et après lui avoir fait sentir que s'il s'exécutoit, une révolte générale étoit inévitable, il la pria de penser aux moyens de prévenir ce malheur. Après avoir réfléchi quelques instans, elle lui dit d'avoir l'esprit en repos, qu'elle en imaginoit un dont l'effet seroit certain; et comme il la pressoit de lui en faire part, elle répondit qu'elle ne pouvoit s'ouvrir davantage pour le moment, mais qu'il ne tarde-roit pas à en être instruit.

La veille du jour où le *Djogoun* devoit dé-clarer son successeur, elle fit prier ce prince de venir prendre le *zakki* chez elle. Le *Djogoun* s'étant rendu à son invitation, elle lui fit servir un repas magnifique. Pendant que ce prince étoit occupé à boire, elle se lève, entre un mo-ment dans son cabinet, écrit un billet à *Ino-kamon-no-kami* pour lui donner ses instruc-tions; puis s'étant munie d'un poignard, arme ordinaire de toutes les femmes de distinction, elle rentre dans la salle du festin. Un moment après elle dit au *Djogoun* qu'elle veut lui parler en secret, et elle fait sortir toutes ses femmes. Se voyant seule avec lui, elle lui parle ainsi : « Depuis si long-temps que je suis avec vous, » vous ne m'avez jamais rien refusé. J'ai au-» jourd'hui une nouvelle grâce à vous deman-» der : me l'accorderez-vous? » Il voulut savoir

ce qu'elle désiroit. « Vous vous proposez , re-
» prit-elle, de choisir pour successeur le fils
» de *Deva-no-kami*. Ce dessein fera révolter
» tous les princes, et causera la chute de l'em-
» pire ; je vous supplie d'y renoncer. »

A ces mots, il se lève en fureur, et lui demande
qui lui a permis de se mêler des affaires d'Etat :
« L'empire est à moi, ajouta-t-il, je ferai ce
» qu'il me plaît ; je n'ai pas besoin des conseils
» d'une femme ; je ne veux plus ni te voir, ni
» te parler. » Il alloit sortir ; mais elle le suit ,
et le prenant par la manche : « Si tu exécutois
» ton dessein, dit-elle, demain tout l'empire
» seroit en révolution ; » et elle lui plonge deux
fois le poignard dans le sein ; et le voyant tomber,
elle se jette à genoux auprès de lui , le prie de
lui pardonner sa mort, puisque c'étoit le seul
moyen de maintenir la dynastie de *Gongin* et
de sauver l'empire, et déclare qu'elle ne veut
pas lui survivre ; et en effet à peine fut-il expiré,
qu'elle se frappa du même poignard et tomba
morte à ses côtés. Ses femmes épouvantées
accoururent au bruit, et les trouvèrent tous
deux nageant dans leur sang.

Kamon-no-kami, après avoir lu le billet,
s'étoit rendu en toute hâte au palais : il en
trouva la porte fermée ; mais bientôt elle lui fut
ouverte par l'ordre de l'inspecteur, ainsi qu'à

tous les autres serviteurs du *Djogoun*. Il s'empressa de courir auprès de son maître : la vue de cet horrible spectacle le fit frémir, quoique le billet qu'il avoit reçu eût dû l'y préparer. Lorsqu'il eut repris un peu de calme : « Cette » femme, dit-il, a rendu un grand service à » l'Etat ; sans elle, tout l'empire seroit en com- » bustion. »

Elle lui avoit communiqué son dessein en détail, et l'avoit prié, dans le cas où elle réussiroit, de cacher, pendant un mois, la mort du *Djogoun*, et de répandre seulement le bruit qu'il étoit dangereusement malade ; il voulut remplir ses intentions ; mais, malgré ses soins et ceux de l'inspecteur du château, la nouvelle transpira, et l'on sut bientôt que le *Djogoun* étoit mort.

Elle avoit aussi témoigné le désir que *Yeyenobou*, prince de *Kaï*(1), et fils de *Tsouna-sige*, fût élu *Djogoun*, et qu'on donnât au fils de *Deva-no-kami*, en mémoire de l'attachement que lui portoit son époux, un revenu de quinze *mankokf*(2), et le gouvernement de la meilleure province.

Le père fut mandé le jour même au palais.

----

(1) Province de *Nifon*, à l'ouest de celle de *Mousadsi* où est situé *Yedo*. A. R.

(2) Trois millions 600,000 francs.

Kamon-no-kami lui signifia qu'il étoit démis de sa charge de conseiller d'État, et lui enjoignit de garder les arrêts chez lui jusqu'à nouvel ordre. Tous ceux qui furent témoins de sa disgrâce, lui tournèrent le dos à son départ.

Ino-kamon-no-kami descendoit du premier secrétaire de *Gongin*, qui avoit rendu de grands services à son maître. Aussi un de ses descendans est encore aujourd'hui premier officier du *Djogoun*, qui ne peut rien faire d'important sans son consentement. Il a même le droit de déposer un *Djogoun* qui gouverne mal, et d'en nommer un autre. Les conseillers d'État ordinaires et extraordinaires lui sont subordonnés ; il ne peut recevoir de présens de personne.

Plusieurs Japonais prétendent que *Kamon-no-kami* étoit présent à la mort du *Djogoun*, et même qu'il lui tenoit les mains, lorsque sa femme lui enfonça le poignard dans le sein. Elle étoit fille du *Daïri* ; et elle avoit fini par détester son mari, à cause de son mépris pour les femmes.

Tsouna-yosi avoit eu deux enfans : un fils, *Tokoumats-kimi*, mort en bas âge ; une fille, mariée à *Ki-no-tchounagon*, *Tsoune-nori*, prince de *Kino-kouni* (1).

____

(1) Le titre chinois de *Tsouna-yosi* est *Kang-ki koung Tsiang-lian*   n

YEYE-NOBOU, SIXIÈME DJOGOUN.

Minamotto-no-yeye-nobou, neveu de *Tsouna-yosi*, et fils de son frère aîné *Tsouna-sige*, fut élu comme l'avoit désiré la femme du dernier *Djogoun*; il ne s'est rien passé de remarquable sous son règne (1). Il eut trois fils, dont deux moururent en naissant. Le troisième lui succéda. *Yeye-nobou* mourut le 14 du 10ᵉ mois de la seconde année *Djo-tok* (l'an 1712), après un règne d'environ quatre ans.

YEYE-TSOUGOU, SEPTIÈME DJOGOUN.

Minamotto-no-yeye-tsougou, fils de *Yeye-nobou*, n'étoit pas encore en âge de régner quand il succéda à son père. Comme il n'avoit pas de titre à cause de sa grande jeunesse, on le nomma *Nobou-matsou-kimi*. Le gouvernement fut remis entre les mains des conseillers d'Etat, pendant la minorité du prince. Au commencement de la 6ᵉ année *Djo-tok* (en 1716), le *Djogoun* tomba dangereusement malade. On donna aussitôt des ordres pour faire dire, dans les principaux temples, des prières publiques

---

(1) Son titre est *Siouan-houng Tsiang-kiun*. A. R.

pour son rétablissement; mais elles furent inutiles. Les médecins les plus habiles employèrent aussi vainement toutes les ressources de leur art. Le jeune prince mourut le 30 du 4e mois de la même année. Tout l'empire prit le deuil. Il fut enterré près du temple *Za-nien-si*, et les prêtres lui donnèrent le nom de *You-sio-in* (1).

Les trois conseillers d'Etat supérieurs, *Ino-kamon-no-kami*, *Matsdaïra-sanouki-no-kami*, et *Matsdaïra-fiogon-no-kami*, réunirent dans le palais le prince de *Kidjo*, *Yosi-moune*, le prince d'*Ovari*, le prince de *Mito*, les parens du *Djogoun*, et les conseillers d'Etat; et ils les consultèrent sur le choix d'un nouveau *Djogoun*. Le prince de *Kidjo* obtint tous les suffrages. Il demanda avec instance d'être dispensé d'accepter l'empire, ne se croyant pas les talens nécessaires pour gouverner; et il proposa le prince d'*Ovari*, comme étant d'un rang supérieur. Mais le prince de *Mito* se leva, le prit par la main, et le conduisit vers le trône; il fut alors proclamé *Djogoun* et installé, et le nom d'année fut changé en celui de *Kio-fo*.

---

(1) Son titre chinois est *Liu-koung Tsiang-kiun*. A. R.

YOSI-MOUNE, HUITIÈME DJOGOUN.

Minamotto-no-yosi-moune, avant son avènement prince de *Kidjo*, contribua beaucoup à la prospérité de l'empire, qui, sous son règne, prit de jour en jour de nouveaux accroissemens : une police sévère, en garantissant la sûreté des routes, et en réprimant les brigandages, attira les voyageurs en foule. Sa renommée se répandit bientôt dans tout l'empire, et les Japonais encore aujourd'hui le comparent à *Gongin*, pour son humanité et sa bienfaisance, comme ils comparent son règne à celui de l'empereur chinois *Zin* (1).

Parmi les événemens de ce règne, qui dura trente ans, voici ceux que l'ouvrage intitulé *Ken-day-gen-pi-rok* cite comme les plus remarquables.

———

Le conseiller d'Etat *Tsoutcha-saagmi-no-kami*, homme recommandable par son instruction, son affabilité et sa grande expérience des affaires, qui l'avoit fait constamment employer sous les quatre derniers *Djogoun*, étant alors

———

(1) C'est l'empereur *Chun*, dont le règne est toujours cité comme une époque de félicité parfaite, et une sorte d'âge d'or. A. R.

fort avancé en âge, obtint la permission de
paroître dans les appartemens du palais avec
une canne de bambou de couleur pourpre. Il y
a très-peu d'exemples de cette faveur. *Gongin*
l'avoit accordée dans son château de *Sourouga*
à *Fonda-sada-no-kami*. Plus anciennement,
Anmeï-in-dono en jouit sous l'*Oudasio Yori-
tomo*, dans le château de *Kamakoura*; mais à
l'époque dont nous parlons, *Sagami-no-kami*
fut le seul qui l'obtint. Ce fut une récompense
de ses services, et une marque éclatante de la
considération que le *Djogoun* avoit pour lui.

Il est rare de trouver des hommes justes
parmi les grands juges et les gouverneurs. Aussi
on a coutume de dire en parlant d'eux : « Ils
» veulent tous marcher la tête haute ; mais ils
» se courbent pour la plupart comme les sapins
» de *Karasaki.* » Ce qui signifie que quelque
intègres qu'ils paroissent au dehors, il n'y a
qu'injustices en dedans. Du temps de *Gongin*,
trois grands juges furent célèbres à *Miyako* pour
leur probité : c'étoient *Itakoura-igo-no-kami*,
Itokoura-sova-no-kami, et *Itakoura-naïzen-
no-kami*. Depuis *Gongin*, on auroit eu peine
à trouver leurs pareils. Mais dans la 6ᵉ année

Djo-tok (l'an 1716), un gouverneur d'*Ize* (1), nommé *O-oka-yetchesen-no-kami*, homme aussi recommandable par son intégrité que par son courage, mérita qu'on lui fit l'application de ces anciens vers :

> *Karasaki no*
> *Matsouva bougi o ni*
> *Simo ni tari*
> *Sakouna no tsouredo*
> *Magaranou va nasi,*

Ce qui veut dire : « Un gouverneur ne se courbe » pas comme les sapins de *Karasaki.* »

O-oka avoit d'abord été nommé *Tchouyemon.* Ses revenus montoient alors à cinq cents *kokf.* Il étoit garde des appartemens du palais. Sous *Bounsio-in* ou *Yeye-nobou*, il fut fait premier intendant du prince, et ensuite inspecteur du château. Ces inspecteurs sont au nombre de dix, conformément à cette maxime de Confucius : « Dans ce que dix yeux voient , dix doigts peu- » vent aisément séparer le bon du mauvais. »

Le même *Djogoun* fit ensuite *O-oka* gouverneur d'*Ize.* Les habitans d'*Ize* étoient depuis long-temps en querelle avec ceux de *Kidjo ;* ils avoient porté plusieurs fois leurs plaintes au gouvernement ; mais les prédécesseurs d'*O-oka*

---

(1) Province de la côte méridionale de *Nifon*, nommée en chinois *I-chi*, en face de celle d'*Ovari.* A. R.

n'avoient osé rendre aucune décision, parce qu'ils redoutoient le pouvoir de *Yosi-moune*, alors prince de *Kidjo*. *O-oka*, qui ne craignoit rien quand il s'agissoit de faire son devoir, examina les plaintes, et trouvant le droit du côté d'*Ize*, il condamna ceux de *Kidjo*. *Yosi-moune*, devenu *Djogoun*, nomma *O-oka*, dont il avoit éprouvé l'intégrité, gouverneur de *Yedo*. On lui fit l'application de ce proverbe japonais : « Il » n'y a pas de cheval, si bon qu'il soit, qui coure » mille lieues par jour. » Ce qui vouloit dire en cette occasion qu'*O-oka*, quoiqu'il eût toutes les qualités nécessaires à un bon gouverneur, ne l'eût jamais été à *Yedo*, si *Yosi-moune* n'eût été élu *Djogoun*.

O-oka occupa ce poste pendant vingt ans; il fut ensuite huissier du palais. Il n'avoit que cinq *kokf* de revenu lorsqu'il entra dans la carrière des emplois; dès ce moment il en eut dix mille.

La fonction des huissiers du palais consiste à annoncer à haute voix et successivement les noms de ceux qui sont admis à l'audience du *Djogoun*. Ainsi, quand le chef de la compagnie hollandaise se présente, l'huissier crie : *Olanda capitain*. On en use de même à l'égard des princes du pays. Les huissiers n'avoient pas anciennement de lieu fixe qui leur fût affecté au palais; ils se tenoient d'ordinaire dans l'appartement de celui de leurs camarades qui étoit de service. *O-oka* se trouvant un jour dans l'appartement de l'huissier *Ino-ouye-kavatche-no-kami*, dont c'étoit le tour d'annoncer, celui-ci lui dit : « Huissier, vous n'êtes pas de service; » vous ne pouvez pas rester ici. » *O-oka* ne sachant où aller, on sentit la nécessité de préparer une salle pour les huissiers, et des ordres furent donnés en conséquence.

Le 6ᵉ jour du 1ᵉʳ mois, un ambassadeur du temple *Djo-sia-zan* se présenta pour être annoncé chez le *Djogoun*; son titre étoit *Bansiou-Djosiozan-no-djozo-zo-daï* (1), titre difficile à retenir et à prononcer. Aussi *Ino-ouze-kavatche-no-kami*, huissier de service, l'annonça-t-il peu exactement. En pareil cas ses camarades se retiroient tout honteux. Mais lui il regarda le *Djogoun*, et se mit à rire. Le prince, indigné de son impudence et de ce manque de respect, le priva de ses emplois.

———

Sous le règne de *Taïtokou-in* ou *Fide-fada* et sous celui de *Dayou-in* ou *Yeye-mitsou*, les

———

(1) *Bansiou* désigne la province autrement nommée *Farima*. *Djosiozan* est le nom du temple; *no* est une particule conjonctive. *Djozo* signifie ambassadeur, et *Zo-daï* est le titre commun à tous les prêtres.

terres de *Kato-o-figo-na-kami*, celles de *Kiyo-masa*, de *Foukousima-sayemon-no-tayou-masa-nori* et de *Firaïwa-kasi-no-kami-'tchéka-yosi* avoient été confisquées sans qu'on en sût la cause. *Yosi-moune*, voulant réparer cette injustice, accorda cinq cents *kokf* de revenu à l'héritier de *Kato-o-kiyo-masa*, et trois cents à l'héritier de *Foukousima* et à celui de *Firaïwa*. Il nomma *Misou-no-oo-kouwa*, dont le père avoit été prince, inspecteur de la grande garde. *Oo-kouwa* étant mort depuis peu, le *Djogoun* régnant, *Yeye-farou*, a donné la survivance de l'emploi à son fils. Ce favori du prince est aujourd'hui (1782) conseiller d'Etat ordinaire, et se nomme *Misou-deva-no-kami*, *Fada-tomo*.

———

Dès le temps de *Tsouna-yori*, le goût de la parure et du luxe s'étoit introduit dans l'Etat, et avoit gagné jusqu'aux professions qui parois-sent devoir en être les plus exemptes. On voyoit les militaires se farder, se peindre les lèvres de rouge, et se parer comme les femmes. *Yori-moune*, à son avènement à l'empire, témoigna son indignation d'une telle mollesse; il donna les ordres les plus sévères pour que le soldat fût soumis, comme autrefois, aux exercices du corps, qui le rendent adroit et vigoureux. Il signifia en même temps son intention d'aller en personne juger de ses progrès. A la voix du prince, les militaires se livrèrent avec empressement à tous les exercices qu'ils avoient négligés jusqu'alors; ils ne tardèrent pas à s'y distinguer; et bientôt, ce qu'on n'avoit pas vu avant son règne, un grand nombre se montrèrent parfaitement habiles, soit à tirer au but avec l'arc et les flèches en courant à bride abattue, soit à se défendre avec la pique contre cinq ou six adversaires, soit à espadonner avec le sabre contre vingt personnes. Parmi les bons tireurs d'arc, se distinguèrent *Tamon-tamisa*, *Ogasavara magasitsro*, *Sakaï-yosayemon*, *Yosino-yatsio* et *Boutsouda-gosayemon*. Ils tiroient cent fois de suite au blanc, sans manquer un seul coup. Dans la garde du château, on citoit comme les plus experts au maniement des armes *Foki-dagak*, *Foki-zafioye*, et *Meagata-nagato-no-kami*. Le *Djogoun* força aussi les gens de sa suite de s'exercer à nager et à plonger, ce qui étoit également devenu hors d'usage depuis *Tsouna-yosi*, parce que, de son temps, les hommes efféminés et uniquement occupés du soin de se parer prétendoient que la peau devenoit rude et épaisse lorsqu'en sortant de l'eau on s'exposoit nu au soleil. *Yosi-moune* remit en vigueur cet exercice salutaire au commencement des années *Kio-fo* (l'an 1716). De temps en temps il alloit encourager les nageurs par sa présence. Avant lui, lorsqu'un nageur passoit la rivière *Asakousa-gawa*, qui a plus de cent vingt *ikie*, ou huit cent quarante pieds de largeur, on en parloit comme d'une espèce de prodige. Sous son règne, on vit *Yamamoto-tesayemon* la traverser trente-six fois de suite ; et un certain *Awasou-kintarou* la passer en n'enfonçant que jusqu'au nombril. Dans la suite, le *Djogoun* se fit une loi d'aller tous les ans, le 15 du 4e mois de l'année, juger lui-même des progrès des nageurs, et donner des récompenses à ceux qui se distinguoient. Enfin l'habileté dans les exercices du corps devint pour les militaires un sûr moyen d'avancement.

Yosi-moune prodigua aussi les encouragemens à ceux de ses sujets qui cultivoient avec succès les arts et les sciences. *Oya-djosits*, frère cadet d'*Oyou-soyemon*, excelloit dans la connoissance des ouvrages chinois : *Foyosi-siro-tayou* dans l'écriture ; *Igaï-i-bounsero* et *Nisigava-tchou-sero* dans l'astronomie ; et *Magaï-magozitsero* dans l'arithmétique : Le prince leur assigna, à titre de récompense, des appointemens fixes.

Matsoura-yosiro jouissoit d'un revenu de quatre cents *kokf*, lorsqu'il fut nommé inspecteur chez le *Taïsi*, ou prince héréditaire. Il n'occupa cet emploi que peu de temps, son grand savoir l'ayant fait promptement monter au poste de gouverneur d'*Osaka*, sous le nom de *Matsoura-kavatche-no-kami*. Il se distingua dans cette place par une sage administration de la justice. On cite de lui des traits qui font honneur à sa prudence et à son intégrité, et que nous allons faire connoître.

Un usurier, nommé *Tomaya-kiougero*, demeurant à *Osaka*, auprès du pont *Korea-Basi*, s'aperçut un jour qu'il lui manquoit cinq cents *kobans* : comme on n'avoit vu personne entrer dans la maison, il soupçonna que le vol avoit été commis par un de ses domestiques. Il les interrogea tous les uns après les autres, mais sans en pouvoir rien tirer. Cependant les soupçons tombèrent sur *Tchoudjets*, l'un d'eux ; ses camarades et même son maître ne doutèrent pas qu'il n'eût fait le coup. Il fut arrêté et interrogé avec le plus grand soin ; mais il nia, et l'on ne trouva rien qui pût le convaincre. Son maître lui représenta que s'il ne vouloit pas avouer, l'affaire seroit portée devant le gouverneur, et que, s'il étoit convaincu, il devoit s'attendre à être sévèrement puni. Cette menace

n'ayant produit aucun effet, *Tomoya* alla le
dénoncer au gouvernement, l'accusant de l'avoir
volé, et demandant que l'affaire fût jugée avec
rigueur, et le coupable puni comme il le méritoit. Le gouverneur le lui promit. Il fit venir
Tchoudjets, et l'interrogea. Celui-ci protesta de
nouveau de son innocence, en ajoutant que
quand on lui feroit subir les plus horribles
tortures, il n'avoueroit jamais un crime qu'il
n'avoit pas commis. *Kavatche* le fit conduire en
prison ; et s'étant fait amener *Tomoya* et ses
gens, il leur fit part du résultat de l'interrogatoire et de la réponse de *Tchoudjets*, et les invita à déclarer s'ils avoient des preuves du crime.
Tomoya répondit que non, mais que lui-même
et sa maison n'en doutoient pas ; qu'au surplus
c'étoit un coquin déterminé dont les supplices
les plus cruels n'arracheroient pas un aveu.
Kavatche leur demanda de nouveau s'ils per-
sistoient à l'accuser, et s'ils étoient disposés à
confirmer leur accusation dans un écrit signé
d'eux tous, les assurant que, dans ce cas, il feroit
couper la tête au coupable. Sur leur réponse
affirmative, l'écrit fut rédigé en ces termes :

« *Tchoudjets*, domestique de *Tomoya*, a
» volé cinq cents *kobans* à son maître : nous
» l'attestons par cet écrit, et nous demandons
» que, pour l'exemple, il soit puni de mort :

» Nous, domestiques et parens de *Tomoya-*
» *kiougero*, avons confirmé cet écrit en y appo-
» sant nos signatures et nos cachets.

» Le 2ᵉ mois de la 1ʳᵉ année *Gen-boun* (l'an
» 1736). »

Kavatche-no-kami prit l'écrit, et dit à *To-*
moya : « A présent que ma responsabilité est
» à couvert, je vais faire trancher la tête à
» *Tchoudjets*, es-tu content? « « Oui, » répondit *Tomoya;* et il se retira après avoir remercié
le gouverneur, et déclaré qu'il étoit pleinement
satisfait.

Cependant un voleur que l'on avoit arrêté
près du temple *Ten-ma*, ayant été mis à la torture, s'avoua l'auteur du vol de cinq cents *ko-*
bans, commis chez *Tomoya*. A cette nouvelle,
Kavatche fait venir *Tomoya* et tous ses gens,
leur demande pourquoi ils ont accusé *Tchou-*
djets sans preuves et par écrit. Il leur annonce
l'arrestation du voleur, et l'aveu qu'il a fait au
milieu des tourmens ; puis il ajoute : « J'ai fait,
» sur votre déclaration, trancher la tête à un
» innocent ; en expiation de ce malheur, toi,
» ta femme et tes gens, vous serez tous décapi-
» tés; et moi, je me couperai le ventre, pour
» me punir de n'avoir pas examiné cette affaire
» avec plus de soin. » A ces terribles paroles,
tous furent saisis d'effroi. Les magistrats et

quarteniers demandèrent grâce pour les coupables; mais *Kavatche*, affectant un air sévère, répondit que les prières étoient inutiles, et que plus on cherchoit à les excuser, plus on aggravoit leur crime. Alors ces malheureux se mirent à pleurer et à se lamenter. *Kavatche*, qui vouloit leur donner une leçon dont ils se ressouvinssent toujours, les laissa quelque temps en proie à ces cruelles angoisses. Enfin il les tranquillisa : « Rassurez-vous, leur dit-il, les ré-
» ponses de *Tchoudjets* m'avoient fait juger qu'il
» n'étoit pas coupable. Je l'ai fait cacher, espé-
» rant que quelque circonstance imprévue pour-
» roit faire éclater son innocence. Je me réjouis
» que l'événement ait justifié ma précaution. »
Puis ayant fait appeler *Tchoudjets* : « *Tomoya*,
» ajouta-t-il, voici un innocent que tes fausses
» accusations ont fait retenir long-temps en pri-
» son, et ont exposé à périr du dernier sup-
» plice. Puisque ce malheur n'est pas arrivé,
» je te fais grâce de la vie; mais tu dois une
» indemnité à ce malheureux pour ce qu'il a
» souffert à cause de toi : donne-lui donc cinq
» cents *kobans*, et traite-le à l'avenir comme
» un fidèle serviteur. »

Lorsque le *Djogoun* fut instruit de ce jugement, il en témoigna publiquement sa satisfaction, loua l'équité de *Kavatche*, et dit qu'il seroit à désirer que l'on eût partout de pareils gouverneurs. Peu de temps après, il le fit inspecteur de la chambre des comptes, et gouverneur de *Nangasaki*, où sa mémoire est encore en vénération. Toutefois cet homme, si recommandable par son intégrité et par ses grands talens, fut disgracié sous le règne de *Yee-sige*, fils de *Yosi-moune*, qui le priva de ses emplois, et le fit arrêter. Mais la vertu de *Kavatche* étoit trop élevée pour qu'une disgrâce si peu méritée fût capable de l'abattre.

———

Des sommes considérables avoient été dérobées au château d'*Osaka*. L'inspecteur *Nosesinsero* s'y rendit pour faire des perquisitions; il reconnut qu'il manquoit un petit coffre de mille *kobans* dans la caisse où on conservoit l'or. La caisse, la serrure et le cachet étoient intacts; ce cachet étoit celui du trésorier *Kavarazebi* et comme lui seul avoit pu ouvrir la caisse sans la rompre, les soupçons tombèrent sur lui et sur ses deux associés. Ils furent arrêtés tous les trois et interrogés; mais ils nièrent, et on ne put rien découvrir. En conséquence, *Avoyama-tsioubi* et *Noma-kakoube*, inspecteurs des gens du train, furent envoyés de *Yedo* à *Osaka* pour y faire de nouvelles recherches, qui n'eurent pas d'abord plus de succès que les premières.

Enfin *Avoyama* imagina un expédient qui lui réussit. Il envoya des agens dans toutes les maisons suspectes, les lieux de débauche, les auberges, etc., avec ordre de s'informer de toutes les personnes qui pourroient y avoir fait de la dépense au-dessus de leurs moyens. *Tomonya-grobe*, qui tenoit la maison *Daïkokiya*, sur la place *Ten-ma*, vint trouver le gouverneur, et l'informa qu'un individu de peu d'apparence, à qui il ne croyoit pas d'autre ressource qu'un petit emploi, venoit tous les jours chez lui voir une femme, nommée *Otone*, pour laquelle il faisoit des dépenses considérables ; il ajouta qu'il se défioit de cet homme, et qu'il avoit cru devoir venir lui en faire son rapport. *Kavatche* et *Avoyama* louèrent son zèle, et le renvoyèrent en lui recommandant le secret, et en lui promettant de faire vérifier incessamment si ses soupçons étoient fondés. *Noma-kakoube* se rendit effectivement à *Ten-ma*, accompagné de plusieurs soldats. Ils y trouvèrent l'homme en question, qui leur parut fort suspect. Ils s'assurèrent de sa personne, le garottèrent et l'emmenèrent au palais du gouverneur. *Kavatche-no-kami* l'interrogea ; il voulut nier d'abord. Mais comme il se coupoit dans ses réponses, on le fit appliquer à la question, et la douleur le força d'avouer son crime. Il déclara qu'il étoit domestique chez le concierge du château de *Sakouma*; et qu'après avoir long-temps cherché l'occasion de s'approprier l'argent de la caisse, il l'avoit trouvée et saisie. Au surplus, on ne parvint pas à connoître les moyens qu'il avoit employés pour ouvrir la caisse sans rompre le cachet qui en scelloit l'ouverture.

Kavatche se fit amener la fille *Otone*, et l'interrogea sur ses liaisons avec le coupable. Elle ne put donner aucune lumière sur les circonstances du vol; elle déposa seulement que le voleur venoit souvent boire le *zakki* avec elle; qu'il lui donnoit des robes, des bijoux: qu'entre autres choses, il lui avoit fait présent de deux petites figures faites par *Fakeda*, et qu'il disoit avoir payées cent *kobans*: ces deux figures, dont l'une représentoit une jeune fille, l'autre un domestique tenant un parasol, étoient construites de manière que lorsqu'on les faisoit flotter dans une jatte de *zakki*, le domestique ouvroit le parasol, et suivoit sa maîtresse qui flottoit en avant. Lorsque l'instruction de l'affaire fut terminée, le coupable eut la tête tranchée; et *Kavarazebi* fut destitué. *Nose-sinsero* et les deux autres inspecteurs revinrent à *Yedo*. Le premier reçut deux robes avec les armes du *Djogoun*, et trois *obangs*. Cette récompense lui fut annoncée par *Fonda-nakasouka-san no tayou*, en présence de tous les conseillers d'Etat ordinaires et extraordinaires. *Avo-yama-tsioubi* et *Noma-kakoube* eurent chacun dix lingots d'argent; ce qui leur fut annoncé par *Fonda-iyo-no-kami*, sans aucune cérémonie (1).

L'auteur du manuscrit daigne encore s'occuper de la fille *Otone*, et raconte ainsi sa fin tragique : elle avoit long-temps vécu avec le comédien *Sakaki-kama-siro-taro*, à qui elle étoit fort attachée. Celui-ci, après avoir mangé beaucoup d'argent avec elle, épousa en secret la veuve du comédien *Kame-sousero*. Déterminé à se séparer d'*Otone*, il ne savoit comment s'y prendre pour l'informer de sa résolution. Enfin il imagina de lui dire qu'il avoit perdu tout son argent au jeu, et qu'il avoit été obligé de mettre ses effets en gage. En même temps il la pria de lui prêter vingt *kobans*, espérant qu'elle ne le

---

(1) Dans un pays où tout est soumis à l'étiquette, et où les plus petites circonstances ont leur importance dans le cérémonial, il n'est pas indifférent de remarquer par quelles mains passent les récompenses. Le premier inspecteur reçoit ses trois *obangs*, c'est-à-dire environ 1,600 fr., de la main d'un des grands de la cour, et dans une réunion solennelle des conseillers d'Etat. Les deux autres reçoivent chacun dix lingots d'argent, qui leur sont donnés par un officier inférieur, et cette gradation fait mieux sentir la différence qu'on met entre leurs services. A. R.

pourroit pas, et que ce seroit pour lui un prétexte de rompre avec elle ; mais elle soupçonna
son dessein, emprunta l'argent, et le lui donna,
aussi bien que dix autres *kobans* qu'il lui avoit
également demandés, en sorte qu'il n'osa pas
l'informer de son mariage : elle ne tarda pas
toutefois à l'apprendre. Alors, sans lui faire
aucun reproche sur son infidélité, elle vendit
ses robes et tout ce qu'elle possédoit pour se
procurer la somme qu'elle avoit empruntée, et
payer sa dette. Ensuite elle se pendit dans le
grand salon de *Tomonya-grobe*. Cet événement se passa dans les années *Gen-boun*. Au
nombre des effets qu'elle avoit vendus étoient
les deux petites figures dont on a parlé ; elle
n'en retira que six *kobans*. Elles appartiennent
aujourd'hui à la femme du musicien *Toyo-taki*.

———

Un certain *Nioura-grosayemon*, demeurant
sur la place *Asakousa*, passoit pour le frère de
Nioura-serosayemon, qui tenoit la maison de
prostitution à *Yosnara*. Il étoit fort dévot, et il
alloit tous les jours faire sa prière au temple
Asakousa-dera. Au bout d'environ trois mille
jours, dans les années *Gen-boun* (1736-40),
le dieu lui accorda une fille de la plus grande

beauté, laquelle devint domestique dans le palais *Nisi-no-marou* ou du prince héréditaire. Elle y vécut d'abord ignorée ; mais le prince, l'ayant aperçue, en devint amoureux : il en eut un fils qui fut nommé *Mansiero-sama* ; on lui donna alors un appartement au palais, et elle fut traitée avec respect par tous les officiers du prince. *Grosayemon* devint serviteur du *Djogoun*. Il reçut un revenu de cinq cents *kokf*, et on lui assigna pour son logement une grande maison située dans la rue *Bantchou*.

Dayou-in ou *Yee-mitsou* avoit déjà donné un exemple semblable. De son temps, une femme d'une grande beauté, nommée *Kasouga-no-tsoubone*, avoit présenté un placet, pour que tous les frères de celles que le *Djogoun* honoroit de sa couche fussent admis au nombre des officiers du prince, et sa requête avoit été accordée. Mais les autres officiers qui ne devoient ce rang qu'à leur bravoure personnelle et à une honorable conduite, refusèrent de servir avec ces nouveaux venus ; quelques uns même osèrent dire que ces frères de concubines n'étoient pas dignes de croiser leurs sabres avec les leurs. Le *Djogoun*, pour prévenir l'effet de ce mécontentement, forma des nouveaux officiers un corps particulier, sous le titre de nouvelle garde, ou de *Singo-ban*.

Grosayemon étoit un galant homme; il fut admis dans la nouvelle garde sans l'avoir demandé, et il attribua cette grâce à la faveur du dieu d'*Asakousa*. A gauche du temple de ce dieu, est une citerne que *Grosayemon* lui avoit consacrée, et sur laquelle sont gravés ces mots : *Rin-sin-ko-sin*.

———

Ko-goro, fils aîné de *Fokfkawa-kioboutcho*, frère cadet du prince héréditaire *Yee-sige*, fut, par la médiation du *Djogoun Yosi-moune*, adopté par le prince de *Yetchezen* (1), qui n'avoit point d'enfans; il changea alors son nom en celui d'*Ogi-maro*. *Yetchezen* étoit parent du *Djogoun*, et il consentit à adopter le jeune prince pour se l'attacher davantage, et dans la crainte que la famille ne devînt trop nombreuse s'il adoptoit le fils de quelque autre maison.

Yosi-moune fit présent de cinq *mankokf* à *Matsdaïra-Yetchezen-no-kami*. Celui-ci descendoit d'un prince puissant, mais qui avoit été dépossédé et exilé à *Boungo* (2), en punition de sa mauvaise administration et de sa cruauté envers

______

(1) En chinois, *Foueï-thsian*; province sur la côte septentrionale de *Nifon*, au nord-est de *Miyako*. A. R.

(2) En chinois, *Foung-heou*; province dans la partie sud-est de l'île *Kiou-siou*. A. R.

ses serviteurs, dont plusieurs avoient été mis à mort par ses ordres, avec leurs femmes et leurs enfans.

Yee-sige avoit encore un autre frère, nommé *Moune-kore-ouyemon-no-kami*, homme de beaucoup d'esprit, qui cultivoit les sciences, et recherchoit avec empressement tout ce qui étoit susceptible de piquer la curiosité. Il avoit épousé la fille d'un des officiers du *Daïri*, nommé *Konoye-dono*. On assure que lorsque *Yee-sige* monta sur le trône, *Ouyemon*, le regardant comme incapable par son ignorance de gouverner l'empire, composa un écrit dans lequel il lui traçoit ses devoirs, et lui donnoit des conseils sur la conduite qu'il devoit tenir. *Yee-sige* en fut si courroucé, qu'il tint *Ouyemon* aux arrêts pendant trois ans. Dans l'intervalle, *Konoye dono*, étant venu à *Yedo*, ne put parler ni à son gendre, ni à sa fille. On n'a jamais su au surplus quels étoient ces conseils qui avoient si fort déplu au *Djogoun*.

Kano-totomi-no-kami, *Ogasavara-inami-no-kami*, et *Sibouya-tsoumi-no-kami*, furent ceux des officiers de *Yosi-moune* qui eurent le plus de part à sa confiance; ils avoient tous les trois beaucoup d'esprit, un caractère noble et bienfaisant, et une probité à toute épreuve. Aussi dit-on que les habitans du Japon ne furent jamais plus heureux que de leur temps. *Mats-sousita-sinski*, depuis *Matsousita-iga-no-kami*, jouit aussi d'un grand crédit auprès de ce prince. Sa modestie, son zèle et sa bienfaisance le rendirent digne de cette faveur.

On n'en peut dire autant de *Okoubo-ize no-kami*, l'un des serviteurs intimes de *Yee-sige*; c'étoit un homme arrogant, prodigue et débauché. Il mettoit le désordre partout, sans que personne osât lui faire des reproches sur sa conduite, parce qu'il étoit oncle de *Yee-sige*. *Yosi-moune*, informé de l'abus que ce favori faisoit de sa faveur, lui fit ôter son emploi. *Yee-sige* eut un ami véritable dans *O-oka-isoumo-no-kami* : indulgent, et toujours prêt à excuser les fautes des autres, il imitoit en tout l'exemple des trois favoris dont on vient de parler. C'est ce qui donna lieu de faire ces vers après sa mort :

> *O-oka ta wa,*
> *Isoumo-no-fakani,*
> *Kami-no-nasi.*

« Il n'y a pas de dieu pareil à *Isoumo*, etc. » Le poëte ajoute qu'il est inutile de parler de toutes les bonnes qualités d'*Isoumo*. « Nous en » avons tous été témoins, dit-il, et nous payons

» par nos larmes un tribut de reconnoissance à
» sa mémoire. »

———

Djoyen-in, mère de *Yosi-moune*, demeuroit
à *Waka-yama*, dans la province de *Kidjo*.
Lorsque ce prince fut monté sur le trône, il la
fit venir à *Yedo*, où elle mourut dans les années
Kio-fo (1716-1735). Elle fut enterrée près du
temple *Rak-zeï-san*. Comme elle étoit morte le
9ᵉ jour du mois, il fut décidé qu'un conseiller
d'État ordinaire se rendroit le 9 de chaque mois
dans le temple, pour y faire des prières au nom
du *Djogoun*.

Yoseï-in, mère du prince de *Mito*, avoit coutume, lorsqu'elle sortoit, de porter un sabre,
que les gens du pays désignoient par le nom
d'*Ame-kouni* (*ame*, pluie; *kouni*, pays), parce
que, suivant la tradition, il ne manquoit jamais
de pleuvoir lorsqu'elle le portoit. Elle étoit
petite-fille de *Sioken-in*, ou *Tsouna-yosi*, et
se trouvoit ainsi parente d'un des premiers ministres du *Daïri*, le *Kouambak Tenka-konoye-
dono*. *Tsouna-yosi*, son grand-père, *Konoye-
dono* et le prince de *Mito* étant morts successivement et à peu de distance, dans la 6ᵉ année
Fo-ye (1709), elle en fut vivement affligée, et
dans sa douleur elle composa ces vers :

Woudje kotowa
Tsousouki ga fara no
Tsougou namida
Kousa na tomolo wa
Nawa sigoure tsousou.

« Nos malheurs se succèdent comme les an-
» neaux d'une chaîne. Quoique mes vêtemens
» soient trempés de mes larmes, mes yeux s'en
» remplissent constamment de nouveau. »

Wako-in, mère de *Yousio-in*, ou *Yee tsougou*,
demeuroit à *Tooki-aye*, en dedans de la porte
Fanso-go-mon. Un jour qu'elle se promenoit
dans une des galéries, d'où elle pouvoit aper-
cevoir tous les passans, elle remarqua plusieurs
pauvres qui étoient presque nus, malgré le
froid excessif qu'il faisoit. Emue de compassion, elle leur envoya sur-le-champ des habits
pour s'en vêtir. Dès que la nouvelle s'en fut
répandue, une foule de pauvres accourut de
toutes parts devant sa maison, et elle leur fit
également distribuer des vêtemens. Mais quelque
temps après, les premiers qu'elle avoit fait vêtir
étant revenus tout nus, elle les reconnut, et
ayant fait prendre des informations, elle sut
bientôt qu'ils avoient perdu leurs habits au jeu.
L'indignation qu'elle en conçut ferma ses mains
que la compassion avoit tenues ouvertes jusqu'alors pour le soulagement des malheureux.

La mort prématurée de la femme de *Yee-sige*,

qu'on nommoit pendant sa vie *Namino-miya-sama*, et qui depuis fut appelée *Siomeï-in*, excita beaucoup de regrets. Elle fut enterrée près du temple *Toyosan*. Un jour, sur la fin des années *Kio-fo* (1), elle devoit aller en grand cortège sur le bord de la rivière *Soumida-gava* (à *Yedo*); les conseillers ordinaires et extraordinaires, pour lui faire leur cour, avoient donné l'ordre à l'intendant de planter des fleurs tout le long de la rivière. Cette galanterie ne plut pas à *Yosi-moune*. « Les femmes, dit-il à ce » sujet, sont comme les enfans : voient-elles, » pendant l'hiver, des fleurs sur le bord d'une » rivière, elles s'imaginent qu'il doit y en avoir » en toute saison, quoiqu'il n'y en ait qu'au » printemps; et ensuite lorsqu'elles se voient » trompées dans leur attente, cette contrariété » les fâche et les irrite. »

Namino-miya-sama étoit fille du *Daïri*; elle avoit été amenée de *Miyako* à *Yedo*, pour épouser *Yée-sige*, avec qui elle ne vécut pas heureuse. Voici des vers qu'elle composa à cette occasion :

> *Omoï na ki,*
> *Mini si nare domo.*
> *Faro salo no*
> *Namo no tsouka siki,*
> *Miyako tori kana.*

---

(1) La 20ᵉ et dernière année *Kio-fo* répond à l'an 1755, dernière du règne de l'empereur chinois *Young-tching*. A. R.

« Jamais je n'avois eu l'idée d'épouser le
» *Djogoun*. Après ce mariage, il ne m'est plus
» permis de sortir. Je pense toujours à *Miyako*;
» et si j'aperçois quelque objet qui me le rap-
» pelle, mes regrets s'en augmentent. »

———

On place ici la liste des objets précieux con-
servés dans le *Gingoua*, c'est-à-dire dans le
corps-de-garde en dedans du palais. Ce sont,
pour la plupart, des armes qu'on garde soigneusement en mémoire des princes auxquels elles
ont appartenu.

Cette salle est ornée tout autour de peintures
qui représentent des lions et des roses de Notre-
Dame. C'est ce qui lui a fait donner le nom de
Zizi-no-ma, ou salle des Lions. Le plancher est
couvert de quatre-vingt-dix nattes, qui ont chacune six pieds de long et trois pieds de large.

On y trouve :

1°. Une pique en forme de croix, que l'on
porte toujours à la suite du *Djogoun*, lorsqu'il
sort du palais. Elle fut fabriquée dans la province de *Bizen* (1), par *Naga-tsougou*, la 3ᵉ année
Ten-sio (l'an 1575) : elle est montée en argent,

———

(1) Cette petite province, nommée, en chinois, *Pi-thsian*, est
sur la côte méridionale de *Ni-fon*, vis-à-vis de l'île de *Si-kokf*.

A. R

6.

et l'on y a gravé les armes que le *Daïri Kikou-e-kiri* donna à *Taïko*, et dont celui-ci fit présent à *Gongin*.

2°. Deux piques pointues que l'on porte également à la suite du *Djogoun*. On ignore par qui elles ont été fabriquées. On y voit gravées les armes de la famille du *Djogoun*.

3°. Une pique dont le fourreau est de peau de tigre; elle appartenoit anciennement à *Tienseï-no-fatsiro-tame-tomo*, l'un des ancêtres des princes de *Lukueo* (1), qui sont japonais d'origine. Le fils aîné y porte constamment le titre de *Fatsiro*. Cette pique reste toujours au palais; on ne s'en sert que dans les grandes cérémonies.

4°. Un sabre fait par *Sitsnosabro;* on le porte à la suite du *Djogoun.*

5°. Un sabre dont la poignée est garnie de nacre de perles. Jamais il ne sort du palais depuis que *Dayou-in*, ou *Yee-mitsou*, s'en est servi à la chasse pour fendre un sanglier en deux.

6°. Le *norimon* (chaise à porteurs) de *Dayou-in*, nommé *noda-kago*, ou la chaise cuirassée, parce qu'il est à l'épreuve d'une balle de fusil.

---

(1) C'est-à-dire des îles *Lieou–khieou*, dont les Européens ont diversement altéré le nom, en les appelant *Liqueya*, *Liqueo*, *Loo-choo*, etc. A. R.

Elle fut faite par *Okada-kouyemon*. On la garde dans le *Kouragari-no-ma*, ou *cabinet ténébreux*. Tous ces effets sont sous la garde des gens de la suite du *Djogoun*.

———

Au printemps de la 1ʳᵉ année *Gen-boun* (1736), on annonça que *Oko*, l'une des dames de la suite de *Siomeï-in*, avoit été rendue mère par *Yee-sige*, qui n'étoit alors que prince héréditaire, et qui, sous le nom de *Daïnagon-sama*, demeuroit au palais *Nisi-no-marou*. *Yosi-moune* en éprouva beaucoup de joie, et il donna des ordres pour qu'on fît des prières publiques afin d'obtenir un heureux accouchement.

Le 11ᵉ jour du 5ᵉ mois de la seconde année *Gen-boun* (1737), *Oko* accoucha d'un fils dont la naissance fut célébrée par de grandes fêtes.

Le premier conseiller d'Etat ordinaire, *Matsdaïra-sakon-no-kami*, tira la flèche *Fikime* (1);

———

(1) *Fikime* signifie, littéralement, œil de grenouille. On donne ce nom à une flèche de bois percée en haut de petits trous qui produisent un sifflement aigu lorsqu'elle fend l'air. Les Japonais sont dans l'usage de lancer ces sortes de flèches dans toutes les circonstances heureuses ou malheureuses; ils leur attribuent la propriété de repousser les malfaisans esprits.

(C'est avec une de ces flèches sonnantes, nommées par les Chinois *Miga-ti*, que le célèbre empereur des *Hioung-nou Mo-thun* tua son père *Theou-man*. Voyez *Wen-hian-thoung-khao*, L. 340, pag. 7. A. R.)

Les Japonais adorent en général le soleil, la lune, et les cinq elle fut rapportée par son fils *Matsdaïra-isoumi-no-kami*. L'enfant (1) fut allaité à sa naissance par la femme de *Matsdaïra-fitzen-no-kami* (2). Le prince de *Fimesi*, *Sakaï-outa-no-kami*, lui fit présent d'un sabre. Toute la cour étoit dans l'enivrement de la joie. *Yosi-moune*, enchanté de la naissance d'un petit-fils, se rendit à l'instant au palais *Nisi-no-marou*, où tous les princes, et même tous ses serviteurs furent admis à lui présenter leurs complimens. Le septième jour de la naissance de l'enfant, on fit publier dans la ville que tous ceux qui avoient un revenu de trois mille *kokf* pouvoient offrir des vêtemens, du *zakki* et du poisson, et que leur offrande seroit agréée.

planètes. Ceux qui admettent ce culte, qui est la véritable religion du pays, peuvent manger de tout, et tuer toutes sortes d'animaux. Lorsqu'ils entrent dans les temples, ils frappent deux fois des mains, pour prévenir le dieu de leur arrivée, et ils prient les mains jointes. Les uns invoquent le dieu du soleil, d'autres le dieu de la lune. On ne trouve pas d'images dans les temples, mais seulement une glace, nommée *kokoro*, ou cœur, et dans une petite cassette, appelée *sousi*, une petite houppe de papier, qui, s'il faut en croire les prêtres, représente la divinité, mais qui n'est réellement qu'un symbole de la robe qu'on offroit anciennement au dieu en sacrifice, lorsqu'on lui adressoit des prières.

(1) Le *Djogoun* régnant (1784), qui parvint à l'empire la 10ᵉ année *Foreki* (l'an 1780).

(2) Ce n'est que le 8ᵉ jour après sa naissance que l'enfant commence à être allaité par sa mère. Pendant les sept premiers jours il tette le lait d'une femme étrangère, parce qu'on croit que celui de la mère n'est pas encore bon.

Ino-kamon-no-kami, prince d'*Omi*, et *Sakaï-outa-no-kami*, prince de *Fimesi*, prièrent *Yosimoune* de permettre qu'on donnât au nouveau-né le nom *Take-tcheyo*, que *Gongin* avoit porté dans sa jeunesse. Il refusa d'abord, en disant qu'on ne pouvoit prévoir ce que deviendroit cet enfant; et que, s'il se montroit indigne de ce nom, la honte en rejailliroit sur *Gongin*. Mais *Matsdaïra-sokon-no-siogin*, *Matsdaïra-isou-no-kami*, *Fonda-nakatskasa-no-tayou*, et *Toki-fango-no-kami* s'étant joints aux premiers pour supplier le *Djogoun*, il finit par y consentir. Le musicien *Sagi-nyemon* chanta à cette occasion ce couplet :

> *Take-no-kotoba no*
> *Fodomo yokou*
> *Tjiyo no fourou mitji*
> *Fiki tarasou*
> *Modita karikerou*
> *Tokito haya.*

« Les nœuds du bambou (*take*) sont tous à une
» égale distance les uns des autres : des années,
» des siècles s'écoulent sans rien changer à
» cet arrangement. Ainsi notre bonheur sera
» éternel. »

Des ordres furent expédiés dans tout l'empire pour défendre de donner à qui que ce fût le nom de *Take* ou de Bambou.

Le prince régnant de *Mito* n'avoit que onze ans lorsqu'il parut pour la première fois au palais, accompagné du premier conseiller d'Etat ordinaire, *Matsdaïra-sokon-no-siogin*, qui le conduisoit par la main, et qui, en lui montrant la place où il devoit s'asseoir lorsque le *Djogoun* paroîtroit, lui recommanda de déposer par respect, en s'asseyant, son éventail sur la natte, au lieu de le tenir à la main. Il lui détailla ensuite tout ce qu'il avoit à faire. Comme il répétoit ces instructions : « Il sera temps, répliqua » le jeune prince, de quitter mon éventail » lorsque le *Djogoun* sera venu ; le respect » n'exige pas que je le dépose auparavant : don- » nez-moi donc des instructions plus conve- » nables. » *Sokon-no-siogin* fut frappé de cette réplique qui annonçoit ce que *Mito* seroit un jour. Lorsque *Yosi-moune* en eut été informé, il se félicita d'avoir dans sa famille un enfant qui, dans un âge aussi tendre, donnoit déjà de pareilles preuves de discernement.

———

Matsdaïra-no-koti-yo, prince d'*Tsoumo* et beau-père de *Koutsouki-oki-no-kami*, *Mina-motto-no-masa-tsouna*, n'avoit également que onze ans lorsqu'il fut admis pour la première fois dans le palais à présenter son hommage à *Yosi-moune*; le *Djogoun* lui offrit du *zakki* dans une jatte que l'échanson remplit jusqu'aux bords. Le jeune prince fut fort embarrassé, parce qu'il craignoit de se faire mal s'il buvoit tout, et qu'il n'osoit par respect jeter le *zakki* que le *Djogoun* lui avoit offert. *Yosi-moune* s'en étant aperçu, lui dit qu'il valoit mieux jeter le *zakki* que de s'incommoder en le buvant; l'échanson ayant alors apporté un vase pour recevoir la liqueur, *Koti-yo* porta la jatte à sa bouche, en but un peu, et versa le reste dans sa manche, en disant qu'il croiroit manquer au respect dû au *Djogoun*, en jetant ce qu'il tenoit de ses bontés. Cette conduite reçut de grands éloges. *Koti-yo* avoit de la magnanimité; il se distingua depuis dans la carrière militaire. Son mépris pour les richesses égaloit son amour pour les sciences et pour les arts, et principalement pour la peinture qu'il cultivoit avec succès. Lorsqu'il mêloit les couleurs, il avoit l'habitude d'en faire l'essai sur la manche de sa chemise; ce qui l'obligeoit à en changer souvent.

Inaba-yetchou-no-kami, aujourd'hui garde-du-corps du *Djogoun*, et frère cadet d'*Inaba-*

takoumi-no-kami, fut placé à l'âge de onze ans auprès du prince héréditaire qui étoit un peu plus jeune que lui. Un jour que les deux enfans jouoient ensemble, *Tofkawa-gioboutcho*, oncle du *Djogoun* régnant, *Yee-farou*, et grand-père du prince héréditaire actuel, vint au palais *Nisi-no-marou*; et, s'adressant à *Yetchou-no-kami*, il lui demanda assez brusquement quel âge il avoit. L'enfant, à qui ce ton avoit déplu, s'obstinoit à ne pas répondre, quoique la question eût été répétée à plusieurs reprises. *Tokfkawa* le pressant de parler, il détourna la tête avec dédain, en disant : « Je ne suis pas à son » service, de quel droit me parle-t-il ainsi en » maître? Je suis ici pour tenir compagnie au » jeune prince : le *Djogoun* a donné depuis » quelques années un ordre par écrit de ne » considérer ses oncles et ses frères que comme » de simples princes. Quand celui-ci me parle » d'un ton aussi brusque, sans que je lui en aie » donné aucun sujet, je ne veux ni ne dois lui » répondre. »

———

Le prince héréditaire, *Fake-djeyo*, avoit beaucoup d'esprit dans sa jeunesse, et il écrivoit parfaitement bien. *Yosi-moune* lui ayant un jour ordonné d'écrire en gros caractères, en sa présence, il prit tout ce qu'il lui falloit, mouilla son pinceau, et traça la lettre *Rio* (1), ou dragon, d'un bout du papier à l'autre, en sorte qu'il ne restoit plus de place pour y mettre le point. *Yosi-moune* le lui ayant fait remarquer, il plaça le point sur la natte ; ce qui fit rire le *Djogoun* et tous les spectateurs.

Un autre jour il se rendit au temple *Asa-kousa* : sur une des portes est représenté *Kami-nari*, ou le dieu du tonnerre ; sur l'autre, *Kasé-no-kami*, ou le dieu des vents. *Fake-djeyo* demanda au prêtre pourquoi le dieu du tonnerre n'avoit pas de mamelles. Le prêtre ne sut que répondre. Il prenoit ainsi plaisir à embarrasser par ses questions les personnes avec lesquelles il s'entretenoit ; mais son esprit s'est affoibli avec l'âge, et à présent il est presque en enfance.

***

Kano-gorosabro, après avoir été chambellan du *Djogoun*, et chargé de sa garde-robe ainsi que de sa cassette particulière, étoit devenu trésorier de la chambre des comptes, sous le nom de *Kano-wakassa-no-kami*. Un jour qu'il étoit allé au temple de *Niko* pour y faire un inventaire général, on lui montra une cloche

***

(1) C'est le caractère chinois *loung*.

d'or, faite en forme de requin, et qui étoit fortement endommagée d'un côté ; il ordonna de la retourner pour la faire servir du côté qui étoit en bon état. Les prêtres qui s'étoient déjà adressés au *Djogoun* pour le prier de faire réparer la cloche, répondirent que ce seroit faire un outrage à la mémoire de *Gongin*. Ils firent voir également à *Wakassa* quelques tasses d'or dont on se servoit aux cérémonies funèbres en l'honneur de ce prince, et que le laps de temps avoit détériorées ; ils le prièrent d'en faire acheter de nouvelles. *Wakassa* dit qu'il en coûteroit trop cher, qu'il y auroit plus d'économie à les faire réparer, et à les faire recouvrir de nouvelle laque. *Fatori-yamato-no-kami*, gouverneur de *Niko*, se récria sur cette proposition, observa que la dépense pour des tasses neuves ne seroit pas bien considérable ; que si on se bornoit à réparer les anciennes, il croiroit, tant qu'il seroit gouverneur, devoir, par respect pour *Gongin*, s'abstenir de s'en servir dans les cérémonies en l'honneur de ce prince. *Wakassa* fut embarrassé, et finit par déclarer que telle étoit la volonté du *Djogoun*. Le gouverneur répliqua qu'il falloit bien obéir ; mais que pour lui il étoit déterminé à ne plus se servir des anciennes tasses.

Misi-no-sioubi, l'un des *Oyori-yaï*, c'est-à-dire une des personnes chargées de traiter les ambassadeurs du *Daïri*, avoit la réputation d'être fort habile à la lutte. *Yosi-moune* en étant instruit, le fit capitaine du *Fiak-nin-ban*, ou garde de cent hommes, et ensuite des *Okosio-goumi*, ou gardes des appartemens. Ces derniers sont d'un rang supérieur à celui des cent hommes, et s'en distinguent par la couleur de leurs habits. Lorsqu'il fut promu au grade de capitaine du *Fiak-nin-ban*, il prit le nom de *Yamassiro-no-kami*; et dès lors il exerça chaque jour ses hommes à faire des armes. Ses soins à cet égard obtinrent l'approbation générale.

Un jour que le *Djogoun* prenoit le divertissement de la danse, un des conseillers d'Etat ordonna aux capitaines des gardes de rechercher si parmi les hommes qu'ils commandoient il y en avoit qui sussent la musique. *Yamassiro* répondit : « Mes hommes sont tous habiles à ma» nier les armes, comme leur profession l'exige, » mais aucun n'excelle dans la musique. » Cette réponse fut généralement applaudie.

Quand le *Djogoun* va à la chasse, il est toujours accompagné de quelques uns des gardes

des appartemens. Ceux-ci peuvent toutefois se dispenser de cette corvée, quand ils ont tué un oiseau d'un coup de flèche. *Fane-kingero* n'avoit pas encore eu ce bonheur, quoiqu'il eût été souvent à la chasse avec le prince : il en étoit tout honteux, et ses amis s'en affligeoient pour lui. *Yosi-moune* l'emmena encore dans une partie de chasse qu'il fit à *Megouro*; mais il ne fut pas plus heureux, et il en conçut d'autant plus de chagrin qu'il craignoit que sa maladresse ne lui coûtât la vie, ou du moins son emploi. Le *Djogoun*, en s'en retournant au château, aperçut sous l'*Atarasi-basi*, ou nouveau pont, près du *Fora-no-go-mon*, ou de la porte du Tigre, une grande quantité de carpes. Il ordonna à *Kingero* d'en tirer une. *Kingero* obéit, et ayant tué une carpe, il la montra au *Djogoun*. Toute la suite du prince s'empressa de lui en faire compliment. On jugea que le *Djogoun* avoit voulu, par une faveur particulière, lui donner l'occasion d'effacer sa honte; car le nombre des carpes étoit si grand, qu'il eût été difficile de n'en pas atteindre une.

L'un des militaires qui vont toujours à la suite du *Djogoun*, celui qui, suivant l'usage, portoit ce jour-là son sabre dans une boîte sur l'épaule, eut le malheur de se laisser tomber. L'inspecteur, l'ayant aperçu, rendit compte de

l'accident au *Djogoun*, et lui demanda comment
le militaire devoit être puni : « Et comment
» auroit-il mérité d'être puni, répondit le
» prince, puisque, malgré sa chute, et quoiqu'il
» se soit blessé, il n'a pas laissé de tenir la boîte
» sur son épaule ? »

———

Matsdaïra-iga-no-kami, grand-juge de
Miyako, étoit intimement lié avec plusieurs
officiers du *Daïri*; aussi ceux du *Djogoun* se
défioient de lui. Un jour qu'on faisoit à la cour
du *Daïri* une lecture tirée de l'*Ize-monogatari*,
ouvrage d'une pureté de style et d'une élégance
remarquables, composé par *Ariba-no-nari*, un
courtisan, diffamé par son libertinage et par
sa passion désordonnée pour les femmes, se mit
à dire qu'il voudroit avoir autant de génie que
l'auteur : « Vous, du génie ! lui dit *Iga-no-
» kami*, qui étoit présent ; pensez-vous qu'il
» puisse s'allier avec des mœurs telles que les
» vôtres ? Il seroit à désirer que les courtisans
» comme vous fussent, en punition de leur
» libertinage, envoyés garrottés à *Yedo*, et con-
» traints de se donner la mort. » *Yosi-moune*,
informé de cette réponse, en fut charmé, et il
en conçut une si grande estime pour *Iga-no-*

kami, que dans la suite il le fit conseiller d'Etat ordinaire.

———

Il y eut un incendie considérable à *Miyako*, lorsque *Toki-tango-no-kami* y exerçoit les fonctions de grand-juge. A cette occasion, un courtisan, nommé *Kaze-faya*, fit ces vers :

> *Toki no toki*
> *Tango* (1) *no gogouats bani*
> *Kouasi dasite*
> *Yedo ye sire tara*
> *Ogosiyo si sinban.*

« Tel est le temps d'à-présent : un incendie a » eu lieu dans la 5ᵉ nuit du 5ᵉ mois. Lorsqu'on » en aura connoissance à *Yedo*, il y aura bien » des solliciteurs ; ce qui vous causera mille » inquiétudes. »

Après quelques années il y eut un autre incendie à la cour du *Dairi*, qui fut obligé de se retirer à *Ivakoura*, accompagné de *Kaze-faya-dono* et de *Simisou-dani-seïcho*. Le dernier fit ces vers :

> *Kaze faya to*
> *Kikoumo ouramesi*
> *Teyono fi o.*

« Dès que j'entends un vent violent, je re-

———

(1) Ce jour se nomme *Tango*, et est un des cinq jours complémentaires ; par *toki tango*, l'auteur désignoit le nom du grand juge ; par *ogosiyo*, son emploi.

» doute un incendie qui éclateroit pendant qu'il
» souffle. »

Son compagnon répliqua aussitôt par ces
autres vers :

> *Simisoudani tote*
> *Yakemo no karasou.*

« Fût-ce dans une vallée arrosée par une eau
» courante, tout seroit consumé. »

Ils faisoient réciproquement allusion à leurs
noms (1). Le *Daïri*, dont les courtisans s'appliquent à la poésie, et s'étudient à montrer de
l'esprit, applaudit à cette prompte réplique.

Toki-tango-no-kami devint dans la suite
conseiller d'Etat ordinaire. Un jour qu'il étoit
assis au palais, avec ses collègues, dans la salle
des Pendules, il demanda à *Matsdaïra iga no-kami* pourquoi les conseillers d'Etat se faisoient
transporter dans leurs chaises avec tant de
rapidité : celui-ci lui répondit : « Si nous nous
» faisions porter lentement au palais, nous
» serions accablés de solliciteurs. » « Cette ré-
» ponse ne me satisfait pas, répliqua *Tango*;
» car il est de notre devoir d'entendre tous ceux
» qui ont affaire à nous. Si nous ne voulons pas
» le faire, il faut nous démettre de nos emplois.
» Pour moi, je ferai désormais avancer lente-

---

(1) *Kazefaja*, un grand vent; *Simisou*, de l'eau fraiche.

» ment ma chaise, afin que tous ceux qui auront
» besoin de moi puissent m'aborder. » *Mats-*
daïra-sogon-no-siogin lui en donna alors cette
autre raison qui le satisfit davantage : « Si quel-
» que circonstance imprévue obligeoit, comme
» cela est possible, à nous mander subitement au
» palais, le peuple, remarquant notre empres-
» sement extraordinaire à nous y rendre, pour-
» roit en concevoir de l'inquiétude, et soup-
» çonner des malheurs. C'est pour prévenir cet
» inconvénient que, d'après l'ordre du *Djo-*
» *goun*, nous devons toujours nous y faire con-
» duire en toute diligence. »

Le fils de *Tani-sioube* obtint un petit emploi
au palais. L'anecdote suivante fait honneur au
courage de ce jeune homme et à sa piété filiale.

Tani-sioube avoit prêté des sommes considérables à divers marchands et à d'autres personnes au nombre desquelles étoit *Banrokou-*
saïmon. Celui-ci voyant arriver le terme fixé
pour le paiement, et se trouvant dans l'impossibilité de satisfaire à ses engagemens, n'imagina pas d'autre moyen, pour se tirer d'affaire,
que d'aller déclarer au gouvernement qu'il avoit
perdu son *djap*, ou cachet, et d'en demander un

autre, pour prévenir l'abus qu'en pourroit faire celui entre les mains de qui le premier étoit tombé. Muni de son nouveau cachet, il attendit *Tani-sioube*, qui ne manqua pas de se présenter avec son obligation le jour de l'échéance. *Banrokou* contrefit l'étonné, nia qu'il lui eût jamais rien emprunté, et alla même porter ses plaintes au gouverneur de *Yedo*, *Isiki-tosa-no-kami*, le priant d'examiner l'affaire. Le gouverneur se les fit amener l'un et l'autre, confronta l'obligation avec le *djap* de *Banrokou-saïmon*, et y trouvant une grande différence, il lui demanda si le cachet qui étoit sur l'obligation n'étoit pas le sien. C'étoit mon ancien cachet, répondit-il; je l'ai perdu dans le 7ᵉ mois de l'année dernière, et cette obligation est datée du 8ᵉ mois. *Sioubi* fut déclaré coupable de s'être servi du cachet d'autrui pour fabriquer une fausse obligation, et condamné à perdre la tête.

Siousabro, âgé alors de vingt-un ans, convaincu de l'innocence de son père, exaspéré par l'injustice de sa mort, et animé du désir de lui rendre les derniers devoirs, se rendit secrètement pendant la nuit au lieu du supplice, prit la tête de son père, et, fondant en larmes, il l'enveloppa dans un linge qu'il avoit apporté à cet effet. Comme il se retiroit, il fut surpris par deux individus qui étoient là de garde; il tira

son sabre, se battit avec courage, et les força
de prendre la fuite. Délivré de ce danger, il se
rendit immédiatement au temple *Bou-sio-si*, sur
la place *Ousigome-sitsikinsi-matche*, demanda
le prêtre, lui fit un présent, et lui remettant la
tête, il le pria de l'enterrer. Le prêtre, après
s'être fait rendre compte de ce qui s'étoit passé,
voulut d'abord s'excuser de lui rendre le service
qu'il désiroit, dans la crainte des suites qui
pourroient en résulter s'il étoit découvert : mais
enfin, touché de la piété filiale de *Siousabro*, il
céda à ses instances, et fit enterrer la tête de
Sioube.

Le jeune homme, après avoir ainsi rendu les
derniers devoirs à son père, ne s'occupa plus
que du soin de venger sa mort sur celui qui en
étoit l'auteur.

Le prince héréditaire *Yce-sige* alloit quelquefois prendre le divertissement de la chasse à
quelques milles du château d'*Osouga*. Dans ces
parties de plaisir, qui duroient ordinairement
plusieurs jours, les conseillers d'État suivoient
le prince, et, s'arrêtant à la distance de deux
milles, l'entouroient ainsi et veilloient à sa sûreté. *Banrokou-saïmon* ayant été désigné pour
une de ces chasses, *Siousabro* crut avoir trouvé
l'occasion qu'il cherchoit. Il cache dans un bambou un de ces sabres qui ont vingt-trois pouces

de long, et qu'on nomme *bizen-kouni-miets*, du nom du fabricant; il se déguise comme un homme du peuple pour être moins remarqué, et attend le moment favorable.

Le 25 du 12ᵉ mois de la seconde année *Gen-boun* (l'an 1737), *Banrokou-saïmon* étant sorti de chez lui au point du jour pour aller faire son service, *Siousabro*, qui s'étoit caché dans un petit bois de bambous, près du pont *Yagoro-basi*, le vit passer, précédé d'un petit garçon qui portoit une lanterne. Il accourt, se présente inopinément à son ennemi, et lui dit : « Tu te souviens » sans doute de *Tani-sioube* à qui tes ruses ont » coûté la vie : tu vois en moi son fils et ton » plus cruel ennemi. Tu connois le proverbe : » *Il ne faut pas vivre dans le monde avec l'en-* » *nemi de son père* (1). Chaque jour me parois- » soit un siècle dans l'impatience où j'étois de » te rencontrer; ce jour est heureux pour moi; » défends-toi donc. » A ces mots, il tire son sabre du bambou, et attaque *Banrokou*. La victoire resta quelque temps indécise. Enfin *Siousabro* renverse son adversaire à ses pieds, lui coupe la tête, et, la prenant des deux mains, il l'élève en silence vers le ciel, et l'offre ainsi aux mânes de son père, comme un témoignage de sa vengeance.

____

(1) *Djidji no adaniva, tomo ni tca o, iladaka tsou.*

A peine *Banrokou-saïmon* avoit-il succombé, qu'un homme, sortant du bois, accourt précipitamment, et voyant *Siousabro* effrayé, lui dit de se tranquilliser : « J'étois, ajoute-t-il, lié » avec celui que vous avez tué. Je me nomme » *Takake-kinnemon*; je sais ce qui vous a porté » à cette action : j'ai été témoin de votre combat; » je ne puis vous blâmer d'avoir vengé votre » père; mais à présent que vous avez satisfait » à ce devoir, permettez-moi de vous donner » un conseil qui ne vous sera pas moins utile » qu'à la famille de mon malheureux ami. Si » vous n'avez pas la précaution de soustraire le » corps à la vue du public, vous ne pourrez » échapper aux recherches qu'on fera pour découvrir le meurtrier, et vous paierez de votre » tête votre infraction aux lois. Croyez-moi, » enveloppez le corps dans un sac de paille, » portez-le à la femme et aux enfans de *Banrokou-saïmon*, faites-leur sentir la nécessité » de cacher ce qui s'est passé; dites-leur de » déclarer que cet infortuné est mort de maladie : si l'on savoit qu'il a péri dans un combat » singulier, son fils ne seroit pas admis à lui » succéder. De cette manière, vous conserverez » vous-même votre emploi et la vie. »

Siousabro suivit ce conseil; il porta le corps à la maison du défunt; et il délibéra avec la femme et le fils sur ce qu'il y avoit à faire. On convint que le fils iroit déclarer que son père, étant de service à la suite du prince héréditaire, avoit contracté une maladie qui l'avoit forcé de retourner chez lui, où il étoit mort.

Au décès d'un serviteur du *Djogoun*, le conseiller d'Etat qui en reçoit l'avis doit envoyer un de ses agens pour constater si le défunt est mort de maladie ou en duel. Par bonheur, ce fut *Takake-kinnemon* que le conseiller d'Etat extraordinaire, *Fonda-nakato-kasa-no-tayou*, chargea de ce soin.

Le commissaire ne manqua pas de confirmer un rapport qui n'avoit été fait que par son conseil ; en conséquence, le corps fut enterré, et le fils de *Banrokou-saïmon* eut l'emploi de son père.

Cette affaire paroissoit oubliée depuis quelque temps, lorsque divers bruits qui se répandirent dans le château, appelèrent de nouveau l'attention du conseiller d'Etat. Il manda *Takake-kinnemon*, l'interrogea, et en reçut la même réponse qu'auparavant ; mais comme il se défioit de son rapport, il fit venir le grand-prêtre du temple *Zofokousi*, nommé *Nitsisio-no-djonin*, qui avoit été appelé près du défunt avant l'inhumation, et l'invita à déclarer ce qu'il savoit. Le prêtre répondit que son devoir, lorsqu'on l'appeloit près d'un cadavre, étoit de vérifier si le défunt étoit mort de maladie ou dans un duel, et d'en informer un des inspecteurs du temple, pour en recevoir l'ordre d'enterrer, s'il y avoit lieu; que le corps de *Banrokou-saïmon* n'ayant reçu aucune blessure, avoit été enterré sur-le-champ. Comme les mêmes bruits se répétoient, le conseiller d'Etat manda de nouveau le prêtre, et lui déclara qu'il vouloit savoir la vérité, le menaçant de faire ouvrir la tombe. Le prêtre répliqua qu'il pouvoit faire ce qu'il voudroit, mais qu'il n'en seroit pas plus avancé, le corps ayant été brûlé. Le conseiller d'Etat lui ordonna alors de faire sa déclaration par écrit, et de la sceller pour être présentée au *Djogoun*: le prêtre obéit, et ce fut ainsi que finit cette affaire. Il paroît que le conseiller d'Etat en connoissoit les détails; mais comme sa charge lui imposoit l'obligation de faire des recherches à ce sujet, il avoit exigé cet écrit pour mettre sa responsabilité à couvert. Les deux fils de *Tani-sioube* vivoient encore lorsque l'auteur de cette relation la mit par écrit. Le temple *Zofokousi* est dans la rue *Ousigome-ye-no-ki*.

Aïsava-ouyemon, qui occupoit un petit emploi sous les ordres de *Fouse-magobe*, inspec-

teur des fusils de la garde du *Djogoun*, avoit
une fille nommée *Oye*, et qui, quoique à peine
âgée de quinze ans, avoit fait de grands progrès
dans la poésie japonaise. Elle fit des vers char-
mans dont le sujet étoit cette maxime d'un phi-
losophe chinois : « Il vaut mieux vivre peu de
» temps, riche des trésors de la science , que de
» mourir vieux et ignorant. » Elle la paraphrasa
ainsi :

> *Manabe tada*
> *Inoubeni naro o*
> *Mitje no bena*
> *Tsouyounoi no tsino*
> *Atsou kioutou tomo.*

Ces vers eurent beaucoup de succès à *Yedo* ;
et on applaudit au talent qui , dans un âge si
tendre, se faisoit connoître par une production
si remarquable. *Tonee-fimi-gimi*, fille du prince
de *Sindaï*, enchantée de ces vers, prit *Oye* à son
service. Ce fut ainsi que la poésie ouvrit à cette
jeune fille la route de la fortune.

———

Parmi les officiers du *Djogoun* étoit un
nommé *Itakoura-djouri*, qui avoit un revenu de
7,000 *kokf* (1), et qui fut obligé de se donner la
mort. Les détails de cette aventure tragique sont

---

(1) Cent soixante-huit mille francs, suivant l'ancienne valeur
du *kokf* ou *kobang*. A. R.

curieux ; ils font d'ailleurs connoître les mœurs japonaises, l'esprit superstitieux des premières classes, et le despotisme d'un gouvernement où des arrêts de mort sont prononcés sans forme de procès.

Itakoura-djouri descendoit de *Souva-no-kami*, grand-juge de *Miyako*, dont le frère, *Itakoura-naïzen*, avoit été conseiller d'Etat ordinaire. Son père étoit, comme l'avoient été ses ancêtres, officier du *Djogoun*, et il lui succéda le 12ᵉ mois de la 1ʳᵉ année *Gen-boun* (l'an 1739). A cette époque il fut atteint d'une maladie grave, qui alarma ses parens ; ils s'assemblèrent pour consulter sur sa santé. Un habile médecin se chargea de le guérir ; et en effet le malade se rétablit de jour en jour. Après avoir recouvré la santé, il épousa la fille de *Tatebayasi-min-bou-no-djo*, femme de beaucoup d'esprit, et qui s'occupa avec un zèle particulier des soins intérieurs de sa maison.

Mais, soit que les remèdes que *Djouri* avoit pris dans sa maladie eussent altéré sa raison, soit que la racine de *ginseng*, dont il faisoit un fréquent usage, lui fit monter les esprits au cerveau, il resta sujet à des accès de fureur pendant lesquels il ne se connoissoit plus. Son premier secrétaire, *Mayesima-linnemon*, sincèrement attaché à ses intérêts et à ceux de sa

famille, et craignant que dans quelques uns de
ses accès il ne commît dans le palais quelque
acte de violence, pour lequel il seroit infailliblement condamné à perdre son emploi et à
avoir ses revenus confisqués, lui représenta qu'il
feroit mieux de donner lui-même sa démission,
et de vivre tranquille chez lui, d'autant plus
que, jouissant d'un revenu de plus de trois mille
kokf, il étoit en droit de prendre le rang de
prince. Il ajouta que, n'ayant pas d'enfant, il
devoit en adopter un, et que son parent *Itakoura-sado-no-kami*, qui en avoit plusieurs,
ne refuseroit pas de lui donner un de ses fils,
digne de soutenir la splendeur de sa maison.
Djouri, loin de se rendre à ces sages représentations, entra en fureur, et peu s'en fallut qu'il
ne se portât à quelque violence contre *Linnemon*. Il se borna toutefois à le chasser, en le
menaçant de le tuer à la première rencontre.

Linnemon, voyant que ses conseils étoient rejetés, alla s'en plaindre à la femme de *Djouri*;
et rassemblant tous les parens de son maître,
leur fit part de ce qui venoit d'arriver, du peu
de succès de son zèle pour conserver à leur
maison le revenu de sept mille *kokf*, en ajoutant
que *Djouri*, loin de lui en savoir gré, menaçoit
sa vie. Tous blâmèrent la conduite de *Djouri*,
et lui donnèrent des avis qui ne firent qu'ex-

citer sa colère, au point que sa femme fut obligée de quitter la maison. Sa famille et ses amis
craignirent qu'en allant exercer ses fonctions,
il ne commît dans le château quelques actes de
violence, dont le résultat seroit la perte de son
emploi et la confiscation de ses biens. Pour
prévenir ce malheur, *Sado-no-kami* fit venir
Kato-o-ouyemon, le serviteur de confiance de
Djouri, le prévint qu'il enjoignoit à son maître
de garder les arrêts dans sa maison jusqu'à nouvel ordre, lui ordonna d'en informer *Djouri*, et
le chargea spécialement, lui *Ouyemon*, de veiller
à ce que son maître ne pût sortir. *Djouri*, à qui
Ouyemon fit part de cet ordre, se contint pour
ne pas inspirer de défiance, et parut se résigner
à ce qu'on exigeoit de lui, mais au fond du cœur
il frémissoit de rage ; et, persuadé que toutes les
persécutions qu'il éprouvoit provenoient de
Sado-no-kami, qui vouloit le forcer de donner
sa démission, pour le faire remplacer par son
fils, il jura de le sacrifier à sa vengeance. Comme
il lui eût été difficile d'exécuter son projet dans
la maison de ce conseiller d'Etat, il résolut de
l'attaquer au château même, et de le tuer. Dans
ce dessein, il trompe la vigilance d'*Ouyemon*, et
s'y rend le 15 du 8ᵉ mois, plus tôt qu'à l'ordinaire, pour surprendre *Sado-no-kami*.

Ce jour-là, les grands-officiers et tous les

serviteurs du *Djogoun* vont au château présenter leurs offrandes à leur maître ; et les princes offrent en personne au dieu *Fatsman-daïbousats* un sacrifice de deux petits flacons de porcelaine remplis de *zakki*. *Fossokava yetchou-no-kami*, prince de *Figo*, se rendit, suivant l'usage, au château, quoique ses serviteurs l'eussent prévenu que des événemens extraordinaires sembloient le menacer d'un grand malheur. En effet, les deux flacons de *zakki* qu'il devoit offrir en sacrifice s'étoient renversés, sans que personne y eût touché, et la liqueur s'étoit répandue sur les nattes : un globe de feu avoit été aperçu, dans les premiers jours du mois, volant du palais du prince le long de la rue *Djeba*. Malgré ces présages sinistres, le prince ne crut pas pouvoir se dispenser d'aller complimenter le *Djogoun*. Comme il traversoit les appartemens du château, suivi seulement d'un *Kouragi-kansaï*, ou domestique de garde du palais, il fut rencontré par *Djouri*, qui, le prenant dans l'obscurité et à la ressemblance des armes pour *Sodo-no-kami*, l'attaqua en furieux, et lui porta un coup de sabre qui le renversa baigné dans son sang. Le domestique prit la fuite et courut se cacher, en sorte qu'il se passa quelque temps avant qu'on eût connaissance de cet événement. Enfin *Toma-sadogoro*, un des officiers subal-

ternes du *Djogoun*, que son service amena par
hasard dans l'endroit où le meurtre s'étoit commis, trouvant un homme blessé à terre, et un
sabre nu à côté, courut en faire son rapport à
l'inspecteur du château, qui s'y rendit aussitôt,
et fit chercher le coupable.

Cet inspecteur, qui se nommoit *Tsousida-fan-
nemon*, et *Komoda-niyemon*, en examinant atten-
tivement le blessé, le reconnurent pour le prince
de *Figo*; ils lui demandèrent le nom de l'assassin.
Le prince étant hors d'état de répondre, ils ne
purent en tirer aucune lumière. On s'informa
quel étoit le domestique qui l'avoit accompagné
dans les appartemens; mais personne ne le savoit. *Fannemon*, persuadé que l'assassin devoit
être encore dans le château, en fit fermer toutes
les portes, et, prenant beaucoup de monde avec
lui, il parcourut tous les appartemens, sans
trouver personne. Pendant ce temps, on essaya
de porter du secours au prince; mais tous les
soins qu'on se donna furent inutiles.

Cependant un garde des appartemens, *Moro-
i-zoga*, étant entré dans un endroit secret où
l'on entretient constamment du feu, y trouva
un homme qui lui parut troublé, et qui se coupoit les cheveux avec des ciseaux. Il lui demanda
qui il étoit. *Djouri* (car c'étoit lui) répondit qu'il
venoit de tuer un homme, et qu'il se coupoit

les cheveux pour se faire prêtre. *Zoga* en fit aussitôt son rapport. Deux inspecteurs vinrent s'emparer du coupable, qui ne fit aucune résistance. On le conduisit dans la grande salle où on l'enferma.

Le bruit s'étant répandu qu'un des princes qui étoient venus faire leur cour au *Djogoun* venoit d'être assassiné, il y eut une grande agitation parmi les gens de leur suite, qui étoient hors du château, et dont chacun craignoit pour son maître.

L'assassin, amené devant le premier inspecteur, répondit aux questions qu'on lui fit d'une manière si confuse et si embrouillée, qu'on crut qu'il étoit devenu fou. Il fut pourtant reconnu pour *Itakoura-djouri*, officier de la salle du conseil. Tous les seigneurs, et entre autres *Sado-no-kami*, vinrent vérifier s'il étoit en effet le coupable; et, après s'en être assurés, les conseillers d'Etat rédigèrent un procès-verbal dans lequel ils informoient le *Djogoun* que *Fosso-kava-yetchou-no-kami* avoit été assassiné par *Itakoura-djouri*.

Le vieux *Djogoun*, en lisant cet acte, parut vivement affligé; puis, soit qu'il doutât encore de la mort du prince, soit qu'il crût prudent de la cacher quelque temps, il ordonna de faire panser le blessé par ses chirurgiens, et de lui donner du riz bouilli et de l'eau. Les conseillers d'Etat ayant répondu que cela ne serviroit de rien, et qu'il étoit mort depuis long-temps, le *Djogoun* feignit de ne pas les entendre, et réitéra l'ordre de donner au blessé du riz bouilli et de l'eau. En même temps il fit publier que le prince de *Figo* avoit été blessé par *Djouri*, mais qu'il vivoit encore; et un des sous-inspecteurs donna à haute voix l'ordre d'aller dire aux gardes des portes d'inviter les gens du prince de *Figo* de porter sa chaise à la porte de derrière, pour prendre leur maître. Cet ordre produisit le meilleur effet; la confusion cessa à l'instant. Les domestiques des autres princes perdirent toute inquiétude; ceux même du prince de *Figo* se rassurèrent, croyant leur maître encore vivant, et la tranquillité se rétablit.

Le corps du prince fut porté dans sa chaise; et l'un de ses serviteurs, *Naga-oka-kiousiro*, s'y plaça auprès de lui, quoique ce soit contraire à l'étiquette dans l'intérieur du château; mais le *Djogoun* en avoit donné la permission. Aussi *Naga-oka*, avant d'entrer dans la chaise, en témoigna-t-il sa reconnoissance aux conseillers d'Etat, qui l'assurèrent que l'assassin qu'on venoit d'arrêter recevroit le châtiment dû à son crime; qu'ainsi les gens du prince devoient se tenir tranquilles jusqu'aux nouveaux ordres du *Djogoun*.

Les domestiques du prince de *Figo* furent fort affligés de sa mort ; les femmes fondoient en larmes. Ses parens s'assemblèrent, et résolurent d'informer le *Djogoun* que le prince avoit succombé à sa blessure. A peine cette résolution étoit-elle prise, que le premier conseiller d'Etat *Sota-sagami-no kami*, vint de la part du *Djogoun* demander des nouvelles de la santé du prince, offrant comme un témoignage de son affection une assiette d'éperlans secs. Les parens furent extrêmement sensibles à cette haute faveur ; ils prièrent le conseiller d'Etat de porter au *Djogoun* leurs remercîmens, en l'assurant qu'ils en garderoient un éternel souvenir.

Après son départ, on délibéra de nouveau ; et l'on conclut qu'il convenoit de différer le rapport jusqu'au lendemain.

Le lendemain, le conseiller d'Etat ordinaire, *Fori-sikibou-no-tayou*, vint de la part du prince héréditaire, s'informer de la santé du prince de *Figo*, déclarant que son maître en étoit fort inquiet, et apportant de sa part du *ginseng* de la Corée pour le rétablissement du blessé. Ensuite il annonça, de la part du *Djogoun* que l'autorisation que *Fossokava* avoit demandée, l'année précédente, d'adopter le plus jeune de ses frères, lui étoit accordée, et que son fils adoptif lui succéderoit, quand même le père ne vivroit déjà plus. La famille reçut cette nouvelle faveur avec une parfaite reconnoissance ; et ce fut pour elle une grande consolation dans le malheur qu'elle venoit d'éprouver.

Le rapport de la mort du prince fut différé jusqu'au 21, et alors cet événement fut annoncé publiquement au palais. Les conseillers d'Etat tinrent conseil au sujet de *Djouri*, qui fut condamné unanimement à la peine capitale, ainsi que *Kato-o-ouyemon*, qui avoit été en quelque sorte la première cause du malheur du prince de *Figo*, en n'exécutant pas l'ordre qu'il avoit reçu, d'empêcher *Djouri* de sortir.

Le premier inspecteur du château, *Isikava-tosa-no-kami*, et le sous-inspecteur *Souga-nouma-sinsabro*, portèrent, le 22, au nom du *Djogoun*, à *Misou-no-kenmots*, prince d'*Oka*, chez qui *Djouri* étoit gardé, un ordre écrit, ainsi conçu :

A Itakoura-djouri.

« Dans ta rage tu as blessé, il y a quelques » jours, le prince de *Figo*, qui est mort de sa » blessure. En punition de ton crime, tu te » couperas le ventre chez *Misou-no-kenmots*, » dont le domestique t'abattra la tête. »

A la lecture de cet ordre, *Djouri* entra en fureur ; mais toute résistance fut inutile, et il fallut obéir.

On prescrivit les arrêts à ses parens (1). L'ordre relatif à *Kato-o-ouyemon*, serviteur de *Djouri*, étoit conçu en ces termes :

« *Itakoura-sado-no-kami* t'avoit enjoint de
» veiller à ce que *Djouri* ne pût sortir de chez
» lui : tu as enfreint cet ordre, et il en est ré-
» sulté un grand malheur. En punition de ta
» désobéissance, tu seras conduit devant la
» maison d'*Itakoura-sikibou*; là, on te liera les
» mains derrière le dos, et on te tranchera la
» tête. »

L'ordre lu au garde des appartemens, *Kou-rogi-kansaï*, contenoit ces mots :

« Tu étois au service du prince de *Figo*; tu
» as été témoin de son malheur, et tu t'es enfui,
» au lieu de lui porter secours. Une conduite si
» lâche et si inhumaine mérite la mort; mais
» comme tu n'es qu'un domestique d'un ordre
» inférieur, on te fait grâce de la vie; tes biens
» sont confisqués. »

Le prince *Todo-isoumo-no-kami* avoit acheté, pour cent *kobans* (2), un sabre d'une grande

---

(1) On en nomme cinq principaux, savoir : *Itakoura Souza-no-kami*, *Itakoura Sikibou*, *Itakoura Sado-no-Kami*, *Sakai Saye-mon-no-djo*, et *Matsdaïra Oukon-no-djogen*.

(2) Deux mille quatre cents francs.

valeur. Enchanté d'un si bon marché, il court montrer son acquisition à son père, et lui dit le prix. « Je ne comprends pas, dit le père, où » vous avez déterré ce sabre, ou de quel puits » vous l'avez tiré. » (Expression dont on se sert au Japon pour dire que quelque chose a été vendu à vil prix.) *Isoumo* avoua que c'étoit un marché d'or, et s'en montra fort joyeux. Le père lui fit honte de sa joie : « Un semblable » marché, dit-il, prouve que le vendeur est » dans la misère, et que c'est la nécessité qui » l'a forcé de se défaire de son sabre. Sied-il » au prince d'*Ize*, qui jouit d'un revenu de » trente-six mille *kokf* (1), de profiter ainsi du » malheur d'autrui ? » Ces paroles furent prononcées d'un ton si sévère, que le fils, honteux et consterné, alla chercher son vendeur, et lui remit cent *kobans* en sus du prix convenu.

———

Motsi-tsouki-sanyeï, homme de beaucoup d'esprit et très-habile médecin, étoit fort charitable. Un jour qu'il passoit sur le pont *Yedo-basi*, il vit l'enfant d'un mendiant atteint de la petite-vérole, et qui n'avoit qu'une misérable natte de

———

(1) Huit cent soixante-quatre mille francs.

paille pour lit et pour vêtement ; il ordonna les
remèdes nécessaires, et lui envoya des alimens.
Enfin il en prit soin jusqu'à ce qu'il fût guéri.
Son confrère, *Tatsibana-rouïvan*, informé de
cet acte de bienfaisance, lui en fit des reproches.
« Vous allez, lui dit-il, donner vos soins à
» tous les mendians ; vous venez encore de pres-
» crire des remèdes pour le vieux comédien
» *Itchekava-yebiso* dans sa maladie : vous nous
» faites tort. Nous sommes les médecins du
» *Djogoun*, et nous ne devons pas nous occuper
» des gens du peuple. Je ne pense pas comme
» vous sur ce point, reprit *Sanyeï* : le *Djogoun*
» est le père de son peuple, et c'est notre de-
» voir de soulager ses enfans, quand ils sont
» souffrans. Aussi, lorsque je rencontre un
» malade dans la rue, fût-ce même un men-
» diant, je m'empresse de lui porter des secours ;
» et en cela je ne fais que ce que je dois. »
Rouïvan n'osa répliquer, et se retira tout confus.

———

Tsourou-voka-dennaï, officier du prince
de *Kidjo*, jouissoit d'un revenu annuel de cent
kokf. Il n'étoit pas marié, n'avoit pas de famille,
et n'avoit pour tout domestique que le nommé
Genso, homme hardi et vigoureux. Il étoit

d'ailleurs très-économe; aussi, malgré la modicité de son revenu, devint-il fort riche en peu d'années.

Vers le milieu du 5ᵉ mois de la 1ʳᵉ année *Kio-fo* (l'an 1716), *Dennaï* ayant vendu cent ballots de riz, les marchands lui en apportèrent le prix en espèces qu'il reçut, et qu'il serra en présence de *Genso.* Celui-ci, dont cet argent avoit allumé la cupidité, résolut de s'en emparer pendant la nuit; et, dans la crainte que son maître ne s'éveillât et ne le surprît, il se décida à l'enivrer et à l'assassiner. A cet effet, il prépare un bon souper, et sert en abondance du *zakki* très-fort. *Dennaï*, après avoir bu et mangé de bon appétit, se met au lit, et ne tarde pas à s'endormir d'un bon sommeil. Vers minuit, *Genso* ouvre doucement la porte, s'approche du lit, et trouvant son maître bien endormi, il tire son sabre et le tue. Après quoi il emballe l'argent, les vêtemens, les sabres, et tout ce qu'il trouve de précieux, et s'enfuit avec son butin.

Dennaï n'ayant pas de parens à *Yedo*, sa mort ne fit pas d'abord beaucoup de bruit, et personne ne se mit en devoir de poursuivre l'assassin. Toutefois, *Simisou-sinsero*, ami intime du défunt, et qui résidoit à *Kidjo*, apprit bientôt ce funeste événement. Il ne douta pas que *Genso*, qui avoit pris la fuite, ne fût le coupable ; il jura de l'en punir, persuadé que c'étoit un devoir de l'amitié de venger la mort de ceux à qui on a été attaché. *Sinsero*, en conséquence, demanda un congé au prince de *Kidjo*, qui le lui accorda. Son placet étoit ainsi conçu :

« Je suis un des serviteurs de Votre Altesse ;
» votre bonté envers moi est éminente comme
» une montagne, et profonde comme la mer :
» j'en serai éternellement reconnoissant. Il
» m'est arrivé un affreux malheur : *Tsourou-*
» *voka-dennaï* vient d'être assassiné par son
» domestique *Genso*. Le meurtrier a emporté
» tous les effets de sa victime, et s'est enfui.
» On le cherche partout, mais en vain. Je de-
» mande un congé de quelque temps pour
» trouver l'assassin, et je prie Votre Altesse de
» me l'accorder gracieusement. »

Muni de son congé, il prépare tout ce qui lui étoit nécessaire pour son voyage ; puis se rappelant que *Genso*, qui étoit né dans la partie orientale de l'empire, parloit le dialecte de *Yedo*, et pensant qu'il pourroit être encore dans cette ville, il s'y rend en toute hâte, y loue une maison, et se met à donner des leçons de flûte, pour se procurer les moyens de subsister pendant son séjour. En attendant, il cherche partout son ennemi ; et comme il savoit que son nom étoit connu de *Genso*, il le changea en celui de *Yamana-satsou*. La nuit, il couroit les rues, les lieux publics, les maisons de débauche. Dans un de ces derniers établissemens, il fit la connoissance d'une jeune fille, nommée *Akisino*, qui étoit très-jolie, et qui vivoit du produit de ses charmes. Il s'y attacha, et lui promit même de l'épouser. Lorsqu'il crut s'être assuré qu'elle méritoit sa confiance, il lui fit part du motif qui l'avoit amené à *Yedo*, et la pria de l'aider dans ses recherches. Il lui dépeignit, du mieux qu'il put, l'âge, la figure et l'extérieur de *Genso*, la chargea d'examiner avec soin tous les hommes que l'attrait du plaisir conduiroit dans la maison, et lui fit promettre qu'elle le feroit avertir si elle en trouvoit quelqu'un qui ressembloit au signalement qu'il lui avoit donné, et qu'elle le cacheroit, lui *Satsou*, dans un endroit d'où il pourroit l'examiner et le reconnoître.

Un jour, un exprès apporte à *Satsou* une lettre d'*Akisino*, dans laquelle elle le prévenoit qu'il y avoit en ce moment à la maison un homme qui ressembloit fort à celui qu'il lui avoit dépeint ; elle le pressoit de venir sur-le-champ s'assurer si c'étoit celui qu'il cherchoit. *Satsou* y court à l'instant, monte à la chambre d'*Akisino*, et demande à voir l'homme en question. *Akisino*, après l'avoir engagé à se modérer, le

conduit près de la salle où étoit l'étranger, et le lui fait voir à travers la cloison, occupé à boire du *zakki* avec plusieurs de ses amis. *Satsou* reconnoît *Genso*, et, transporté de fureur, veut se précipiter sur lui, et le tuer. *Akisino* le retient, lui représente le danger auquel il s'expose. Elle lui dit que *Genso* doit passer la nuit à la maison; que, le lendemain matin, il ira prendre un bain, et que, de là, il retournera chez lui. « Si vous voulez le suivre alors, dit-
» elle à *Satsou*, vous connoîtrez sa demeure,
» et vous serez sûr de le retrouver quand vous
» voudrez. » *Satsou* se rend à ces raisons. Il attend le lendemain, suit *Genso* à son retour du bain, et, le voyant près de rentrer chez lui, il lui crie d'une voix terrible : « N'es-tu pas *Genso*,
» le domestique de *Tsourou-voka-dennaï?* »
Genso, effrayé, répond que *Dennaï* n'a pas de parens, et demande de quel droit on lui fait cette question. « Tu as assassiné *Dennaï*, répli-
» qua *Satsou;* tu as dérobé ses effets, et tu as
» pris la fuite. Je ne suis pas parent de *Dennaï*,
» il est vrai; mais c'étoit mon meilleur ami, et
» je remplirai à son égard le devoir de l'amitié,
» en te poursuivant jusqu'à la mort. » « Eh
» bien, lui dit *Genso*, je consens à te satisfaire;
» mais attends jusqu'à ce soir, et choisissons un
» lieu plus convenable; il y auroit trop de té-

» moins de notre combat. Rends-toi à la fin du
» jour près du temple *Zo-zen-si*, tu m'y trouve-
» ras. » Après être ainsi convenus du lieu et
de l'heure, *Satsou* retourne chez lui, brûle ses
lettres et son portefeuille, et, en attendant le
moment du rendez-vous, il va voir *Akisino*
pour prendre congé d'elle. Il la pria de le faire
enterrer, s'il avoit le malheur d'être tué par
Genso, et d'informer ses parens de sa mort.
« Pour qui me prenez-vous? répond *Akisino*;
» suis-je votre femme? Vous savez que par état
» je ne peux appartenir à personne exclusive-
» ment; que m'importe donc que vous mouriez
» ou non? » *Satsou*, outré de colère, l'accabla
de reproches, et s'éloignant d'elle, il courut au
temple de *Zo-zen-si* pour y trouver son ennemi.
Genso ne se fit pas long-temps attendre, et tous
deux, après s'être de nouveau provoqués, tirè-
rent leur sabre, et en vinrent aux mains. Mais
Satsou, aussi foible que son adversaire étoit
vigoureux, n'étoit pas en état de tenir long-
temps tête à *Genso*, et il alloit succomber, lorsqu'un jeune homme de bonne mine s'élance du
temple, vole à son secours, et porte par derrière
un coup de sabre à son adversaire; et comme
Genso se retournoit pour faire face au nouvel
assaillant, *Satsou* le frappe et lui abat la tête.

Ensuite il se jette dans les bras de son libéra-

teur, lui demande qui il est, et quel ange tutélaire l'a envoyé à son secours. « Regardez-moi,
lui répond une voix qui lui est bien connue :
« Je ne suis pas ce que vous pensez ; je suis votre
» bien aimée *Akisino*. Pardonnez-moi de vous
» avoir traité tantôt avec tant de dureté ; mais
» j'étois effrayée de l'avantage que la force de
» *Genso* lui donnoit contre vous. Si vous m'a-
» viez vue fondre en larmes ; si nous nous étions
» attendris dans nos adieux, vous auriez porté
» au combat encore plus de foiblesse et de dé-
» couragement ; j'ai cru qu'il falloit vous irri-
» ter, pour vous mettre en état de résister à
» votre adversaire. Mais cette précaution ne
» suffisant pas encore pour calmer mon inquié-
» tude, j'ai changé d'habits ; je me suis saisie
» du sabre d'un des hommes qui sont actuelle-
» ment à se divertir à la maison, et je suis
» arrivée à temps pour vous sauver. Rendez
» grâce aux Dieux du succès de votre combat,
» et prévenez les poursuites du gouvernement,
» en vous hâtant de lui rendre vous-même
» compte de ce qui s'est passé. » *Sinsero*, à qui
nous rendrons son vrai nom, la remercia vivement, et suivit son conseil. On examina l'affaire
avec soin ; et le crime de *Genso* étant prouvé,
Sinsero fut renvoyé absous à *Kidjo*. Le prince
fit sortir *Akisino* de la maison qu'elle habitoit,

en payant sa rançon, et lui donna sa liberté. *Sinsero* l'épousa autant par affection que par reconnoissance ; il en eut deux fils dont l'un fut son héritier, et l'autre celui de *Dennaï*. Le dernier prit le nom de *Tsourou-vouka-dengoro*, et eut le revenu de cent *kokf* dont *Dennaï* jouissoit. Ce fut ainsi que *Sinsero* vengea la mort de son ami, et reçut la récompense de son dévouement. Puissent ceux qui liront cette histoire imiter ce qu'il y eut de louable dans sa conduite, et remplir avec autant de courage et de persévérance les saints devoirs de l'amitié !

Yodu-isoumi-no-kami, gouverneur de *Yedo*, n'étant encore que garde des appartemens, et maître-d'hôtel du *Djogoun*, avec un revenu de trois cents *kokf*, il arriva que le prince de *Nanbou* envoya au *Djogoun* une grue, mets que le prince aimoit beaucoup ; mais le temps auquel les médecins permettent d'en manger étant passé, le *Djogoun* demanda au sien s'il se trouveroit mal de s'en faire servir après qu'elle auroit été salée. Celui-ci ayant répondu que non, la grue fut apprêtée à l'instant. Il est d'usage que les mets soient goûtés auparavant par un des officiers du palais. *Isoumi-no-kami* se trouva de garde le jour où la grue fut servie, et lorsqu'on lui apporta les plats pour en goûter, il défendit de servir la grue au *Djogoun* en disant que le temps en étoit passé; et citant ce qui est prescrit dans les livres canoniques, qu'on ne doit pas manger de bêtes ni de fruits hors du temps convenable; il refusa même d'en goûter, malgré le consentement du médecin, et dit que la vie du *Djogoun* étoit trop précieuse, et que la sienne même lui étoit plus chère que l'or et les richesses. Le *Djogoun*, en étant instruit, loua sa conduite, et ne put s'empêcher d'exprimer le désir d'avoir beaucoup de serviteurs pareils; il le fit inspecteur du château, et ensuite gouverneur de *Yedo*. *Yoda* s'acquitta avec honneur de cet emploi.

———

Il est défendu, sous peine de mort, à toute personne du sexe, de quelque âge qu'elle soit, de passer la garde de *Fakone* à *Yedo*. En cas de contravention, ceux qui accompagnent la coupable, et les gardes qui l'ont laissée passer sont punis de la même peine.

Fouwa-firosayemon, qui demeuroit à *Yamabe* dans *Yedo*, fut obligé de se rendre à *Farima* pour des affaires de famille. Il étoit très-pauvre; et il avoit une fille de onze ans et un fils de neuf; sa femme étoit morte depuis long-temps. Ne sachant à qui confier ses enfans pendant son absence, il résolut de les emmener avec lui; et, pour tromper les gardes, il coupa les cheveux à sa fille, et l'habilla en garçon. Les gardes, en effet, trompés par ce déguisement, les laissèrent passer : *Fiyosayemon*, enchanté du succès de sa ruse, se croyoit déjà hors de danger, lorsqu'un palefrenier, accourant à lui, le félicita d'avoir passé si heureusement avec une fille habillée en garçon, et demanda pour boire. *Fiyosayemon* alarmé voulut nier; il assura que ses enfans étoient tous deux des garçons, et offrit toutefois quelques *sepikkes* au palefrenier pour boire du *zakki*. Celui-ci se fâcha, les refusa, demanda des *kobans*, avec menace d'aller le dénoncer s'il ne lui en donnoit pas. *Fiyosayemon* irrité ne lui répondit qu'en lui donnant des coups de plat de sabre sur le dos. Le palefrenier, pour se venger, court aussitôt, et déclare à la garde qu'un homme vient de passer avec deux enfans dont l'un est une fille.

Les gardes furent consternés; car, comme je l'ai dit, i y alloit de leur vie si le fait étoit prouvé. Ils délibérèrent quelque temps, et enfin on fut obligé d'envoyer du monde pour saisir le coupable. Mais le commandant avoit eu la présence d'esprit de faire partir devant un de ses gens avec un petit garçon, avec ordre de le substituer à la jeune fille. Effectivement *Fiyosayemon* étoit à boire avec ses enfans dans un cabaret, lorsqu'un homme entre, tenant un petit garçon par la main, et lui dit : « En passant » devant la garde, j'ai entendu qu'on vous dé- » nonçoit pour avoir fait passer votre fille tra- » vestie en garçon. Touché de compassion, » j'accours pour vous soustraire ainsi que votre » famille au sort qui vous menace. On va venir » vous arrêter ; mais ne craignez rien. Substituez » promptement cet enfant à votre fille, et quand » le dénonciateur viendra soutenir son accu- » sation, n'hésitez pas à lui couper la tête. » La maison fut bientôt investie : on fait venir *Fiyosayemon* ; on lui demande ses enfans : il les présente, et on trouve deux garçons. Le palefrenier étonné s'écrie qu'il faut que la fille ait été changée ; mais *Fiyosayemon*, feignant d'entrer en fureur, tire son sabre et lui abat la tête. Les gardes applaudirent à cette action en disant qu'inventer de tels mensonges, pour perdre des innocens, étoit un crime digne des plus grands supplices. *Fiyosayemon*, après leur départ, reprit sa fille, remercia son bienfaiteur, et poursuivit sa route.

Un des serviteurs subalternes du *Djogoun*, nommé *Ivas-gozo*, avoit une fille qui étoit toujours malade ; il la conduisit aux bains chauds dans l'espérance de rétablir sa santé. Il y étoit depuis trois semaines, lorsque trois hommes de la suite du prince de *Satsouma* vinrent le voir, et le prièrent de leur prêter dix *kobans*, avec promesse de les lui rendre à *Yedo*. *Gozo* s'en défendit en alléguant qu'il étoit pauvre ; que la santé de sa fille lui coûtoit beaucoup, et qu'ainsi il se voyoit à regret dans l'impossibilité de les satisfaire. Ils eurent l'air d'accepter ses excuses ; et, comme il devoit partir le lendemain, ils l'invitèrent à souper, se proposant de le retenir et de l'enivrer avec du *zakki*. *Gozo*, qui ne se défioit de rien, y consentit, et après le souper, voyant qu'il se faisoit tard, il les remercia, et leur demanda la permission de se retirer pour prendre un peu de repos avant son départ. Le lendemain il se mit en route de grand matin ; mais à peine avoit-il fait trois milles que son sabre lui parut plus pesant qu'à l'ordinaire ; il l'examine, et reconnoît que ce n'est pas le sien. Il retourne aussitôt sur ses pas, se rend chez les personnes avec qui il avoit soupé la veille, et leur remettant le sabre, leur demande pardon de l'avoir emporté par méprise. Mais ceux-ci, loin de recevoir ses excuses, lui répondent que cela ne peut se passer ainsi; qu'il leur a fait un affront sanglant en changeant son sabre contre un des leurs, et qu'ils seroient déshonorés si l'on apprenoit à *Yedo* qu'ils n'en ont pas tiré une vengeance éclatante. En conséquence, ils lui déclarent qu'il doit se battre avec eux, et le pressent de choisir le lieu et le jour du combat. *Gozo* se plaignit de leur injustice, leur rappela qu'il avoit avec lui une fille malade qui se trouveroit sans ressources s'il mouroit de leurs mains, et les pria de nouveau de lui pardonner, les assurant qu'ils en conserveroient, sa fille et lui, une reconnoissance éternelle. Mais toutes ses instances furent inutiles. Voyant donc qu'il n'y avoit pas moyen de les apaiser, il fut forcé d'accepter le défi, et il leur donna rendez-vous pour le lendemain.

Gozo, en les quittant, réfléchit sur sa position; elle étoit terrible, car il falloit ou qu'il pérît dans le combat, ou, s'il réussissoit à se défaire de ses ennemis, qu'il se coupât le ventre. Telle étoit la loi établie par le prince de *Satsouma*. Dans cet embarras, il alla trouver un de ses amis, qui servoit dans le palais du prince de *Mito*, lui raconta ce qui venoit de lui arriver, et le pria de lui prêter une pique pour se mettre en état de résister à ses adversaires. Son ami, non seulement lui donna sa pique, mais il l'as-

sura qu'il le suivroit pour lui servir de témoin,
et pour le secourir, s'il le voyoit en danger.

Le lendemain, les trois serviteurs de *Satsouma* et *Gozo* se rendirent, chacun de leur côté,
au lieu du combat. Les premiers étoient armés
de sabres longs; et lui n'avoit que sa pique, dont
il se servit avec tant d'adresse et de bonheur,
que, des deux premiers coups, il étendit deux
de ses adversaires à ses pieds; le troisième, craignant d'éprouver le même sort, prit la fuite.
Gozo, après l'avoir poursuivi quelque temps,
sans pouvoir l'atteindre, parce que la peur lui
donnoit des ailes, revint au lieu du combat pour
se couper le ventre. Mais son ami accourt, lui
arrache ses armes, et le rassure en lui faisant
observer que le droit est de son côté, qu'il a été
provoqué d'une manière odieuse, et obligé de
se défendre : « J'ai été témoin du combat, ajoute-
» t-il; je ferai mon rapport et serai votre cau-
» tion. En attendant, ce que vous avez de mieux
» à faire, c'est de donner promptement con-
» noissance au gouverneur de *Yedo* de ce qui
» s'est passé. »

Le gouverneur en écrivit au prince de *Satsouma*, qui fit répondre, peu de temps après,
que, recherches faites, il avoit reconnu que les
malfaiteurs n'étoient pas ses sujets, et qu'il falloit qu'ils fussent venus de quelque autre pro-

vince. En conséquence, *Gozo* fut mis en liberté, et cette affaire n'eut pas d'autre suite.

———

Sakakibara-sikibou-no-tayou fut adopté par le prince de *Fimesi*. C'étoit un homme d'une prodigalité excessive, qui se signala dans les années *Gen-boun* par de folles dépenses, et négligea les devoirs de son emploi, sans que les ordres de son maître, ou les représentations de ses parens, pussent le ramener à une meilleure conduite. Toutes les nuits il couroit la rue des Courtisanes, et fréquentoit surtout la maison de *Mouraya*, où il avoit trouvé une fille de sa connoissance, nommée *Takawo*, dont la mère avoit été sa nourrice. Il se faisoit accompagner dans ses parties de débauches par les deux plus célèbres bouffons ou *Taïkomouts*. On appelle ainsi des hommes dont la profession est de divertir, par leurs bouffonneries, les riches libertins qui les paient. Le trait suivant peut donner une idée de ses prodigalités. Un jour qu'il étoit entré avec ses deux acolytes dans la maison de plaisir *Owaria*, derrière laquelle on avoit construit, suivant l'usage, une petite montagne artificielle, il couvrit cette montagne de *kobans* du haut jusqu'au bas, comme il auroit pu faire de fleurs. *Yama-bouki*, un de ses anciens domestiques, voulut lui faire des représentations, et lui remontrer les conséquences d'une pareille conduite, si elle venoit à la connoissance du *Djogoun*; mais il n'en tint compte. Peu de temps après il paya la rançon de *Takawo*, et affranchit cette fille.

Les folies de *Sikibou-no-tayou* ne tardèrent pas à être connues du *Djogoun* et des conseillers d'Etat, qui lui en firent faire de vives réprimandes par écrit. On avoit eu d'abord l'intention de le destituer; mais comme ses ancêtres avoient rendu de grands services à *Gongin* dans ses guerres, et que d'ailleurs on reconnut qu'il n'étoit pas le fils du prince, mais seulement son fils adoptif, et qu'avant d'avoir été adopté, il ne jouissoit par lui-même, ni par sa famille, d'aucune considération, on ne crut pas devoir le traiter avec tant de sévérité. On l'éloigna toutefois de *Fimesi*, et on lui assigna, dans la province de *Yetchego*, un district produisant un revenu de quinze *mankokf* (1).

Il eut d'abord pour successeur dans la province de *Fimesi*, le prince *Matsdaïra-yamattono-kami*, parent du favori du *Djogoun*, le conseiller d'Etat ordinaire *Fota-sagami-no-kami*; mais les habitans s'étant révoltés à l'arrivée de

---

(1) Quinze *mankokf* valent 180,000 fr. A. R.

Yamatto-no-kami, on nomma définitivement *Sakaï-outa-no-kami*, seigneur renommé pour son esprit et son intégrité, qui, dans la suite, devint conseiller d'Etat ordinaire, puis *Tamari-no-masoume*, ou chef de tous les officiers de la maison du *Djogoun*. Ce dernier emploi a été supprimé.

―――

Yosi-moune eut quatre fils, dont l'aîné, *Yee-sige*, qui lui succéda, étoit né dans la province de *Kidjo*.

La seconde année du *Yen-kyo* (1745), *Yosi-moune* se démit de l'empire en faveur de son fils *Yee-sige*, et eut le nom d'*O-gosio*, proprement *le grand palais* (1). La 4ᵉ année de *Quan-yen* (l'an 1751), il fut attaqué de la maladie dont il mourut. Trois ans auparavant il avoit eu une paralysie qui, dans les commencemens, l'empêchoit de marcher. A force de remèdes, il s'étoit bien rétabli, et même il avoit pu prendre depuis plusieurs fois le plaisir de la chasse. Mais la même maladie le reprit le 5ᵉ mois de cette année, et elle fit des progrès si rapides, que, dès le mois suivant, on fit faire des prières publiques dans le temple *To-yeï-san*, et dans les autres

―――――――――

(1) Le *palais*, pour le *prince*, comme on dit, en chinois, le *pavillon de la cour*, pour l'*empereur*; la *maison*, pour la *femme*, etc.

A. R.

principaux temples, pour son rétablissement. Les médecins furent chargés spécialement de ne rien négliger pour le rappeler à la santé ; mais tout fut inutile, et il expira le 20 du même mois, au grand regret de tout l'empire. Ce fut un deuil général : les enfans, les femmes, les grands, le peuple, le pleurèrent comme un père. On l'enterra près du temple *To-yëi-san*. Le conseiller ordinaire, *Fota-sagami-no-kami*, le seigneur des temples, *Ovoka-yetchezen-no-kami*, et l'inspecteur de la chambre des comptes, *Kanno-wakassa-no-kami*, furent chargés de ses funérailles (1).

Le médecin *Narisima*, son favori, qui étoit très-âgé, et qui lui-même étoit alors à l'article de la mort, fit sur celle de son maître des vers dont voici le sens :

« Comme mon maître est à présent exposé à
» la rosée et à la pluie, de même je mouille
» constamment mes manches de mes larmes ;
» ainsi les grosses pluies mouillent les arbres. »

YEE-SIGE, NEUVIÈME DJOGOUN.

Minamotto-no yee-sige, fils aîné de *Yosi-moune*, succéda à l'empire, la seconde année

------

(1) Le titre chinois de *Yosi-moune* est *Tchoung-houng-tsiang-kiun*. A. R.

Yen-kio (l'an 1745), après que son père eut abdiqué en sa faveur, comme nous venons de le dire.

Baboun - ko, serviteur de *Yosi - moune*, et auteur de l'ouvrage intitulé *Giofirok*, ou Histoire secrète de ce qui s'est passé de remarquable au palais sous *Yee-sige*, s'exprime ainsi au sujet de ce prince.

O - gosio étant mort la 4ᵉ année *Kouan - ien* (l'an 1751), *Yee-sige* resta seul maître de l'empire, et gouverna sans contrôle. L'excès des femmes et des liqueurs fortes avoit déjà altéré sa santé. Dès sa jeunesse, et lorsqu'il n'étoit encore que prince héréditaire, il s'étoit livré avec tant d'ardeur à ces deux passions, que son père lui en avoit fait de sévères réprimandes ; et, dans la vue de le détourner de ses mauvaises inclinations, ce prince lui faisoit faire assez souvent, pendant les années *Gen-boun*, des retraites de cinq ou sept jours à la maison de plaisance *Sougano-gotin*, où il n'avoit d'autre divertissement que la chasse au faucon. Après la mort de son père, délivré du seul frein qui le retenoit, il s'abandonna de nouveau aux mêmes excès ; il passoit les nuits entières soit avec des femmes, soit à boire du *zakki*, en sorte que sa santé dépérit de jour en jour. Sa prononciation devint embarrassée ; il ne put plus se faire comprendre qu'en se servant de signes, et il fut obligé de faire annoncer ses ordres par *Tsoumo-no-kami.*

Bientôt il fut réduit à garder ses appartemens, à cause d'une foiblesse d'organes qui l'empêchoit de pouvoir retenir ses urines. Suivant un ancien usage, le *Djogoun* est obligé d'aller chaque mois aux temples *Ouyeno*, *Zo-sio-s* et *Momusi-yama*, pour y faire ses prières devant les tablettes consacrées à ses prédécesseurs le jour de leur décès. Ce n'étoit qu'avec peine que *Yee-sige* pouvoit s'acquitter de ce devoir.

Un jour, le 1ᵉʳ du mois de la 5ᵉ année *Forekki* (l'an 1755), qu'il revenoit du temple *Ouyeno*, dans sa chaise à porteurs, à peine parvenu au magasin de *ginsing*, qui en est tout près, il fut pris d'un besoin qu'il ne put retenir jusqu'à son arrivée au palais, et qui le força de se faire reconduire au temple, ce dont il n'y avoit pas encore eu d'exemple. Dès ce moment, les architectes reçurent l'ordre de construire pour ce prince trois endroits de repos sur les deux routes des temples *Ouyeno* et *Zo-sio-si*, savoir sur la première, à *Kantabasi*, *Sousikaribasi*, et *Kouroda*, et sur la seconde, à *Foka-sakourada*, près du temple, et en dehors du *Fora-no-gomon*. Mais cette précaution fut inutile, les infirmités toujours croissantes du *Djogoun* l'ayant depuis entièrement confiné dans son palais.

On a déjà vu que *Yee-sige* avoit épousé, du vivant et sous le règne de son père, *Namino-miya-sama*, fille du *Daïri*. Nous avons parlé en même temps d'*Oko* (1), fille de *Fatzisio-dono*, un des officiers du *Daïri*, que cette princesse avoit prise à son service, et qu'elle avoit emmenée avec elle à *Yedo* après son mariage. *Yee-sige* ayant eu le malheur de perdre sa femme, qui reçut des prêtres, après sa mort, le nom de *Siomeï-in-den*, avoit jeté les yeux sur *Oko*, et en avoit eu, la 2ᵉ année *Gen-boun* (l'an 1737), un fils, *Yee-farou*, qui est le *Djogoun* actuellement régnant (1782).

Oko n'avoit pas non plus épargné les représentations au prince sur sa passion pour les femmes, protestant qu'elle ne parloit pas ainsi par jalousie, mais pour son bien, et par l'intérêt de sa santé que ses débauches menaçoient de ruiner entièrement. Elle lui récitoit souvent des vers qu'une femme avoit anciennement composés pour son mari qui étoit sujet au même vice, et dont le sens étoit : « Lorsque, dans une nuit » obscure, on veut seul gravir la montagne » *Tatsou*, on s'expose à périr épuisé de fa- » tigues. »

Le prince, irrité de ces fréquentes représen-

---

(1) *Voyez* plus haut, pag. 82 et 85.

tations, finit par reléguer *Oko* dans l'endroit du palais appelé *Ni-no-marou*, avec défense de laisser personne, pas même son fils, pénétrer jusqu'à elle. Le vieux *Djogoun* n'en fut pas plus tôt informé, qu'il chargea les conseillers d'Etat *Sakaï-outa-no-kami* et *Kanno-totomi-no-kami* d'aller trouver son fils, de lui dire en son nom de mettre *Oko* en liberté, de la conduire eux-mêmes chez lui, et de les réconcilier ensemble. Il donna des éloges à la conduite de cette femme, et blâma celle de son fils qui n'avoit pas craint de révolter l'empire, en faisant enfermer la mère du prince héréditaire, pour une cause qui méritoit plutôt toute sa reconnoissance.

L'indulgence qu'*Oko* montra dans une autre circonstance, en faveur d'une de ses rivales, lui fit beaucoup d'honneur, et prouva en même temps que ce n'étoit point à la jalousie qu'il falloit attribuer les conseils et les représentations qui lui avoient attiré l'animadversion de *Vee-sige*. La fille de *Miyoura-fiosayemon* étant deve-nue enceinte du prince, au second palais, les conseillers d'Etat en informèrent *Yosi-moune*, et le prièrent d'envoyer une ceinture à cette femme, et d'en charger le plus proche parent, suivant l'usage du Japon. *Yosi-moune* s'y refusa, en disant qu'il avoit bien voulu faire cette faveur à la suivante d'une fille du *Daïri*, mais qu'il ne pouvoit l'accorder à la fille d'un homme de si basse extraction. *Oukon-no-siogin*, l'un des conseillers d'Etat, n'ayant rien à opposer à cette raison, proposa, par voie d'accommodement, de lui faire remettre la ceinture sans cérémonie, et par les mains d'*Oko*. Celle-ci y consentit avec joie, et approuva cet arrangement comme conforme à sa façon de penser. La nouvelle s'en étant répandue dans l'empire, tout le monde applaudit à la générosité d'*Oko*, et le nom d'*Oukon-no-siogin*, alors encore jeune, en acquit une juste célébrité. *Oko* mourut peu de temps après; les prêtres lui donnèrent le surnom de *Siesin-in*.

———

Le prince de *Tsikouzen* ou de *Tsoukousi* (1), l'un des princes les plus illustres par sa naissance et son mérite personnel, mais dont le rang est peu élevé, pria en secret les conseillers d'Etat *Fota-sagami-no-kami* et *Ooka-isoumo-no-kami*, de lui faire obtenir le titre de *Djosio;* ce qui étoit contre l'usage, aucun de ses ancêtres ne l'ayant eu. Cependant, par leur médiation, il sut y parvenir; ce qui lui fait beaucoup d'honneur. Son fils avoit épousé une fille du prince de *Satsouma*,

———

(1) Province sur la côte septentrionale de l'île *Kiou-siou*, à l'orient de celle où est *Nangasaki*. A. R.

dont la mère étoit la sœur aînée du père du *Djogoun*. Elle se plaignit que son beau-père, quoique un des princes les plus illustres, eût un rang si peu élevé, et insista pour qu'il fût fait *Djosio*; ce que les conseillers d'Etat effectuèrent. Non content de cela, il désira encore, comme allié au prince de *Satsouma*, pouvoir construire une aussi grande porte au-devant de son palais, et en demanda la permission à la cour qui la refusa. Il écrivit alors à son fils : « Puisque ma » belle-fille est aussi alliée au *Djogoun*, je desire » construire une porte pareille à celle de *Mouts* » et de *Satsouma*; il est vrai que ces princes » avoient épousé des filles du *Djogoun*, et que » vous n'avez pour femme qu'une fille de *Sa-* » *tsouma*; mais faites tenir prêt tout le bois et » autres choses nécessaires, et dès que la femme » de *Satsouma* viendra vous faire visite, faites » construire une porte pareille à celle de *Mouts* » et de *Satsouma*, et l'on n'aura rien à vous » dire. » Son fils suivit ce conseil, et le prince obtint de cette manière tout ce qu'il avoit désiré.

Fonko-in, mère du prince de *Tsikouzen*, s'étoit fait remarquer dès sa jeunesse par une grande dévotion. Elle étoit profondément versée dans tout ce qui a rapport à la religion ; les prêtres eux-mêmes la consultoient avec fruit, et se trouvoient bien des conseils qu'ils en recevoient. Les grands-prêtres des temples *Myiokosi*, *Siyososi* et *Yenmeï-in*, à *Yedo*, étoient ses parens. Les deux derniers temples furent agrandis par sa protection. Celui de *Tansiyosi* ayant été consumé par les flammes, sans que l'on eût les moyens de le faire rebâtir, le grand-prêtre de *Yenmei-in* obtint d'y être transféré, afin d'en accélérer le rétablissement. *Fonko-in*, à sa recommandation, fit commencer sur-le-champ la reconstruction. Lorsqu'elle fut achevée, le grand-prêtre pria son collègue du temple *Minobou*, de la secte *Fokesio*, d'accorder à *Fonko-in* un *Kesa* (1). On nomme ainsi une écharpe de pourpre qui se met par-dessus les vêtemens, et qui ne peut être portée que par les prêtres de la secte *Fokesio*, ou par les gens les plus instruits dans la religion. Les prêtresses n'avoient pas le droit de la porter. Le *Kesa* fut accordé à *Fonko-in*. Depuis on put l'obtenir à prix d'or et d'argent, ce qui lui fit perdre beaucoup de sa valeur. C'est

---

(1) C'est ce que les Chinois nomment *Kia-cha*, dénomination qui paroît empruntée du samskrit ou du tibétain. Cette espèce de vêtement est particulière aux lamas d'un ordre supérieur. Il en est souvent fait mention parmi les présens envoyés par les empereurs de la Chine aux monastères du Tibet et de la Tartarie.

A. R.

par ces mêmes moyens que le prince de *Tsikou-zen* parvint au rang de *Djosio*.

———

La 4ᵉ année *Foreki* (l'an 1754), on commença à rebâtir la partie du milieu du temple *Ouyeno*, à *Yedo*. *Ouye-tsougi-ooï-no-kami*, prince de *Dewa*, fut chargé d'en supporter les frais. Il fit acheter une grande quantité de bois, et construire un atelier depuis *Sanagiwara* jusqu'à *Tsousikaye-basi*. Sur chaque pièce de bois on avoit écrit : « Pour rebâtir le temple *Ouyeno*. » Lorsque l'ouvrage fut terminé, l'inspecteur et des hommes envoyés par le *Djogoun* vinrent l'examiner, et l'approuvèrent : les frais s'étoient élevés à une somme considérable.

Ouye-tsougi reçut ensuite l'ordre de rebâtir aussi, à ses frais, la grande porte de ce même temple. Comme cette nouvelle dépense l'auroit entièrement ruiné, il demanda d'en être dispensé ; mais il ne put d'abord l'obtenir. Heureusement il étoit parent du prince d'*Owari*, qui entra dans sa peine, et qui, ayant fait venir le conseiller d'État ordinaire *Fota-sagami-no-kami*, lui représenta qu'il y avoit de l'injustice à exiger des sacrifices si considérables d'un prince si peu puissant et si pauvre, et surtout de lui imposer une nouvelle charge lorsqu'il venoit à peine d'en achever une si onéreuse ; il insista pour que *Ouye-tsougi* fût dispensé de rebâtir la porte. Le conseiller d'Etat fut obligé d'y consentir. On fit d'autres arrangemens : *Oga-savra-iyo-no-kami*, prince de *Kokera*, fut chargé de cette reconstruction.

———

Les palefreniers du prince d'*Owari* (1) s'étoient rendus redoutables par les violences qu'ils exerçoient publiquement, et en plein jour, contre ceux qui leur déplaisoient. Le 11ᵉ mois de la 4ᵉ année *Foreki* (l'an 1754), un homme, en pantalon et en manteau, allant seul et sans domestique, rencontra huit de ces palefreniers à *Sinagawa*, dans la rue *Sibagoutze-rogitstcho*. Il eut le malheur d'en coudoyer un. Celui-ci se mit à lui dire des injures, que l'autre supporta en cherchant toutefois à s'excuser ; mais ils tombèrent tous sur lui, et l'accablèrent de coups. Le malheureux put à peine se traîner jusqu'à la maison de garde ; et là il fit connoître qu'il étoit au service de *Misou-no-yamassiro-no-kami*, et qu'étant sorti pour affaires pressantes, il avoit rencontré une troupe de bandits qui l'avoient

———

(1) Sur la côte méridionale de *Nifon*, au S. E. du grand lac qu'on nomme en chinois *Phi-pha-hou*. A. R.

mis dans cet état; il ajouta qu'il lui étoit impossible de marcher, et demanda une chaise à porteurs pour le conduire à la maison de son maître, où il mourut peu après y être arrivé.

Misou-no-yamassiro-no-kami, indigné de cet attentat, fit toutes les recherches nécessaires pour en découvrir les auteurs; et, après s'être assuré que c'étoient des palefreniers d'*Owari*, il se rendit au palais du prince, lui raconta ce qui s'étoit passé, et lui demanda la tête des huit coupables. *Owari* convint que son ressentiment étoit juste; il offrit de lui donner satisfaction, mais il dit qu'il ne consentiroit jamais à faire périr huit personnes pour venger un seul homme. *Yamassiro-no-kami*, plus irrité par cette réponse, insista sur sa demande, en déclarant que, s'il n'obtenoit pas justice entière, il alloit se couper le ventre en présence du prince, et que sa mort ne resteroit pas sans vengeance. *Owari*, le voyant déterminé, promit de le satisfaire, et *Yamassiro* protestant qu'il ne se retireroit pas que les coupables n'eussent été punis, on fit venir les huit palefreniers, et on leur coupa la tête. Cet exemple rendit leurs camarades plus réservés.

Yamassiro aimoit ses gens et ses soldats comme ses enfans. Son fils est aujourd'hui (1784) garde-du-corps du *Djogoun*.

Quoique un prince soit souverain dans son palais, et ait sur ses sujets une puissance absolue, il est, lorsqu'il vient au château, assujéti aux ordres du *Djogoun* comme le moindre d'entre eux. Aussi leurs secrétaires, à *Yedo*, sont-ils dans des angoisses continuelles pendant tout le temps qu'ils y résident. On en a vu qui, pour la faute la plus légère, faisoient couper la tête à leurs gens. C'est ce qui arriva, il y a environ dix ans (1772), à *Ki-no-tchounagon*, prince de *Kidjo*, et parent du *Djogoun*. Ce prince commit beaucoup de cruautés, et quelquefois, dans un seul jour, il lui arriva de tuer de sa main trois ou quatre personnes. Un jour que sa mère lui en faisoit de vifs reproches, il porta la main sur son sabre, mais ses gens accoururent, et l'enfermèrent dans un appartement écarté. Le *Djogoun*, n'ayant pas assez de pouvoir pour le déposer, s'adressa au *Daïri*, qui priva aussitôt le coupable du titre de *Tchounagon*. Lorsqu'il fut devenu ainsi un prince ordinaire, le *Djogoun* lui envoya un ordre par écrit, contenant qu'il le privoit de son titre, et que, puisqu'il étoit incapable de gouverner son pays, il lui défendoit de quitter *Yedo*. En attendant, son oncle, un petit prince de cinq *mankokf* de revenu (1), fut chargé du gouvernement, jus-

____

(1) Environ 500,000 francs.

qu'à ce que son fils adoptif fût en âge de lui succéder ; alors il eut ordre de se couper le ventre :
chez le *Djogoun* l'on prétendit qu'il étoit mort
de maladie.

Lorsque les gens d'un prince insultent ceux
d'un autre, celui-ci seroit déshonoré s'il n'en
tiroit pas vengeance. Le prince de *Satsouma* (1),
dont les sujets trafiquent aux îles *Luqueo* (2) et
dans toutes les principales villes de commerce
de l'empire, afin de prévenir toute querelle avec
d'autres princes, a décidé que si un de ses gens
étoit insulté par un des sujets d'un autre prince,
il lui étoit permis de s'en venger, en prenant la
vie de son adversaire, pourvu qu'il se coupât
lui-même le ventre après. La vie de deux personnes qui, par leur esprit turbulent, sont elles-
mêmes cause de leur malheur, lui a paru de
trop peu d'importance pour entraîner leurs
maîtres dans des querelles dont les suites pourroient être sanglantes : si un de ses gens est insulté par un autre, sans oser s'en venger, par
lâcheté, et que le capitaine ou un des matelots
de la barque vienne à l'apprendre, on conduit
le lâche sur la proue, et, sans la moindre forme
de procès, on lui abat la tête, qu'on jette à l'eau

---

(1) Province occidentale de l'île de *Kiou-siou*, au midi de
Nangasaki. A. R.

(2) *Lieou-khieou*.

avec le corps. Cette manière de procéder est cause que les gens du peuple se traitent avec la plus grande politesse, et tâchent d'éviter, autant que possible, tout ce qui pourroit faire naître des disputes.

———

Matsdaïra-oukon-no-siogin, qui est aujourd'hui conseiller d'Etat ordinaire, doit cet emploi au vieux *Djogoun*, qui avoit deviné son mérite malgré sa grande jeunesse. Lorsqu'il fut nommé, chacun s'étoit récrié sur le danger d'appeler un homme de son âge à des fonctions de cette importance. Mais il ne tarda pas à justifier la confiance du *Djogoun*, et à montrer qu'il étoit en état de conduire les affaires du gouvernement. Il avoit une activité égale à ses talens. Son extrême indulgence pour le peuple le faisoit aimer, et lui avoit fait donner par tout le monde le nom d'un excellent seigneur. Le vieux *Djogoun*, avant de mourir, lui dit tout bas à l'oreille, et sans que personne l'entendît, de diriger seul toutes les affaires de l'Etat.

O-oka-isoumo-no-kami, garde-du-corps du jeune *Djogoun Yee-sige*, monta de jour en jour en faveur. Les conseillers d'Etat ordinaires et extraordinaires s'adressoient à lui pour présenter leurs demandes au *Djogoun;* les moindres

employés lui faisoient la cour. Celui qui chan-
geoit d'emploi, ou qui étoit remplacé, avoit
recours à lui, lui offrant en même temps quelques présens. *Oukon-no-siogin* fut le seul qui
dédaigna d'aller chez lui ; il ne lui envoya
pas même la queue d'un poisson (1) : « Il n'est,
» disoit-il, que garde-du-corps ; nous, comme
» conseillers d'Etat, nous sommes des officiers
» de distinction : que les autres fassent ce que
» bon leur semble, pour moi je ne veux pas m'a-
» baisser. » Aussi y eut-il toujours quelque froi-
deur entre eux ; *Oukon-no-siogin* ne s'en inquiéta
pas, et continua de s'acquitter avec zèle et in-
telligence de ce qui concernoit son emploi.

Les officiers subalternes du *Djogoun* sont
nourris au palais. Ils se réunissent soir et matin,
pour prendre leurs repas, dans une salle appelée
Gofonmar - sinoma - o - daï - dokoro ; leur nourriture consiste dans une soupe faite avec des
fèves appelées *miso*, une pâte préparée avec
du *soya*, du riz et des concombres confits dans
le *zakki* : l'intendant des cuisines, homme avide
et intéressé, profitoit de son emploi pour s'en-
richir ; il vendoit les denrées qui étoient four-

---

(1) Cette expression a rapport à l'usage où sont les Japonais
de mettre, parmi les présens qu'ils se font en diverses occasions,
des poissons et des coquillages. *Voyez* les *Cérémonies des Mariages
japonais*, pag. 23 et suiv. A. R.

nies au château pour les gens du *Djogoun*, et achetoit à bon marché ce qu'il y avoit de plus commun. La nourriture devenoit de jour en jour plus mauvaise, sans que les malheureux domestiques, qui n'étoient que des subalternes, osassent s'en plaindre. A la fin, *Oukon-no-siogin* eut connoissance de ces manœuvres ; il fut indigné qu'un officier du château eût la bassesse de spéculer sur la nourriture de pauvres gens qui n'avoient que de foibles gages, et qui étoient obligés de travailler jour et nuit. Il réfléchit toutefois que si l'affaire étoit examinée publiquement, on trouveroit peut-être beaucoup de coupables qui perdroient leur emploi, et imagina un moyen plus doux. A l'heure du dîner, il vint à l'improviste dans la cuisine, et ordonna aux surveillans de lui apporter les mets pour les goûter ; ils lui en offrirent d'autres bien apprêtés : il ne dit rien, et s'en alla. Le lendemain, il revint au dépourvu à l'heure du repas, et entra, sans s'arrêter, dans le réfectoire pour goûter les mets qu'il trouva détestables : les cuisiniers pâlirent, et se crurent perdus ; mais il ne dit mot, et se retira. Depuis ce jour, les cuisiniers, craignant de nouvelles visites, n'osèrent plus continuer leurs manœuvres : la nourriture redevint aussi bonne qu'auparavant, et les pauvres domestiques en conçurent beaucoup d'affection et de reconnoissance pour *Oukon-no-siogin*.

————

Lorsqu'*O-gosio*, ou le vieux *Djogoun*, *Yosi-moune*, eut cédé l'empire à son fils, il étoit allé occuper le second palais. Les gens de sa suite, partagés en trois classes, montoient à quatre-vingt-dix personnes, dont chacune avoit par jour deux *ganting* et demi de riz, ou soixante-dix ballots par an. Après sa mort, ces gens furent renvoyés par *Fota-sagami-no-kami*; tous témoignèrent leur mécontentement d'un traitement si dur. Pour prévenir un tumulte, il donna à ceux qui avoient servi pendant vingt ans, cinquante *kobans* (600 fr.), et trente (360 fr.) à ceux qui avoient servi pendant dix ans, afin, dit-il, qu'ils pussent soutenir leurs femmes et leurs enfans. Le *Djogoun* leur avoit donné un logement; il les en chassa, et chacun fut obligé de louer un petit appartement. Fort affligés d'un pareil procédé, ils délibérèrent entre eux, et rédigèrent un placet qu'ils présen-tèrent au grand-prêtre du temple *Ouyeno*, de-mandant à être employés par le *Djogoun* régnant comme ils l'avoient été par son père. En le remettant, ces malheureux fondoient en larmes. Le grand-prêtre leur promit de le montrer aux conseillers d'Etat, et de leur en parler de vive voix, ce qu'il fit; mais on n'y eut aucun égard. Au nombre de ces infortunés, étoit un nommé *Nakasima-simbi*, qui, pendant trois ans, vint prier chaque jour le prêtre de le faire rétablir, sans pouvoir y réussir; ce qui fut causé par la méchanceté de ce conseiller d'Etat. Il n'y a pas d'exemple d'une pareille conduite : traiter ainsi tant d'innocens est de la dernière injustice.

———

Fota-sagami-no-kami, n'étant encore que garde du château d'Osaka, étoit fort estimé et en grande réputation pour son savoir; il surpassoit même ce savant célèbre qu'on a surnommé le vieux seigneur des Temples, *O-ka-yetchezen-no-kami*; mais sa cruauté envers tant d'anciens serviteurs du vieux *Djogoun*, qu'il avoit privés sans cause de leur emploi, le fit détester.

Une nuit on plaça chez lui, au-dessus de la porte de sa maison, une tête faite d'une citrouille, et au-dessous un écriteau ainsi conçu : « Ceci est la tête de *Fota-sagami-no-kami*, qui a été tranchée et exposée ici à cause de la conduite inhumaine qu'il a tenue depuis plusieurs années. » L'auteur de cette petite vengeance est resté inconnu.

Fagifara-gofe, domestique de *Matsoubara-
oki-no-kami*, premier gardien du château, aper-
cevant au-dessus de la porte quelque chose d'extraordinaire qu'il ne pouvoit reconnoître à cause
de la distance, s'approcha, et vit la citrouille et
l'écriteau; il en avertit le portier, qui enleva
doucement l'un et l'autre. Quand *Sagami-no-
kami* eut été informé de cette espièglerie, il la
raconta lui-même à ses collègues et aux autres
officiers du palais, qui en rirent, et applaudirent
à sa fermeté.

———

Le prénom d'*Inaba-yetchou-no-kami* étoit
Foso; il devint garde-du-corps du *Djogoun*.

Kasouga-no-soubone, qui vivoit du temps de
Dayou-in-sama, ou de *Ye-e-mitsou*, fut la
mère d'*Inaba-mina-no-kami*, prince d'*Odo-
wara*, de qui *Inaba-yetchou-no-kami* descendoit.

Inaba-mina-no-kami avoit fait venir deux
pierres de la montagne *Fakoni*; c'étoient des
monumens des tombeaux de *Soga-no-goro-
foki-moune*, renommé pour son courage, et
d'une femme du nom de *Tora*, morts tous les
deux du temps de *Yori-tomo Mina-no-kami*.
Ayant mis ces deux pierres dans son jardin, et
fait placer deux nouveaux monumens sur les

tombeaux, il nomma la première *Goro-izi*, et l'autre *Tora-no-izi*, et eut soin de les mettre à l'abri de l'humidité, et de les faire nettoyer souvent pour prévenir toute dégradation.

Son second fils *Inaba-foso*, de qui *Inaba-yetchou-no-kami* descend en ligne directe, demanda une de ces pierres pour la placer dans son jardin ; le père lui donna le *Tora-no-izi* : c'étoit sous *Dayou-in-sama*, il y a environ cent dix ans.

Après la mort d'*Inaba-foso* on ne s'occupa plus de cette pierre, qui finit par se recouvrir de terre ; en sorte qu'on ne savoit plus où la trouver. Depuis, s'il faut en croire les bruits populaires recueillis dans les manuscrits, la maison de *Yetchou-no-kami* fut affligée de malheurs extraordinaires ; tous les enfans qui y naissoient ne pouvoient s'élever, et mouroient en bas âge.

Les prêtres que l'on consulta attribuèrent ces malheurs au *Tora-no-izi*. Les recherches que l'on fit pour le trouver dans la maison et au jardin, furent long-temps inutiles. Enfin, un bûcheron très-âgé se rappela qu'il devoit être sous terre dans un certain endroit du jardin qu'il indiqua. Effectivement, on trouva en cet endroit, à une grande profondeur, une pierre qu'on reconnut pour le *Tora-no-izi*. On donna ordre au bûcheron de la charger sur sa charrette,

et de la conduire au temple ; mais il s'en défendit , alléguant qu'il en craignoit les effets
funestes , et que d'ailleurs ce n'étoit pas son
ouvrage , mais celui d'un tailleur de pierres. On
fit donc venir le tailleur de pierres *Minesima-
tokiyemon.*

La nuit précédente , cet homme avoit vu en
songe une très-belle femme qui approcha de son
oreille , et qui lui dit : « Demain on te confiera
» quelque chose qui appartient à mon corps ; je
» te prie d'en user avec beaucoup de ména-
» gement. »

Le lendemain , lorsqu'il eut été mandé chez
Yetchou-no-kami , et qu'il eut reçu l'ordre de
transporter la pierre , il se rappela le songe qu'il
avoit fait , et exécuta sa commission avec beaucoup de précaution. Il ne douta pas que la femme
qui lui avoit apparu ne fût *Tora* elle-même.

Lorsque la pierre eut été transportée au
temple , les prodiges cessèrent chez *Yetchou-no-
kami ;* il étoit frère cadet d'*Inaba-takoumi-no-
kami.* Dès sa onzième année il fut placé auprès
du prince héréditaire , depuis *Djogoun ,* pour
lui tenir compagnie. Ce fut lui qui fit à *Giyobou-
tcho ,* oncle de *Djogoun ,* et grand-père du prince
héréditaire actuel , cette réponse hardie que l'on
trouve dans le *Ken-daï-gen-pi-rok* (1).

____

(1) *Voyez* ci-dessus , pag. 90.

En entrant au palais, on voit un sabre avec une longue poignée, enrichie de nacre de perles; c'est celui de *Dayou-in-sama*, le troisième *Djogoun*. Un jour que ce prince étoit à la chasse, un sanglier énorme, qui venoit d'être blessé, se jeta en fureur sur plusieurs des chasseurs. Le *Djogoun*, armé de ce sabre, courut intrépidement au-devant de l'animal, et le fendit en deux d'un seul coup. Depuis ce temps il fit porter le sabre devant sa chaise à porteurs, chaque fois qu'il sortoit du palais. Cet usage a cessé à la mort du *Djogoun*, et le sabre est resté, comme un meuble, au *Ginkoua*, ou grand corps-de-garde, dont l'inspecteur est le chef des gens de la suite du *Djogoun*.

Lorsque *O-oka-yetchezen-no-kami* fut nommé gouverneur de *Yedo*, il fit rechercher tous les hommes qui excelloient dans quelque art ou quelque science que ce fût, mais principalement dans l'arithmétique. Il proposa un de ces derniers au *Djogoun*, pour l'employer dans la chambre des comptes. Le choix tomba sur *Noda-bounso*; *Yetchezen-no-kami* le fit venir, et lui dit qu'ayant appris qu'il étoit un des plus grands arithméticiens de *Yedo*, il vouloit lui proposer une question. L'autre s'attendoit à un calcul compliqué, lorsqu'il lui demanda combien faisoit cent divisé par deux. *Bounso* sentit que s'il répondoit sur-le-champ à une question si facile, ce seroit en faire connoître le ridicule ; il demanda, en conséquence, ses tablettes, fit le calcul, et répondit : cinquante. *Yetchezen-no-kami* l'en loua, et lui répliqua : « Si vous aviez » répondu de bouche, j'aurois eu mauvaise » idée de votre politesse. A présent je vois que » vous agissez en tout avec prudence ; le *Djo-* » *goun* a besoin d'un homme tel que vous. » Il le nomma premier arithméticien ; dans la suite *Bounso* devint inspecteur de la chambre des comptes, et il continue chaque année d'obtenir de l'avancement.

———

Le premier conseiller d'Etat d'à présent, *Fota-sagami-no-kami*, a dans son district la montagne *Masakado-yama* ou *Siomon-san*, qui fut investie dans la première année *Ten-ke* (l'an 938) par *Faïra-no-madja-kado*, descendant de *Kivan-mou-ten-o*.

Sous le troisième *Djogoun*, *Dayou-in-sama*, le premier conseiller d'Etat, *Fota-kosouki-no-ski*, petit-fils de *Kasouga-no-soubone*, obtint

un revenu de cent quatre-vingt mille *kokf* (1),
et parvint au rang de *Tchou-si-no-djosso* : il fut
le confident du *Djogoun*.

Le premier bailli du village de *Sagoura-ma-
tche*, nommé *Odomo-sogo*, eut alors dispute avec
un serviteur de *Kosouki-no-ski;* celui-ci en fut
tellement irrité, qu'il fit arrêter *Sogo*, et le fit
attacher, lui et toute sa famille, au sommet de
la montagne *Masa-kado-yama*, sur des croix, et
percer avec des piques. Son oncle, prêtre du
temple, *Boutchosi*, eut la tête tranchée. En arrivant au lieu du supplice, il se livra d'abord à des
accès de rage : mais, étant devenu plus calme, il
se résigna à son sort, et dit : « Ce prince est un
» barbare ! moi, qui suis prêtre, je n'ai parti-
» cipé en rien au tort de mon neveu ; jamais
» on ne vit une pareille injustice ; mais, pre-
» nez-y garde, dans trois ans, et si le terme est
» plus court, dans cent jours lui et les siens
» seront punis. »

Kosouki-no-ski partit peu après de *Yedo* pour
son district, sans en prévenir, suivant l'ordre
qu'il avoit reçu. Le *Djogoun* en fut indigné, fit
confisquer son pays et son château, et en donna
la direction au prince d'*Awa*. Après la mort
du *Djogoun*, *Kosouki* mourut dans la province

---

(1) Deux millions 160,000 francs.

d'*Awa*. On assure que lorsqu'il étoit parti de *Yedo* sans en prévenir, l'âme de *Sogo*, rayonnante de joie, conduisoit son cheval par la bride.

Fota-sagami-no-kami, descendant de *Kosouki-no-ski*, obtint de nouveau, après plusieurs années, et par la faveur du *Djogoun*, la possession de ce pays, mais avec un revenu moindre de quatre-vingt mille *kokf* (1). Il fit sa demeure du vieux château, et bâtit le temple *Sogo-no-miya*, pour apaiser l'âme de *Sogo*, et ensuite le temple *Fodjou-in*.

———

Dans le temps que *Nosi Figo-no-kami* étoit gouverneur de *Yedo*, le temple *Sansio-Sangendo*, à *Foukagawa*, menaçoit ruine; *Figo-no-kami* en prévint les magistrats de *Yedo*, *Naraya*, *Kitamoura* et *Tarea*, et leur ordonna d'engager chaque famille de *Yedo* à fournir quelque argent, et de charger trois personnes de construire la façade. Quand elle fut achevée *Foukagawa-sinwa* en fit la dédicace. On loua fort cet arrangement de *Nosi Figo-no-kami*.

____

(1) Neuf cent soixante mille francs.

Quoique le *Djogoun Yeye-sige* eût été honoré a sa naissance du nom de *Take-tcheyo*, nom que *Gongin* avoit porté dans sa jeunesse, la suite fit voir que les craintes de *Yosi-moune* étoient bien fondées (1). Après s'être épuisé entièrement par l'excès des femmes et des liqueurs fortes, il devint presque imbécille. Comme c'étoit un crime de l'appeler fou, on se servit du mot *ampontan*, qui est le nom d'une espèce d'herbe qui, dit-on, rend pour quelque temps insensé. *Yeye-sige* eut deux fils : *Yee-farou*, qui lui succéda, et *Kounaï-kio*, *Sige-yosi*, qui vit encore (en 1782) et demeure à *Yedo*; il a, dit-on, la femme la plus belle et la plus aimable de tout l'empire.

Dans leur jeunesse, *Yeye-sige* ordonna à *Sono-tousima*, prince de *Tsousima*, de faire venir de la Chine des carpes, qu'on y prend sous la cascade *Roumon-no-taki*. On assure que si on brûle ces carpes, qu'on en mêle les cendres avec de l'eau, et qu'on lave les enfans avec cette eau, la petite-vérole se développe avec une extrême facilité, ne présente aucun danger, et ne laisse aucune trace. Lorsque les carpes furent arrivées de Chine, *Yeye-sige* les fit préparer comme on vient de le voir, et les corps de ses deux fils furent lavés chaque saison dans l'eau qui en provenoit.

____

(1) *Voyez* ci-dessus, pag. 87.

Yeye-sige, étant mort après de longues souf-
frances, eut pour successeur son fils aîné, qui
monta sur le trône la dixième année (l'an
1760) (1).

YEE-FAROU, DIXIÈME DJOGOUN.

Minamotto-no Yee-farou, fils aîné de *Yeye-
sige*, succéda à son père dans la dixième année
Fore-ki (l'an 1760) : il jouit de la réputation
d'être un bon prince. Voici ce qui se passa de
remarquable sous son règne :

La troisième année *Mi-wa* (l'an 1766), *Yamagata-daïni* trama une conspiration dans laquelle
l'on prétend que la cour du *Daïri* fut impliquée.
Le médecin *Takafasi-bountchou* et *Takeno-
outche-tchouan*, s'engagèrent avec lui : le dernier
étoit un excellent militaire, bel homme, et d'une
conversation agréable. Après s'être consultés
avec *Fousi-oumon*, militaire d'une grande réputation, ils reconnurent qu'il n'y avoit parmi eux
personne qui eût assez d'influence pour assurer
le succès de l'entreprise ; ils comprirent qu'il
leur falloit un chef éminent qui pût inspirer toute
confiance aux conjurés, et ils cherchèrent quel
étoit celui d'entre les serviteurs du *Daïri*, à qui
ils devoient s'adresser de préférence.

---

(1) Son titre est *Tcki-koung Tsiang-kiun*. A. R.

Tchouan, qui s'étoit fait beaucoup d'amis à la cour du *Daïri* pendant son long séjour à *Miyako*, observa qu'*Okamoto-toan*, médecin à *Miyako*, étoit, ainsi que lui, « un ami intime » du serviteur du *Daïri*, *Tokdaïsi-no-daïna-* » *gon*, homme brave et de beaucoup d'esprit, » à qui ils avoient entendu dire souvent qu'il » étoit honteux pour eux de vivre si mesquine- » ment chez le *Daïri*, lorsque le *Djogoun* et » les princes vivoient avec plus de splendeur » que le *Daïri* lui-même, et que, s'il avoit des » forces suffisantes, il voudroit bouleverser le » gouvernement. » En conséquence, ils char- gèrent *Okamoto-toan* de lui faire part de leur projet, dans l'espoir que s'il y entroit ils obtien- droient du *Daïri* une permission par écrit.

Fousi-oumon proposa à *Tchouan* d'appeler *Toan* à *Yedo*. *Tchouan*, ayant approuvé cet avis, envoya un courrier avec un billet à *Miyako*, contenant trois *kobans* pour les frais du voyage. L'on fit venir *Yamagata-itsouki*, frère aîné de *Yamagata-daïni*, de la province de *Kaï*. *Fa-kami-kasousa*, prêtre du temple *Miwa*, et son fils, *Fakami-sinanou*, l'accompagnèrent, et fixèrent leur demeure dans la rue *Regansima*, à côté de la maison de *Fakafasi-bountchou*.

Beaucoup d'autres personnes s'engagèrent pour cette entreprise, par un écrit scellé de leur sang. On cite particulièrement *Oda-mino-no-kami*, prince de *Kootski*, ayant un revenu de deux *mankokf* (240,000 fr.). (Son château étoit nommé *Obata-no-siro.*)

Son fils, *Faïrozitche ;*

Son cousin, *Oda-tchousima-no-kami*, l'un des plus petits princes, dont le revenu ne s'élève qu'à deux mille sept cents kokf (32,400 fr.);

Sikibou, fils de *Tchousima-no-kami*, et plusieurs autres d'un moindre rang.

Makita-gisaïmon, secrétaire de *Mino-no-kami*, tâcha d'en dissuader son maître, lui représentant qu'*Oda-no-nobou-naga*, l'un de ses ancêtres, avoit été grand ami de *Gongin*, qui avoit donné des terres et des richesses à ses parens, après que ceux-ci eurent été privés par *Taïko* de leurs possessions ; que, par cette raison, ce seroit une chose indigne à lui de tendre l'arc contre les descendans de ce grand *Djogoun ;* que *Youïno-djosits*, homme de tête, n'avoit pu cependant parvenir à s'emparer du château de *Yedo* ; que *Marabasi-tchouya*, nonobstant son courage, avoit été pris sans se battre (1) ; que *Bountchou*, *Tchouan*, *Oyonou* et *Toan*, quoique gens d'esprit, n'étoient pas comparables à *Djosits* et à *Tchouya* ; que le projet étoit trop dangereux, et que s'il ne réussissoit pas, il

____

(1) *Voyez* ci-dessus, pag. 23.

lui coûteroit ses biens et la vie. *Mino-no-kami*, irrité de ses représentations, le traita de lâche et d'ignorant, le compara aux grenouilles dans un puits, qui ne peuvent juger de l'immensité de l'Océan, et lui défendit de reparoître devant lui. Le secrétaire pleura amèrement, se plaignant de ce que son maître ne vouloit pas suivre de bons avis; il resta depuis ce moment chez lui, s'abstint de boire et de manger, et mourut au bout de vingt-un jours.

Les conjurés résolurent de commencer la révolte en incendiant *Yedo* par des pièces d'artifice : ils donnèrent ordre à *Miyasawa-sunso* et à *Momonoï-kiouma* d'en apprêter; mais *Simisourisou* leur fit observer que ces gens n'étoient pas assez habiles pour composer des pièces d'artifice telles qu'il leur en falloit pour exécuter leur dessein; il ajouta qu'il falloit faire venir pour cela à *Yedo Asakousa-rouwan*, domestique du prince d'*Amagasaki*, et plusieurs de ses compagnons. *Daïni* y consentit : *Oumon* insista pour qu'on se procurât auparavant une grande quantité de riz.

Alors entrèrent dans la conspiration *Imamoura-gensi*, *Naïto-gensiro*, *Sigeyama-rogouea* et *Tateki-krobe*. Les trois premiers étoient des domestiques du conseiller d'Etat *Abe-iyo-no-kami*; ils offrirent de l'or, de l'argent, et tout ce qu'il faudroit, par là, ils surent gagner la confiance des chefs, s'informèrent de tout le plan, et scellèrent aussi l'acte d'engagement avec leur sang, déclarant que si l'on se fioit à eux, ils se faisoient fort de séduire tous leurs compagnons. On les crut, et on leur fit part de tout le projet.

Oumon ayant fait venir le marchand de riz, *Yawataya-densaïmon*, le pria de lui prêter une forte somme pour une affaire d'importance. L'autre ayant voulu savoir de quoi il s'agissoit, *Oumon* lui répliqua : « Qu'il vouloit acheter du » riz ; que la saison étant mauvaise, il y en au- » roit peu cette année, et qu'il deviendroit fort » cher. Achetez-en de tous côtés, ajouta-t-il, » et conservez-le dans vos magasins ; le prix en » augmentera de jour en jour, et ce sera un » grand avantage pour vous et pour moi » Sur cet avis, *Yawataya* en fit acheter par tout *Yedo*, et en fit venir avec des barques à *Sinagawa*, jusqu'à quatre cent mille ballots.

Okamoto-toan, qui demeuroit à *Miyako* dans la rue *Goro-matche*, étoit en deuil pour la mort de sa femme, et restoit chez lui sans sortir, lorsqu'il reçut la lettre de *Tchouan*. Il l'ouvrit : elle ne contenoit, suivant l'usage, que l'invitation de venir à *Yedo* pour s'aboucher sur des affaires sur lesquelles elle ne donnoit point de détail, avec offre de trois *Kobans* pour les frais du voyage. Cette invitation lui donna à penser : toutefois il résolut de partir le lendemain avec le courrier, et de laisser sa maison sous la garde de son domestique *Zatcho*. Auparavant il alla dire adieu à son ami *Tokdaïsi-no-daïnagon*, et l'informa de son voyage à *Yedo*; celui-ci prit son encrier et du papier, composa des vers, les remit à *Toan*, et le pria de les donner à *Tchouan*, à son arrivée à *Yedo*.

Toan, allant jour et nuit, fut bientôt à *Yedo*. Il se rendit directement chez *Daïni* qui demeuroit dans la rue *Nagasawa-tcho*, et chez qui *Tchouan* logeoit. Pendant qu'il se faisoit annoncer par le domestique, il y vint aussi un certain *Takatsouki-no-zezo* qui avoit été chargé de ménager des intelligences à *Osaka*, et qui apportoit la nouvelle que tout alloit aussi bien qu'on pouvoit le désirer. *Toan* fut accueilli par *Daïni* et par *Tchouan* avec les plus grands égards, et conduit dans la salle intérieure : il commença par leur faire part de la mort de sa femme; et, après avoir reçu les complimens de condoléance, il tira de son portefeuille le billet de *Tokdaïsi-no-daïnagon*, et le remit à *Tchouan* qui l'ayant ouvert y trouva ces vers :

Wa sa rou gou sa
Wa sourou rou la ne no
A ri mo tsou re

Wa re wa wa sou re nou
Mou ka si nari keri.

Ces vers ont une double signification, ce qui fait la beauté de la poésie au Japon.

Dans un sens ils veulent dire :

« La plante *Gousa*, qui est à présent en ou-
» bli, porte beaucoup de fruits : je me rappelle
» combien elle étoit estimée dans l'ancien
» temps. »

Dans l'autre sens, et c'est celui que l'auteur vouloit faire entendre, ils signifient :

« Quoique aujourd'hui l'on porte encore des
» armes, l'on a oublié de se battre ; je me rap-
» pelle encore comment on s'en servoit autre-
» fois. »

Tchouan, en les lisant, pleura de joie, et dé-clara que, si l'entreprise venoit à réussir, *Tok-daïsi-no-daïnagon* seroit le maître de l'empire. *Tchouan* et *Daïni* informèrent *Toan* qu'on l'avoit fait venir à *Yedo* pour prier *Tokdaïsi-no-daïnagon* de leur obtenir du *Daïri* un ordre écrit de faire révolter *Yedo*, afin de légitimer leur en-treprise, et d'empêcher qu'ils ne fussent traités de brigands et de rebelles. *Toan* promit de lui en parler en secret à son retour à *Miyako*, et de leur faire part aussitôt du résultat de cette con-férence ; après quoi ils pourroient venir eux-mêmes convenir de leurs faits avec lui.

Le jardin de *Mino-no-kami* à *Yedo*, sur la place *Akasaka-tame-ike*, près d'un grand étang, servoit ce soir-là de lieu de rassemblement. Plus de cent des conjurés s'y rendirent pour délibérer sur leur projet (1).

Okamoko-toan fit ici, pour la première fois, connoissance avec *Oda Mino-no-kami*. *Tchouan* raconta au prince que *Toan* étoit chargé de la conduite de la conspiration à *Miyako*, et que probablement *Tokdaïsi-no-daïnagon* embrasseroit leur parti. Il tira, pour l'en convaincre, les vers de son portefeuille, et les fit lire à chacun ; tous en jugèrent de même.

On raconte qu'il se fit alors un grand bruit au jardin : on y courut avec de la lumière pour voir d'où il provenoit, et l'on trouva un serpent de plus de dix pieds de long autour d'une branche d'un sapin, et au pied de l'arbre une quantité de grenouilles qui sembloient combattre avec le reptile. Le vent étoit très-fort : un oiseau in-

____

(1) Les principaux étoient : *Oda-mino-no kami*, *Oda-yavo-zitche*, *Oda-tchousima-no-kami*, *Oda-sikobou*, *Tsouda-tonomo*, *Yosida-genba*, *Seki-no-sadoyemon*, *Matsbara-todayou*, *Tsouda-djozo*, *Yosida-fatziso*, *Teramisaka-yoyemon*, *Itchekava-zezo*, *Imamoura-gensi*, *Sigeyama-rogouea*, *Naïto-gensiro*, *Yosimi-tchoyemon*, *Savata-bounsi*, *Fouksima-denso*, *Tateki-krobe*, *Asakoura-rouvan*, *Takami-kasousa*, *Miyasalva-sunsa*, *Momono-i-kyouma*, *Sato-gendelyou*, *Takafasi-bonnichou*, *Simisou-risou*; *Baïso*, grand-prêtre du temple *Sofouhousi*; *Yamagata-daïai*, *Yamagata-itzouki-Take-no-outche*, *Tchoan*, *Fousi-ouman*, et autres.

connu descendit du ciel, et enleva le serpent ;
toutes les grenouilles se replongèrent aussitôt
dans l'étang, au-dessus duquel on vit s'élever
une vapeur jaunâtre. Tous les conjurés furent
étonnés et effrayés de cet événement. *Daïni* et
Oumon gardèrent le silence : le frère du premier lui dit : « Vous avez vu ce prodige ; il est
» d'un mauvais augure. Il y aura parmi nous
» des traîtres qui nous dénonceront. » *Oumon*
répondit : « J'en juge plus favorablement ; tous
» les serpens se nourrissent de grenouilles ;
» mais il y en avoit un trop grand nombre pour
» que celui-ci ait pu leur résister. L'oiseau in-
» connu qui est venu l'enlever est un présage
» que nous nous rendrons maîtres de *Yedo*. »
Les conjurés, tranquillisés par cette explication,
s'en retournèrent chacun chez soi.

Le conseiller d'Etat ordinaire, *Abe-iyo-no-
kami*, ayant appris depuis long-temps que
Yamagata-daïni et *Fousi-oumon*, tenoient des
réunions secrètes où assistoient un grand
nombre de personnes, avoit fait venir les trois
domestiques dont nous avons parlé plus haut,
et leur avoit ordonné de faire tout leur possible
pour être admis dans les réunions, et pour
connoître quels étoient les objets que l'on y
traitoit. Ils réussirent au-delà de leurs espé-
rances. Ils avoient promis, en entrant dans la

conjuration, une obéissance absolue, et avoient scellé leur promesse de leur sang, ce qui leur avoit gagné pleinement la confiance de *Daïni* et d'*Oumon*. Ils étoient ce soir-là de la conférence, et découvrirent à leur maître tout ce qui s'étoit passé. Il frémit à ce récit, et leur recommanda le secret.

A *Youkounou-ginsan*, dans la province de *Tamba* (1), on travailloit à une mine. *Yaski*, domestique de *Tominaga-dozi*, disciple de *Yamagata-daïni*, y fut envoyé pour débaucher des ouvriers. Il savoit qu'ils n'étoient pas libres de quitter cette mine : il ne laissa pas de leur envoyer premièrement de l'argent, des vivres et du *zakki*; et lorsqu'il eut ainsi gagné leur confiance et celle de leur chef, il leur dit qu'il venoit d'apprendre par une lettre de son maître qu'on avoit découvert à côté de la montagne *Nikosan*, tombeau de *Gongin*, une mine d'or dont il avoit obtenu l'exploitation du *Djogoun*; qu'il manquoit d'ouvriers habiles; qu'il étoit chargé d'en emmener dix à douze à *Yedo* : le chef témoigna que cela étoit difficile, mais que, s'il vouloit donner double paye aux ouvriers, ceux-ci s'enfuiroient dans la nuit. Il y consentit, et

---

(1) *Tan-ba* (en chinois *Tan-pho*), petite province centrale de *Nifon*, au nord de *Farima*, et au midi de *Tan-go*. A. R.

engagea dix mineurs et deux charpentiers.
Ceux-ci portèrent secrètement les outils nécessaires chez leurs amis, d'où ils les emportèrent
dans la nuit, et s'enfuirent avec *Yaski* à *Yedo*,
où, dans une nuit très-noire, par un orage et
de fortes pluies, ils arrivèrent à la maison de
Daïni : celui-ci les reçut amicalement, leur fit
donner à manger et à boire, et les conduisit chez
Oda-mino-no-kami. Ses secrétaires, *Genba* et *Tanomo,* leur donnèrent pour demeure une maison
vide, entourée d'une clôture de bambous pour
les empêcher de sortir. *Genba* leur dit : « Vous
» êtes venus ici sur la demande d'*Oda Mino-
» no-Kami*, qui a de bonnes intentions ; ce qu'il
» exige de vous, c'est que vous fassiez sous
» terre un chemin dérobé par où il puisse s'en-
» fuir en cas de besoin. » Ils s'y engagèrent, et
voulurent commencer en sa présence. Il leur
montra l'endroit : ils se mirent à l'ouvrage, et
bientôt ils avancèrent à la distance de trois
rues, d'où ils continuèrent leur travail jusqu'au
dedans du château, tout près du palais du
prince héréditaire, soutenant le chemin de tout
côté avec des poutres et des étais.

Au commencement de la conjuration, *Daïni*
avoit consulté *Sato-gendeïrou* et *Momono-i-
kiouma*, deux militaires instruits, sur le moyen
de s'emparer de *Yedo.* Le premier manquoit

toujours d'argent, et lui en demandoit sans cesse. *Daïni* voulut savoir à la fin à quoi il l'employoit; et s'étant aperçu qu'il s'en servoit pour ses dépenses personnelles, il refusa de lui en donner davantage, et ne s'occupa plus de lui. *Gendeïyou* indigné s'en plaignit à *Kiouma* et à *Miyasawa-sunso*, leur représenta que l'entreprise ne réussiroit jamais, et qu'il valoit mieux la découvrir au premier conseiller d'Etat; ils y consentirent dans l'espoir d'être récompensés par le *Djogoun*, et trahirent leur serment. *Kiouma* et *Sunso* se rendirent chez le premier conseiller d'Etat, *Matsdaïra-oukon-no-siogin*. Il étoit au château : ils écrivirent une lettre qu'ils scellèrent, et restèrent à attendre à la porte d'entrée, où *Gendeïyo* vint les joindre. Lorsque le conseiller d'Etat arriva, ils donnèrent la lettre à l'un de ses domestiques qui la présenta à son maître dans sa chaise. *Oukon-no siogin*, après l'avoir lue, les fit entrer, et leur dit que, puisqu'il s'agissoit d'une affaire importante, et qui demandoit un mûr examen, il étoit de son devoir de s'assurer d'eux. Aussitôt il les fit mettre aux fers, et garder à vue dans un appartement comme dans une prison.

Après avoir bien réfléchi, il fit venir le lendemain *Abe-iyo-no-kami*, lui montra la lettre, et l'informa que les trois délateurs étoient retenus chez lui : il lui représenta que si l'examen se faisoit en public, les conjurés, instruits de la découverte de leur projet, pourroient en accélérer l'exécution ; qu'il valoit mieux ne rien faire éclater avant qu'on ne se fût assuré de tous les coupables. *Iyo-no-kami* lui répondit qu'il étoit informé de tout depuis long-temps ; que trois de ses gens s'étoient introduits parmi les conjurés ; qu'ils l'instruisoient de toutes leurs démarches ; qu'il étoit d'avis, comme lui, d'agir secrètement jusqu'à ce qu'on eût pris *Daïni* et *Oumon*. Pour y réussir, il ordonna à ses trois domestiques d'attirer *Oumon* dans la rue des Courtisanes, à *Yosiwara*, et là, de s'assurer de sa personne de la manière qu'il leur détailla, leur recommandant de ne pas le blesser.

Daïni et *Oumon* ignoroient que leur projet fût découvert : le premier se rendit avec *Tchouan*, *Tchekawa-zezo* et *Tateki-krobe* à *Sinagawa*, pour partager leurs complices chez *Foucho* et chez *Fakoni* : *Oumon* et *Itsouki* restèrent à la maison pour veiller à tout en l'absence de *Daïni*. *Gensi* et *Rogouea* trouvèrent *Oumon* qui étoit enrhumé, et qui gardoit le lit. Ils lui conseillèrent de prendre l'air, et de venir avec eux faire une promenade pour se divertir. *Itsouki* l'en pressa également, en l'assurant qu'il pouvoit bien rester seul de garde à la maison. *Oumon*, y ayant consenti, s'habilla; et ils allèrent tous les trois à *Yosouwara* dans la maison de plaisir de *Kikioya*. L'hôte leur prépara un bon repas, et fit venir, en attendant, *Kasousa*, *Yosino* et *Segawa*, trois filles favorites de *Rogouea*, *Oumon* et *Gensi*, avec lesquelles ils burent beaucoup : de là ils se rendirent à la maison qu'habitoient ces filles. Le premier domestique *Kifadje*, offrit à *Oumon* un grand plat avec toute sorte de friandises; plusieurs jeunes filles vinrent leur tenir compagnie, jouant du *Samsi*, et dansant. Pendant qu'ils étoient à se divertir, *Rogouea*, étant entré dans une autre chambre, s'y enveloppa tout le corps, à l'exception de la tête, d'une couverture de *Gilam* rouge, et revint ainsi dans la salle en disant que c'étoit la couverture du diable; qu'il courroit après eux, et que celui qu'il toucheroit seroit obligé de prendre sa place. Le jeu ayant commencé, chacun tâcha de l'éviter : mais il toucha la maîtresse d'*Oumon*. D'après les conditions du jeu, c'étoit à elle de remplacer *Rogouea*, mais elle demanda d'en être dispensée : *Rogouea* fit semblant d'insister, jusqu'à ce qu'*Oumon* s'offrit pour prendre sa place; *Rogouea*, qui ne désiroit autre chose, n'eut garde de s'y opposer. On enveloppa donc *Oumon* dans la couverture, et on le serra fortement avec des cordons. Alors, à un signal que *Rogouea* donna en sifflant sur un flageolet, plusieurs personnes entrèrent, et se saisirent d'*Oumon*. Celui-ci étoit furieux contre *Rogouea* et *Genso*, et leur dit que s'il avoit pu prévoir leur trahison, il les auroit tués. On le mit alors dans un *nagemout* ou coffre qu'on enveloppa d'un filet de grosse corde, et on le transporta ainsi à la maison d'*Iyo-no-kami*, qui envoya aussitôt des émissaires pour s'assurer également de *Daïni*. Le premier officier *Tsoutsoumi-sadeïmon* marchoit devant, suivi de *Soumoto - goroski*, et après lui *Araki-tchosits*, chacun accompagné de soixante personnes : ils entrèrent dans la maison, mais n'y trouvèrent qu'*Itsouki*, qui leur dit que *Daïni* et *Tchouan* étoient partis pour *Souraga*; qu'*Oumon* étoit sorti pour se promener, et n'étoit pas encore de retour. Ils se saisirent d'*Itsouki*, firent des recherches par toute la maison, la fermèrent, mirent les scellés sur la porte, et la laissèrent sous la garde du quartenier.

Le médecin *Simisou-risou*, en voyant entrer tant de monde, se douta que la conspiration étoit découverte, et ouvrit sans perdre de temps le secrétaire de *Daïni*, prit un papier qu'il crut être l'acte d'union des conjurés, et se sauva par la porte de derrière.

Muni de cet écrit, et sans se donner le temps de l'examiner, *Risou* courut chez *Iyo-no-kami*, et demanda à parler au conseiller d'Etat. Admis en sa présence, il déclara que *Daïni* et *Oumon* avoient formé une conspiration pour détruire *Yedo*; qu'il avoit eu le malheur de s'associer avec eux; mais que, prévoyant bien que leur projet ne réussiroit pas, il s'étoit emparé de l'acte d'union, dans l'intention de le livrer au gouvernement; qu'il venoit donc le lui remettre; qu'il espéroit que son repentir et le service important qu'il rendoit à l'Etat lui feroient obtenir sa grâce. *Iyo-no-kami* la lui promit d'abord; mais ayant ouvert le papier, il trouva, au lieu de l'acte d'union, une recette pour préparer le thé. Furieux d'être ainsi trompé dans son attente, il envoya *Risou* en prison.

Tout ce qui avoit rapport à cette affaire étant connu des trois serviteurs d'*Iyo-no-kami*, la nouvelle s'en répandit. On peut voir en note (1)

(1) *Oda-mino-kami*, prince de *Kotsouki** ; son fils, *Oda-yaso-zidje*; son cousin, *Oda-tchousima-no-kami*; le fils de celui-ci, *Oda-sikibou*. Ils furent mis tous les quatre sous la garde de leurs parens.

Oda-yamassiro-no-kami et *Oda-tango-no-kami*. On ferma leurs maisons, et on y mit les scellés.

Itchekawa-zezo, serviteur de *Nagaye-fida-no-kami*; *Yosimi-tchoyemon*, serviteur du conseiller d'Etat *Misiro-iki-no-kami*; *Fouksima-densu*, serviteur de *Matsdaïra-Iyo-no-kami*, prince de *Yosida*; *Tatchi-krobe*, serviteur d'*Ikeda fiouga-no-kami*. Ils restèrent sous la garde de leurs maîtres.

Les gens d'*Oda-mino-no-kami*: *Yosida-genba*, *Tsouda-tanomo*,

* Province centrale de *Nifon*, au nord de celle où est *Yedo*. A. R.

la liste des principales personnes qui se trouvèrent impliquées dans la conspiration.

Les premiers officiers, après s'être saisis d'*Itsouki*, étoient partis pour *Sourouga* où ils avoient appris qu'ils trouveroient *Daïni* et *Tchoan*. Ces deux conjurés, en s'y rendant avec *Zezo* et *Krobe*, leurs complices, s'étoient arrêtés une nuit à *Kanagawa*, chez l'hôte *Oyamayatanbi*; après avoir pris le bain, ils étoient à souper dans la salle, lorsque les officiers arrivèrent à *Kanagawa* : ceux-ci, apprenant que ceux qu'ils cherchoient y étoient encore, entourèrent la maison. Ils n'eurent pas de peine à s'emparer de ces quatre malheureux qu'ils firent lier avec des cordes. On les mit dans des chariots qu'on enveloppa de filets : et en cet état on les conduisit chez le gouverneur de *Yedo* où ils arrivèrent sur les dix heures.

Le médecin *Asokoura-rouwan*, habile arti-

Seki-no-sadayemon, *Matsbara-todayou*, *Tsouda-djozo*, *Matsougensiro*, *Yosida-fatziso*, *Teramisaka-yoyemon*, et *Baïso*, grandprêtre du temple *Soufousouki*. Ces neuf derniers furent conduits en prison.

Sawata-bounsi, premier officier de *Tsoutcheya-yetchezen-nokami*, gouverneur de *Yedo*; *Takafasi-hountchou*, médecin, demeurant à *Reïgan-sima*, dans la rue *Minoto-tcho*; *Takamikousousa*, grand-prêtre du temple *Sanno-gongin*, dans la province de *Kaï*; *Takami-sinanou*, son fils; et le marchand de riz, *Yawataya-densaïmon*, demeurant à *Sibasime-maye-tcho*, furent mis sous la garde du quartenier de chaque rue, et du chef du lieu.

ficier, étoit au service de *Matsdaïra-totomi-no-kami*, prince d'*Amagasaki*, qui envoya ordre à son secrétaire de l'arrêter et de le faire conduire à *Yedo*; il y arriva dans une chaise à porteurs entourée d'un filet, et fut mis sous la garde du prince.

Les gouverneurs eurent l'ordre de saisir *Toan*; ils le firent arrêter par leurs gens, qui le laissèrent sous la garde du quartenier de la rue *Goko*.

Tchouan, *Oumon* et *Daïni* ayant été interrogés par les conseillers d'Etat *Matsdaïra-oukon-no-siogin* et *Abe-iyo-no-kami*, leur déclaration fut trouvée conforme à la déposition des trois serviteurs de *Iyo-no-kami*, de sorte qu'on crut pouvoir se dispenser de continuer les interrogatoires : *Tchouan*, *Daïni* et *Genba* furent mis en prison; pour *Oumon*, homme fort et entreprenant, l'on fut obligé de construire une espèce de prison particulière, qu'on nomme *Fakoro*, et qui est faite de planches de sapin de deux pouces d'épaisseur, jointes l'une à l'autre avec des lames de fer, et couvertes de tous côtés de lames du même métal en forme de croix; il y resta pendant environ un an, surveillé avec beaucoup de soin; pendant ce temps on chercha ses complices dans les ports de mer voisins, mais ce fut en vain. Enfin les conseillers d'Etat résolurent l'année suivante de terminer cette affaire.

Le 21 du 8ᵉ mois de la 4ᵉ année *Ten-wa* (l'an 1767), *Abe-iyo-no-kami* lut la sentence en présence de *Tsoutsou-iyamatto-no-kami* et de *Naïto-sikara*. *Oumon* et *Daïni* eurent la tête tranchée ; les autres accusés, suivant la part qu'on jugea qu'ils avoient prise à la conspiration, furent bannis, ou privés de leurs charges, ou réduits à des emplois inférieurs. On donne en note la liste de ces condamnations (1).

(1) *Fousi-oumon* fut décapité, et sa tête exposée à *Sinagava*. *Yamagata-daïni*, décapité.

Takeno-tchouan, banni dans une île.

Miyasava-sunso, *Momono-i-kiouma*, *Sato-gendeïyou* et *Simisou-risou*, exposés trois jours de suite les mains liées sur le dos, et puis bannis dans une île.

Yamagata-itsouki, banni.

Oda-mino-kami eut son jardin pour lieu d'arrêt ; tous ses biens furent confisqués.

Oda-yavo-zitche reçut ailleurs un revenu de deux *mankokf*. On le considéra comme innocent, et ayant été entraîné par son père. Il eut un *mankokf* dans la province *Ozou*, et l'autre dans la province *Deva*, où les terres sont mauvaises.

Oda tchousima-no-kami fut privé de son emploi.

Oda-sikibou obtint un autre emploi.

Baïso, grand-prêtre de *Sofoukousi*, fut banni.

Yosida-genba eut ordre de se couper le ventre après avoir été long-temps retenu en prison. Sa maison et ses effets furent confisqués.

Tsouda-tanomo, *Seki-no-sadayemon*, *Matsbara-todayou*, *Tsouda-djozo* et *Matsou-gensiro*, furent *bannis gravement*, ce qui veut dire de tous les lieux appartenant au *Djogoun*.

Itchckava-zezo, *Tateki-krabe*, *Sawata-bounsi* et *Asakoura-roucas*, bannis.

Yosimi-tchayemon et *Foukousima-denso*, punis par leurs maîtres.

Imamoura-gensi, *Naïto-gensero* et *Sigeyama-rokouca*, n'étant

Quelques écrivains font honneur d'une sentence aussi douce à l'humanité du conseiller d'État *Abe-iyo-no-kami*; d'autres l'attribuent à la crainte qu'inspiroient les parens des conjurés, et ils assurent qu'*Okamata-toan* fut aussi absous par ménagement pour le Daïri dont on redoutoit le ressentiment.

Le marchand de riz, *Yawataya-densaïmon*, homme juste et pieux, étoit fils d'un pauvre laboureur. Après la mort de son père, sa mère l'avoit encore gardé chez elle pendant deux ans; mais la misère l'avoit enfin forcée de le faire entrer en service, et de se retirer secrètement de *Yedo*, pour se mettre elle-même au service d'un prêtre près de *Kokera. Densaïmon*, désespéré de la fuite de sa mère, alloit souvent dans les temples prier les dieux de la luî faire retrouver.

---

entrés dans la conspiration que pour la découvrir, ne purent être considérés comme coupables.

Yasida-fatziso et *Teramisaka-yoyemon* ne furent point trouvés coupables.

Makita-gisaïmon, secrétaire d'*Oda-mino-no-kami*, fut regretté. S'il eût vécu encore, on l'auroit récompensé de ses bons avis, et il auroit été fait serviteur du *Djogoun*.

Takami-kasousa et *Takami-sinanon* furent jugés innocens, et eurent la permission de retourner chez eux.

Takafasi-bountchou et *Yawataya-densaïmon* furent trouvés innocens, et mis en liberté.

Yasoubé, domestique de *Yamagata-daïni*; *Magotsitche*, domestique d'*Itsouki*; *Tuminaga-dozi*, disciple de *Daïni*; et *Yashi*, domestique de *Dozi*, furent jugés innocens, et eurent la permission de retourner chez eux.

Oumon l'avoit aidé dans ses recherches, et avoit fini par la découvrir. *Densaïmon* étoit si reconnoissant de ce bienfait, qu'après la punition des conjurés, il demanda la permission d'enterrer le corps d'*Oumon* dans le temple de sa secte, et d'élever une pierre sur son tombeau, ce qui lui fut accordé : on lui laissa le riz qu'il avoit acheté ; mais il eut ordre de le vendre au plus tôt, et il en retira un grand profit.

———

Au commencement du mois de septembre 1783, je reçus, de *Yedo*, le détail suivant des ravages affreux causés par l'éruption du volcan *Asama-ga-daki*, dans les pays de *Djozou* et de *Zinzou*.

Le 28 du 6ᵉ mois de la 3ᵉ année *Ten-mio* (le 27 juillet 1783), il s'éleva dans la province *Sinano* (1), à huit heures du matin, un vent d'est très-fort, accompagné d'un bruit sourd comme d'un tremblement de terre, qui augmenta de jour en jour, et annonça des suites funestes.

Le 4 du 7ᵉ mois, ou le 1ᵉʳ août, il y eut un bruit et un tremblement de terre épouvantable ; les murs des maisons se fendoient, et mena-

____

(1) Grande province centrale de l'île de *Nifon*, au nord-ouest de celle de *Kaï* et de celle de *Mousasi*, où est *Yedo*. A. R.

çoient de s'écrouler à chaque instant : de moment en moment les secousses devenoient plus fortes, jusqu'à ce que la flamme se fit jour avec un bruit affreux par le sommet de la montagne, ce qui fut suivi d'une éruption terrible de sable et de pierres ; quoiqu'en plein jour, on se trouva dans une obscurité profonde, qui n'etoit éclairée que par la lueur sinistre des flammes. Jusqu'au 4 d'août, la montagne ne cessa de vomir du sable et des pierres.

Le grand village *Sakamoto* et plusieurs autres, qui sont situés au pied du volcan, furent bientôt réduits en cendres par les matières qu'il lançoit, et par les flammes qui s'exhaloient de la terre.

Les habitans s'efforçoient de fuir ; mais les gouffres que formoit la terre en s'entr'ouvrant de toutes parts, leur bouchoient tous les passages, et, en un instant, un nombre considérable de personnes fut englouti ou consumé par les flammes. Les violens tremblemens et les secousses de la terre continuèrent jusqu'au 8 du 7ᵉ mois, et se firent sentir à la distance de vingt et de trente lieues ; des pierres énormes et des nuages de sable furent portés par le vent vers l'est et le nord.

L'eau des rivières *Yoko-gawa* et *Karousawa* bouillonna ; le cours du *Yone-gawa* (1), l'un des

____

(1) Il y a trois grandes rivières au Japon, qui sont : 1°. Dans

plus grands fleuves du Japon, fut intercepté, et l'eau bouillante inonda les campagnes voisines, où elle causa des ravages inouïs : les ours, les hiènes, et autres bêtes féroces, s'enfuirent des montagnes et se répandirent dans les hameaux voisins, où ils dévorèrent les habitans, ou les mutilèrent d'une manière horrible ; le nombre des morts qui flottoient sur les rivières ne peut se calculer.

Vers le milieu du même mois, on me fit parvenir, de *Yédo*, un rapport plus détaillé, dont voici le contenu :

Depuis le 4 du 7ᵉ mois (10 août), on entendit, jour et nuit, un bruit comme celui d'un fort tonnerre, qui s'augmentoit par degrés ; le 5, il tomba de tout côté une pluie de sable et de cendres ; le 6, le volcan lança à *Ouye-wake*, une immense quantité de pierres parmi lesquelles il y en avoit de si grosses, que deux personnes n'auroient pu les porter. Vingt-sept villages furent engloutis, *Matsyeda*, *Yasouye*, *Takasakie* et *Fousie-oka*, furent les seuls qui restèrent. Au dernier village il tomba une pluie de pierres ardentes, du poids de quatre à cinq

la partie de l'est, ou l'île de *Nifon*, le *Tane-gawa*, nommé aussi *Bando-tero*, ou Frère aîné. 2°. Dans l'île de *Sikokf*, le *Yosina-gawa*, aussi nommé *Sikokf-ziro*, ou second frere de *Sikokf*. 3°. Dans le pays de *Kiou-siou*, le *Tchzkougo-gawa*, aussi nommé *Kiou-siou-sabro*, ou troisième frere de *Kiou-siou*.

onces : à deux heures, le même jour, la montagne *Asama* vomit un torrent de boules de feu et de flammes ; la terre trembla d'une manière affreuse ; tout le pays fut couvert de ténèbres, et, quoiqu'au milieu du jour, on croyoit être dans une nuit profonde ; le tonnerre étoit si effroyable, que la peur glaçoit les habitans, et les faisoit paroître inanimés. Sur les dix heures, il tomba de petites pierres mêlées de sable et de cendres ; à *Fousie-oka*, la terre en étoit couverte de huit à neuf pouces ; à *Yasouye*, de quatorze à quinze pouces, et à *Matsyeda*, jusqu'à trois pieds de haut ; tous les champs et terres labourables en furent entièrement ravagés.

Le 7, vers une heure, plusieurs rivières se desséchèrent ; sur les deux heures, on aperçut une vapeur épaisse à *Asouma*, au-dessus de la rivière *Tane-gawa*, où une eau bourbeuse et noirâtre bouillonnoit à grands flots ; une immense quantité de pierres ardentes flottoient sur la surface, et présentoient l'image d'un torrent de feu. Le corps-de-garde *Mokou*, et un grand nombre d'hommes et de chevaux, furent entraînés par le courant, rejetés à *Nakanose*, ou emportés par la rivière *Zin-meï-gawa*.

Le 8, au matin, à dix heures, un torrent de souffre mêlé de rochers, de grosses pierres et de boue, se précipita de la montagne dans la rivière *Asouma-gawa*, dans le pays de *Djosou*, *Gemba-kori*, et l'enfla d'une manière si prodigieuse, qu'elle se déborda, entraîna maisons et corps-de-garde, et ravagea toutes les campagnes ; le nombre des personnes qui périrent fut immense.

A *Zinya-tchekou*, sur le chemin *Naka-yama*, la terre trembla avec violence et sans intervalle, depuis le 6 jusqu'au 8.

A *Sakamoto-tchekou*, il tomba depuis le 5 jusqu'au 6 une pluie de pierres ardentes.

A *Fonsio-tchekou*, il y eut constamment comme un torrent de gros sable.

A *Kouraye-sawa*, il tomba une si énorme quantité de pierres ardentes, que tous les habitans périrent dans les flammes, à l'exception du premier magistrat ; on ne sait pas au juste le nombre des morts.

Le 9, environ à une heure, de grands arbres et de grosses poutres de maisons commencèrent à flotter sur la rivière de *Yedo* ; peu après, elle fut toute couverte de cadavres mutilés et de carcasses d'animaux. Dans le pays de *Zinzou*, la dévastation s'étendit jusqu'à la distance de trente lieues.

A *Siomio*, *Asouma-kori*, et *Kamawara-moura*, au pied de la montagne *Asama*, tous les habitans, excepté dix-sept, ont péri.

Le village *Daïzen-moura* fut entraîné à moitié par la lave.

Les villages *Nisikoubo-moura*, *Nakaï-moura*, *Fao-moura*, *Kousaki-fara-moura* et *Matski-moura*, ont entièrement disparu.

Au village *Tsoubou-moura*, le magasin de *Souki-sayemon* a été conservé ; toutes les autres maisons avec les habitans furent entraînées par le torrent du feu.

Les villages *Tsoutchewara-moura*, *Yokokabe-moura*, *Koto-moura*, *Kawato-moura*, *Fa-moura*, *Kawafarayou-moura* et *Farada-moura*, ont été également emportés.

Cinquante-sept maisons du village *Misima-moura* ont été englouties, et seize personnes emportées par le courant : le torrent fut couvert de tout côté de dix pieds de sable.

A *Goumba-kori*, *Kawasima* et *Fara-moura*, sur cent cinquante-trois maisons, six seulement sont restées ; les autres ont été entraînées.

Tout le village *Obasi-moura* a disparu.

Le village *Ono-moura* et le corps-de-garde *Mokou* ont été entraînés par un torrent de boue bouillante.

Le village *Yemaye-moura* fut entièrement enseveli sous le sable.

Indépendamment des villages que je viens de nommer, plusieurs autres ont disparu en partie avec les habitans, ou ont été engloutis ; le nombre des morts est impossible à déterminer : la dévastation fut incalculable. La gravure en regard donnera une idée de cet affreux désastre.

———

Le 24 du 3ᵉ mois de la 4ᵉ année *Ten-mio* (le 13 mai 1784), le conseiller d'État *Tonoma-yamassiro-no-kami*, lorsqu'il s'en retournoit chez lui, au sortir du conseil, avec son père le conseiller ordinaire *Tonoma-tonomo-no-kami* et ses autres collègues, fut assassiné par un *singo-ban*, ou homme de la nouvelle garde, nommé *Sanno-sinsaye-mon*, qui jouissoit d'un revenu de cinq cents *kokf*, et étoit sous le commandement du chef de la garde *Ninagawa-sagami-no-kami*, dont les revenus montent à huit cent vingt et un *kokf*. Toutes les circonstances de cet attentat font présumer que plusieurs personnes de la plus haute distinction en avoient connoissance et le favorisoient ; et la haine générale que ces deux conseillers d'État s'étoient attirée, confirme cette opinion. On assure même qu'on avoit d'abord formé la résolution de tuer le père pour prévenir les réformes que le père et le fils, qui jouissoient de la plus grande faveur auprès du *Djogoun* et de sa famille, introduisoient succes-

Tremblement de Terre et Eruption de la Montagne Asama Yama au Japon dans la Province de Sinano.

1. Montagne Asama Yama
2. Krwan Yama (éruption de feu)
3. Ruisseau qui marque les limites des provinces de Sinano et de Kozouke
4. Village au pied de la montagne, mais éloigné de son sommet de plus de dix milles
5. Village d'Orprecke où il y a des eaux thermales
6. Montagne à vingt milles de Asama Yama

sivement dans l'Etat, et qui les avoient rendus
odieux l'un et l'autre. Mais, on réfléchit que le
père étoit vieux, que la mort viendroit bientôt
naturellement mettre un terme à ses projets ; au
lieu que le fils, encore dans la fleur de l'âge, auroit
le temps d'achever toutes les innovations qu'ils
avoient méditées ; que, d'ailleurs, on ne pourroit porter au père un coup plus sensible qu'en
le privant de son fils unique : en conséquence,
la mort de ce dernier fut résolue.

Les conseillers d'Etat, qui ordinairement,
en retournant vers leurs chaises à porteurs, à
l'issue du conseil, s'arrêtent en dehors de la
troisième porte, et ont l'habitude de rester ensemble, se séparèrent ce jour-là : les trois conseillers d'Etat extraordinaires *Sakaï-iwami-no-
kami*, prince de *Dewa* (1), ayant un revenu
de vingt-cinq mille *kokf*; *Yonokoura-tango-
no-kami*, prince de *Mousadsi* (2), qui a douze
mille *kokf* de revenu ; et *O-ota-biengo-no-kami*,
prince de *Totomi* (3), dont le revenu s'élève à
cinquante mille trente-sept *kokf*, sortirent du
palais en même temps que *Tonoma-yamassiro-*

---

(1) En chinois, *Tchohu-in*. Grande province dans la partie
orientale de *Nifon*, sur la côte qui regarde le nord-ouest. A. R.

(2) En chinois, *Wou-tsang*. C'est la province où est *Yedo*.
                                                                A. R.

(3) En chinois, *Youan-kiang*. Petite province sur la côte méridionale de *Nifon*, à l'ouest de celle de *Mousadsi*. A. R.

no-kami; mais, marchant fort vite, ils le laissèrent à quelque distance derrière eux. *Sanno-sinsayemon*, qui étoit de garde dans la salle *Tsouyo-no-mar*, profite de ce moment, et, courant vers lui, il lui porte un grand coup de sabre sur le bras : *Yamassiro*, n'ayant pas le temps de se mettre en défense et de tirer son sabre, essaya de parer les coups avec le fourreau ; mais il reçut quatre blessures mortelles, et tomba par terre.

Les compagnons de garde de *Sinsayemon*, et ceux des salles *Naka-no-ma* et *Kikio-no-mar*, arrivèrent au bruit, mais avec tant de lenteur, qu'on peut croire qu'ils avoient l'intention de laisser à l'assassin le temps de s'échapper. Cependant le premier inspecteur du palais *Matsdaïra-tchousima-no-kami*, grand-oncle du prince de *Simabara*, *Matsdaïra-fida-no-kami*, âgé de plus de soixante ans, le prit par derrière, et le tenant serré dans ses bras, lui demanda ce qui l'avoit porté à cet attentat. *Sinsayemon* lui offrit tranquillement son sabre, témoigna sa satisfaction d'avoir pu exécuter son dessein : on se saisit alors de lui, et il fut confié à la garde de *Wakassa-awasi-no-kami*, prince de *Farima* (1), qui jouit d'un revenu de cinquante-un mille

____

(1) Cette petite province, nommée en chinois *Fan-ma*, est située sur la côte méridionale de *Nifon*, en face de l'île de *Sikokf*. A. R.

quatre-vingt-neuf *kokf.* Le conseiller d'Etat *O-ota-biengo-no-kami*, étant revenu sur ses pas, fit placer *Yamassiro* dans sa chaise à porteurs, et l'accompagna à sa demeure : quelques personnes assurent qu'il étoit mort avant d'arriver; d'autres soutiennent le contraire.

Comme il est défendu, sous peine de la vie, de tirer le sabre dans le château, et que ce crime est puni, non seulement par la mort du coupable, mais souvent par celle de toute sa famille, on fit courir le bruit que *Sanno-sin-sayemon* étoit fou. Le 2 du 4ᵉ mois (le 20 de mai), on lui signifia que *Tonoma-yamassiro-no-kami* étoit mort de ses blessures, et qu'il étoit, lui, condamné à se couper le ventre : à la nouvelle de la mort de son ennemi, ses yeux étincelèrent de joie; et, après avoir pris congé de ses amis, il exécuta courageusement sa sentence. Sa femme, jeune dame de vingt-deux ans et d'une rare beauté, apprenant sa mort, loua sa conduite, et s'enfonça un poignard dans le sein avec un courage égal à celui de son mari.

Le corps de *Yamassiro* fut enterré en secret pendant la nuit. La haine et l'indignation du peuple étoient si grandes, qu'on lançoit de toutes parts des pierres sur le cercueil et sur ceux qui l'accompagnoient. Au contraire, *Sanno* devint l'objet de la vénération du peuple; on le regarda comme une victime qui s'étoit dévouée pour son pays. Sa tombe, sur laquelle on a érigé une pierre comme une marque d'honneur, est visitée par toutes les personnes de distinction et par les militaires, qui viennent y faire des prières en reconnoissance du service qu'il a rendu à l'Etat.

Indépendamment de la haine générale que *Sanno* partageoit, il avoit été porté à cette entreprise par des motifs de vengeance particulière. Le *Djogoun* avoit ordonné à *Tonomo-no-kami* de bâtir un château à *Sagara*, dans la province *Sagami* (1). Auprès de cet endroit est le village *Sanno*, qui appartenoit à *Sinsayemon*, et dont la proximité mettoit obstacle à l'exécution de l'ordre que *Tonomo* avoit reçu. Il proposa à *Sanno* de l'échanger contre un autre : mais celui-ci, dont les ancêtres avoient autrefois reçu de *Gongin* ce village en récompense de leurs services, et qui non seulement en tiroit de grands revenus, mais même en portoit le nom, jugeant que ce seroit pour lui une honte de s'en défaire, s'étoit refusé à l'échanger. *Tonomo* dissimula son ressentiment : mais il fit si bien, qu'environ un an après, le *Djogoun*, par

____

(1) Petite province, nommée en chinois *Siang-mou*. Elle est située sur la côte méridionale de *Nifon*, au nord de la pointe d'*Isou*. A. R.

ses instigations, témoigna à *Sanno* le désir d'avoir son village. Il n'y eut pas moyen de refuser. *Sanno* fut obligé de le céder à son grand regret, et il en reçut un autre en échange. Le *Djogoun* ayant ensuite donné le village à *Tonomo*, *Sanno* comprit d'où le coup étoit parti, et il en avoit conçu le plus vif ressentiment.

Ce n'est pas tout : quelques jours après, le *Djogoun* étant allé à la chasse au faucon, accompagné de *Yamassiro-no-kami* et de *Sinsayemon*, le dernier commit quelque faute légère : l'autre, qui n'avoit pas oublié le refus fait à son père, le réprimanda dans les termes les plus durs, et lui défendit de paroître pendant quelque temps au palais et devant les yeux du *Djojoun* : cet affront porta la rage de *Sanno* au comble. Il résolut de se venger, et y fut excité par sa mère et par sa femme, qui lui représentèrent qu'il valoit mieux mourir avec honneur que de vivre couvert de honte. Il cherchoit une occasion favorable, lorsqu'elle se présenta, comme je viens de le dire, le jour même où il lui avoit été permis de revenir au palais.

Après que l'affaire eut été mûrement examinée, la folie de *Sanno* fut publiquement reconnue, ce qui tranquillisa sa famille ; ensuite on proclama, au nom du *Djogoun*, les ordres que je vais transcrire.

« *Au premier inspecteur,*

» *Matsdaïra-tchousima-no-kami.*

» *Tonomo-yamassiro-no-kami* a été assassiné
» par le nouveau garde *Sanno-sinsayemon* : vous
» avez arrêté le coupable. Le *Djogoun* recon-
» noît que vous avez rendu un grand service en
» prévenant ainsi les troubles que cet événement
» auroit pu faire naître : en récompense, vos
» revenus sont augmentés de deux cents *kokf.* »
Cet ordre lui fut lu dans le palais, à la salle
Fiyonoma, en présence des conseillers d'Etat.
Ses appointemens montoient auparavant à mille
kokf.

« *Aux seconds inspecteurs,*

» *Ino-ouye-soudjo-no-kami*, dont le revenu est
» de quinze cents *kokf;*

» *Ando-gosayemon*, qui a trois cents ballots
» de riz;

» Et *Tchouye-yosi-sinsayemon*, qui en a deux
» cents.

» Lorsque les conseillers d'Etat sortoient du
» palais, le 24 du mois dernier, *Tonoma-yamas-*
» *siro-no-kami* a été grièvement blessé près de
» la salle *Kikio-no-mar*, par le nouveau garde
» *Sanno-sinsayemon*, qui est devenu fou : vous

» étiez présens, et n'êtes pas accourus assez
» promptement pour saisir l'assassin. *Yamas-*
» *siro*, qui s'est défendu avec le fourreau de son
» sabre, est mort de ses blessures. Comme ins-
» pecteur, votre devoir étoit de prévenir ce
» malheur. Il vous est défendu de paroître au
» palais jusqu'à nouvel ordre. »

Ando-goyasemon et *Yosi-sinsayemon* n'avoient
qu'un foible salaire, parce que leurs pères vivoient encore, et étoient eux-mêmes au service
du *Djogoun.*

« *Aux sous-inspecteurs,*

» *Atobe-Daïsin*, ayant deux mille cinq cents *kokf;*

» Et *Matsdaïra-tamiya*, qui en a cinq cents.

» Le 24 du mois passé, quand les conseillers
» d'Etat sortoient du palais, le nouveau garde
» *Sanno-sinsayemon*, qui est devenu fou, a
» grièvement blessé *Tonoma-yamassiro-no-*
» *kami.* Vous étiez dans la salle *Nakanoma.*
» Vous dites que, lorsque vous avez vu l'assassin
» courir le sabre nu du côté de la salle *Kikio-no-*
» *mar*, vous vous êtes mis à sa poursuite : mais
» *Matsdaïra-tchousima-no-kami* qui l'a arrêté,
» en étoit plus éloigné que vous. Vous auriez pu
» sauver *Yamassiro*, qui a été réduit à se dé-
» fendre avec le fourreau de son sabre, et qui

» est mort de ses blessures. Comme inspecteurs,
» c'étoit votre devoir de prévenir ce malheur :
» en punition de votre négligence, vous êtes
» démis de vos emplois.

» *Aux nouveaux gardes*,

» *Bannin-rokousabro*;

» *Ikaï-grobe*;

» *Tasawa-dinsayemon*,

» et *Siraï-tchikara.*

» Lorsque les conseillers d'Etat revenoient,
» le 24 du mois passé, du palais, etc.

» Vous étiez de garde avec *Sinsayemon*. Vous
» le vîtes se lever et courir vers la salle *Naka-*
» *noma* : vous le poursuivîtes d'abord ; mais
» vous revîntes sur vos pas, parce que le corps-
» de-garde restoit vide : cette excuse ne suffit
» pas : lorsque vous l'avez vu se lever et tirer
» son sabre, vous deviez le saisir et l'arrêter.
» En punition de votre négligence, vous êtes
» démis de vos emplois. »

Les trois ordres ci-dessus furent signifiés à
ceux qu'ils concernoient, dans la demeure du
conseiller d'Etat extraordinaire, *Kanno Toto-*
mi-no-kami, *Fisa-kata*, ayant dix mille *kokf*,
en présence du sous-inspecteur *Yamagawa-*
simosa-no-kami, qui en a deux cents.

« *Aux premiers inspecteurs*,

» *Fisamats-tsikouzen-no-kami*, ayant douze » cents *kokf*;

» Et *Atakino-osoumi-no-kami*, qui a le même » revenu.

» Lorsque les conseillers d'Etat revenoient, » le 24 du mois passé, du palais, etc.

» *Sinsayemon* tira son sabre. Vous étiez dans » la salle *Tsouye-no-mar*, et vous l'avez vu. » Vous auriez dû le saisir. Par votre négligence, » *Tonoma-yamassiro-no-kami* reçut plusieurs » blessures, dont il est mort. Pour punition, il » vous est défendu de revenir au palais jusqu'à » nouvel ordre. »

Cet ordre leur fut annoncé à la demeure du conseiller d'Etat ordinaire *Kouse-yamatto no-kami*, *Fira-akira*, prince de *Kasousa* (1), ayant un revenu de cinquante-huit mille *kokf*, en présence du premier inspecteur *O-oya-totomi-no-kami*, qui en a six cent cinquante.

———

Quoique j'aie quitté le Japon au mois de novembre 1784, ma correspondance dans ce

____

(1) *Kasousa*, en chinois *Chang-thsoung*, est une petite province dans la partie sud-est de *Nifon*, au nord de la pointe d'*Awa*. A. R.

pays, pendant mon séjour aux Indes, m'a mis à portée de continuer ce récit par les détails suivans :

Le *Djogoun Yee-Farou* mourut le 8 du 9ᵉ mois de la 6ᵉ année *Ten-mio* (l'an 1786), et fut enterré dans le temple *Ouyeno*, à *Yedo*; après sa mort, les prêtres lui donnèrent le nom de *Sun-mio-in* (1).

YEYE-NARI, ONZIÈME DJOGOUN.

Minamotto-no-yee-nari, petit-fils de *Mounekore*, le quatrième fils de *Yosi-moune*, et adopté par *Yee-farou*, étoit alors fiancé à la fille de *Matsdaïra Satsouma-no-kami-sige-fide*, qui a un revenu de sept cent soixante-dix mille huit cents *kokf* (2). Les *Djogouns* cherchent toujours à

---

(1) Le *Djogoun Yee-farou* eut six enfans, savoir :

1°. Une fille morte dans sa jeunesse.

2°. Une fille mariée au prince d'*Owari*, et morte depuis.

3°. Un fils, *Yee-moto*, élu prince héréditaire, mais mort le 24 du second mois de la 8ᵉ année *Aa-ye* (le 10 avril 1779), suivant ce que l'on prétend, d'un crachement de sang, causé par une chute qu'il fit avec son cheval, dans un précipice, étant à la chasse.

4°. Un fils mort à l'âge de trois ans.

5°. Une fille adoptive, qui demeure chez le prince de *Kidjo*, dont elle a épousé le fils, au 4ᵉ mois de la 3ᵉ année *Ten-mio*, ou au mois de mai 1783.

6°. Un fils adoptif, le *Djogoun* régnant.

(2) Neuf millions 249,600 francs.

Tremblement de Terre, Eruption Volcanique et Inondation dans la Province Simabara au Japon

(2) Neuf millions 249,000 francs.

s'attacher ces princes par des mariages : ce fut
la principale cause de son adoption.

———

Le 29 du 1er mois de la 8e année *Ten-meï* (le
6 de mars 1788), le matin à trois heures, il y
eut, à *Miyako*, un incendie terrible qui continua jusqu'au 1er du second mois, ou le 8 de
mars, et réduisit cette superbe ville en cendres.
On attribue ce désastre à l'imprudence d'une
servante qui s'étoit endormie près d'un fourneau
allumé, et dont la manche prit feu. Réveillée
en sursaut, elle se dépouille précipitamment de
sa robe, et la jette loin d'elle sur les coulisses à
papier, qui s'enflammèrent, et communiquèrent
le feu à toute la maison. Le malheur voulut qu'il
fît alors un vent violent; et comme les maisons
de *Miyako* sont, pour la plupart, couvertes de
lattes, et les murs construits en planches, le
vent porta de tous côtés des matières embrasées,
en sorte qu'en moins d'une heure le feu prit en
plus de soixante endroits de la ville, et il fut impossible de l'éteindre. Bientôt la ville entière
fut enflammée, et les habitans consternés ne
songèrent plus qu'à sauver leur vie.

Le *Daïri* fut forcé de quitter son palais, et
se retira au temple *Sinio-gamo*. Les rues par où

il devoit passer étoient encombrées de peuple ; et sa garde, pour lui frayer un passage, fut obligée de tuer plus de mille personnes.

Le feu commença au sud-est de la ville, à l'est de la rivière *Gosio* ; le vent, qui souffloit très-fort du côté de l'est, porta bientôt les flammes de l'autre côté de la rivière et du pont *Gosio-basi*, vers l'ouest, jusqu'aux grands temples *Figasi*, *Fonguansi* et *Tosi*. Alors il tourna vers l'ouest ; ce qui porta l'incendie vers le milieu de la ville ; puis le vent changea vers le sud-est, et toute la partie au nord-ouest, avec le château et les palais du grand juge et des gouverneurs, furent consumés. Le vent changea encore, et vint au nord-ouest avec une nouvelle fureur ; ce qui fit que le feu se répandit tout à l'entour, et embrasa tout ce qui restoit encore, ainsi que le château du *Daïri* et tous ses palais. Après quoi il tourna de nouveau vers la rivière *Gosio*. Tout étoit à peu près consumé, et le feu avoit exercé ses ravages pendant plus de trois jours entiers, quand on parvint à s'en rendre maître. Il ne restoit plus debout qu'une partie des murs extérieurs du château ; tous les autres édifices, les magasins de riz, et tous les magasins, dits *à l'abri du feu*, furent la proie des flammes.

Le *Daïri*, qui, dès qu'il avoit vu son palais menacé, s'étoit retiré avec toute sa cour vers le temple *Simo-gamo*, à la distance d'un mille au nord-est de la ville, fut forcé, par la grande fumée et par les morceaux de bois embrasés que le vent y portoit, à s'enfuir plus à l'est, au temple *Sogo-in*, à la distance d'un mille et demi; mais, ne s'y croyant pas encore en sûreté, il se sauva pour la troisième fois, et se rendit au temple sur la haute montagne *Yeï-san*, à trois milles au nord-est de *Miyako*, où il fait encore sa résidence : les deux gouverneurs de *Miyako* y sont de garde à la porte. On a sauvé le plus possible de ses effets les plus précieux; mais sept grands magasins, remplis d'argent, de raretés, d'objets d'arts et de riches étoffes, ont été consumés par les flammes.

La disette et la misère causées par ce désastre sont inexprimables : le riz et les vivres, apportés des lieux d'alentour au secours des habitans, furent pillés et enlevés de force à l'arrivée des barques, par la multitude affamée. Il n'étoit pas resté la moindre pièce de bois ou de bambou pour construire des huttes ou des tentes, en sorte que tous les habitans furent forcés de passer la nuit en plein air. Les temples étoient remplis des serviteurs du *Daïri* et d'autres grands seigneurs. De cette grande et superbe ville, si peuplée et si florissante, la capitale de l'empire et le centre du commerce, dont le nombre des

rues montoit à quatre mille, et où les plus
riches négocians avoient leur établissement, il
n'est resté hors des murs, du côté du sud-ouest
et du nord-ouest, que quelques maisons, un
temple de la religion nationale du Japon dans
l'est, et un autre des Bouddhistes dans le nord-
nord-est.

Des courriers furent expédiés en hâte à *Yedo*
pour y porter la nouvelle, et pour informer la
cour que le palais du *Daïri* avoit été réduit en
cendres, et que ce prince demandoit des secours
pour le faire rebâtir. A *Miyako*, on publia la
défense à qui que ce fût de bâtir ou de travailler
pour soi jusqu'à ce que le *Daïri* fût convenable-
ment logé. Il fut également défendu à *Osaka* de
travailler en bois, en bambou et même en do-
rure, avant que le palais du *Daïri* eût été recons-
truit, et pourvu de ce qui étoit nécessaire.

Le feu continua de couver sous les ruines, et
il n'étoit pas encore entièrement éteint dans la
soirée du 12 mars, malgré une forte pluie qui
commença à tomber le 11, et qui dura plus de
vingt-quatre heures.

Suivant une autre relation, ce n'est pas à la
montagne *Yeïsan*, mais au temple *Sore-eng-
ingoso*, à l'est-sud-est, que le *Daïri* se rendit
lorsqu'il fut forcé de fuir pour la troisième fois.
Quand il quitta d'abord son palais et la ville,

au commencement de l'incendie, il étoit dans sa voiture ordinaire, qui étoit tirée par des bœufs, entouré de tous ses gens le sabre nu à la main, et de ses femmes et concubines armées de sabres dans le fourreau; mais poursuivi par l'incendie, et trouvant la marche des bœufs trop lente pour le soustraire à la rapidité des flammes, il prit le parti de sauter à terre et de se sauver à pied. On a coutume de choisir grain à grain, avec un petit bâton, le riz qu'on sert au *Daïri* : les plats, jattes et autres ustensiles de table sont brisés aussitôt qu'il s'en est servi; de même les pots et la batterie de cuisine où les mets ont été apprêtés sont changés chaque fois contre d'autres : mais dans la consternation générale, causée par un aussi affreux événement, ces divers usages n'ont pu être observés. Le *Daïri* a été contraint de se nourrir, pendant deux jours, de riz commun, et d'employer, pendant tout ce temps, les mêmes ustensiles.

La crainte que la plus grande partie des habitans ne se retirât, et n'allât s'établir dans les provinces voisines, obligea de mitiger la défense qui avoit été faite de vendre et de mettre en œuvre des matériaux pour la reconstruction des maisons avant que le palais du *Daïri* ne fût rétabli. La défense ne fut pas révoquée; mais, pour encourager les habitans, on leur permit de recevoir et d'employer les matériaux que leurs amis pourroient leur envoyer des environs à titre de présent. A l'aide de cette permission, tous ceux qui en avoient le moyen eurent la faculté de se procurer, à prix d'argent, tout ce dont ils avoient besoin.

Il est impossible de déterminer au juste le nombre des victimes qui périrent dans cette fatale catastrophe. C'est encore un bonheur que le feu n'éclata qu'un peu avant le point du jour; s'il avoit commencé au milieu de la nuit, le nombre en eût été bien plus considérable.

Les hommes sont en général enclins à attribuer tous les événemens extraordinaires à des causes surnaturelles; aussi trouva-t-on des gens qui prétendirent que l'incendie avoit été allumé par trois boules de feu tombées du ciel. Ce qu'il y a de certain, c'est qu'un orage affreux, accompagné de foudre et de tonnerre, et les cris perçans des hommes et des animaux, contribuèrent à en augmenter l'horreur. La flamme qui, dans d'autres temps, n'attaque que les bois et autres matières semblables, consuma jusqu'au fer. On eût dit que les pierres même vomissoient du feu : aussi beaucoup de gens considérèrent-ils cet événement comme un châtiment sévère du ciel.

Le 18 du 1ᵉʳ mois de la 5ᵉ année *Kouan-seï*
(l'an 1793), environ à cinq heures de l'après-
midi, le sommet de la montagne *Unsen* s'affaissa
entièrement ; et la cavité qui en résulta étoit si
profonde, qu'on ne pouvoit entendre le bruit
que faisoient en tombant les pierres que l'on y
jetoit. Des torrens d'eau bouillante en sortoient
de toutes parts, et la vapeur qui s'élevoit au-dessus ressembloit à une épaisse fumée. Ce dernier
phénomène cessa au bout de quelques jours.

Le 6 du second mois il y eut une éruption du
volcan *Bivo-no-koubi*, environ à une demi-lieue
de distance du sommet. La flamme s'éleva à une
grande hauteur ; la lave qui en découla s'étendit
avec rapidité au bas de la montagne, et, en peu
de jours, tout fut en flammes dans une circon-
férence de plusieurs milles. Le feu consuma
tous les arbres des hauteurs voisines, et la vallée
où il exerça principalement ses ravages, fut bientôt couverte des débris des matières enflammées,
et comblée de pierres et de cendres. Le feu ne
ressembloit pas au feu ordinaire ; il étoit étin-
celant, d'une couleur rougeâtre, qu'interrom-
poient, de temps en temps, des rayons bruns.
Le 1ᵉʳ du 3ᵉ mois, le soir sur les dix heures, un
tremblement de terre horrible se fit sentir par
toute l'île *Kiou-siou* (1), principalement dans la

____

(1) *Kiou-siou*, ou *Kidjo* (en chinois, *Kicou-tcheou*, les neuf

province *Simabara*. La première secousse fut si violente, qu'on pouvoit à peine se tenir sur ses pieds : chacun se sentit saisi, en même-temps, d'un étourdissement complet, et put à peine s'occuper du soin de pourvoir à sa propre sûreté. D'immenses rochers furent précipités de la montagne ; la terre se fendit ; les maisons étoient secouées avec tant de force, que personne n'osoit y rester, de peur d'être écrasé sous les ruines. On n'osoit s'arrêter nulle part dans la crainte du débordement qui est la suite ordinaire d'un violent tremblement de terre ; le souvenir de ce qui étoit arrivé, il y a quelques années, dans le pays de *Sinano* (1), ajoutoit encore à la terreur des habitans. Ils se réunirent, emportant les malades et les enfans dans leurs bras, et allèrent chercher quelque lieu de refuge contre un pareil malheur. On n'entendoit que cris, que lamentations, que prières ferventes pour implorer la protection du Ciel. Les secousses ayant cessé après quelques heures, ils rentrèrent chez eux. Il y eut quelques maisons démolies, quelques personnes écrasées : mais

----

Provinces), est ainsi nommée à cause de sa division en neuf provinces. C'est la seconde en grandeur, et la plus occidentale des îles qui composent l'empire du Japon. A. R.

(1) Voyez plus haut, pag. 180.

heureusement le mal ne fut pas aussi grand
qu'on l'avoit craint.

L'incendie de la montagne continuoit cependant, et la lave se répandoit obliquement vers le château; mais, arrêtée dans son cours par un grand nombre de rochers, elle tourna lentement vers le nord : on étoit dans des transes terribles parce que la terre ne cessoit de trembler, quoique les secousses ne se fissent plus sentir avec tant de force. (*Voyez la planche en regard.*)

Le 1ᵉʳ du 4ᵉ mois, sur le midi, et lorsque tout le monde étoit à table, on sentit de nouveau une secousse avec un mouvement qui dura plus d'une heure et demie, et devint de plus en plus fort, menaçant à chaque instant de tout engloutir. Bientôt plusieurs maisons, en dehors du château, furent entraînées avec les personnes qui les habitoient, ce qui fut comme le signal d'affreux malheurs. Les cris des hommes et des animaux ajoutoient à l'horreur de la catastrophe. D'énormes rochers, se détachant de la montagne, renversèrent et écrasèrent tout ce qui se trouva sur leur passage. On entendit sous terre et dans l'air un bruit effrayant, semblable à des coups de canon violens et multipliés : à la fin, et lorsqu'on se croyoit débarrassé de ce danger, il survint une éruption horrible de la montagne *Miyi-rama*; la plus grande partie en sauta dans l'air,

retomba dans la mer, et, par sa chute, sou-
leva les eaux à une si grande hauteur, qu'elles se
répandirent dans les campagnes et dans la ville,
qui en furent inondées : en même temps une
quantité énorme d'eau, sortie des fentes de la
montagne, vint refouler dans les rues les eaux
de la mer, et occasionnèrent des tourbillons qui
entraînèrent, en plusieurs endroits, jusqu'aux
fondemens des maisons, en sorte qu'il n'y restoit
plus trace d'habitation. Le château seul fut conservé intact, parce que l'eau ne put pénétrer
ses fortes et épaisses murailles : plusieurs maisons
dans les environs furent si complétement dé-
truites, qu'il n'y resta pas pierre sur pierre.
Hommes, animaux, tout fut noyé : l'on en
trouva plusieurs suspendus à des arbres, d'autres,
soit debout, soit à genoux, avec la tête ou les
pieds hors de la boue ; les rues étoient couvertes
de cadavres. De tous ceux qui cherchèrent à se
réfugier dans le château, à peine un petit nombre
purent-ils se sauver ; encore étoient-ils tous
blessés. Les cris de ceux qui respiroient encore
sous les ruines déchiroient le cœur, et personne
ne pouvoit les secourir. Enfin on imagina de
faire sortir cinquante malfaiteurs du château,
et de leur faire déblayer les décombres, pour en
retirer les malheureux qui vivoient encore, et
enterrer les autres. De ceux qu'on tira de des-

sous les ruines, les uns avoient les jambes, les autres les bras, d'autres quelque autre partie du corps fracassés. Les cuves, dont on se sert au Japon au lieu de cercueils pour enterrer les morts, furent mises à découvert dans les cimetières, ou brisées, les grosses pierres qui les couvroient, ayant été emportées par le torrent. Tout ce pays devint ainsi tout à coup un désert. Mais celui de *Figo*, vis-à-vis de *Simabara*, est dans un état plus déplorable encore. Il semble qu'il ait entièrement changé de forme. On n'y reconnoît pas la moindre trace de ce qu'il étoit auparavant. Un grand nombre de barques, qui étoient à l'ancre dans les environs, furent coulées bas : une multitude incroyable de cadavres d'hommes et d'animaux, et d'autres débris y ont été apportés par le courant, en sorte que les barques peuvent à peine se frayer un passage. La misère, qu'on aperçoit de tous côtés, est inexprimable ; on ne peut l'envisager sans frémir. Le nombre des morts connus s'élève à plus de cinquante-trois mille ; et il est impossible de décrire la terreur qu'a produite cette catastrophe.

―――――

Le titre ordinaire du *Djogoun* est *Kio* ; ainsi l'on dit : *Yosi Moune Kio, Yeye Farou Kio* : ils ont encore celui-ci :

Siun-wa Sio-gah-rio-in-no-beto-gensi-no-tchosia Zi-i-daï Djogoun (1).

Le *Djogoun* est encore honoré, par le *Daïri*, d'un rang et d'un emploi à sa cour : une ambassade distinguée est envoyée de *Miyako* pour lui en apporter la nouvelle et les marques distinctives, ce qui est accompagné de beaucoup de pompe et de grandes fêtes. Outre ces titres, communs à tous les *Djogouns*, le *Daïri* a accordé à quelques princes des honneurs particuliers.

Yeye Yasou obtint ainsi le rang de *Tchou-itche-i* et l'office d'*Oudaïsin*.

Fide Fada eut le rang de *Tchou itche-i*, et fut *Faïdio Daïsin*.

Yeye Mitsou eut le rang de *Tchou-itche-i*, et fut *Sadaïsin*.

Yeye Tsouna eut le rang de *Djo-ni-i*, et fut *Oudaïsin*.

Tsouna Yosi eut le même rang et le même emploi.

Ye-ye Nobou fut *Nadaïsin*.

Ye-ye Tsougou fut *Nadaïsin*.

Yosi Moune fut *Oudaïsin* de même que

____

(1) *Siun* et *Siogak* sont des noms de deux universités : dans la première, on enseignoit autrefois l'art militaire ; dans la seconde, la morale et d'autres sciences. Elles n'existent plus. *Rio*, veut dire deux ; *in*, grande maison ; *no*, particule conjonctive ; *beto*, appartenant ; *Gensi*, est le nom de famille du *Djogoun* ; *tchosia*, le premier ou le chef ; *sei* ou *zi*, marche ; *i*, peuples étrangers ; *daï*, grand ; *Djogoun*, chef pendant la guerre, ou le général de l'armée.

Yeye Sige et *Yeye Farou*, qui tous eurent le rang de *Djo-ni-i*.

Le *Djogoun* actuel, *Yeye Nari*, étant encore *Taï-si*, ou prince héréditaire, fut *Daïnagon*.

Quoique le *Daïri* soit considéré à la cour du *Djogoun* (pour me servir de leur manière de s'exprimer) comme une main avec deux pouces, ou comme une pièce de vieux laque, hautement estimée pour sa beauté, les *Djogouns* font semblant de mettre un grand prix à ces sortes de faveurs, ce qui flatte l'orgueil des *Daïris*, et paroît les consoler dans leur dépendance. Les *Djogouns* ont d'autant plus de raison d'agir ainsi, que le *Daïri* étant un descendant de *Tensio Daïsin*, et étant considéré comme le chef suprême de l'empire, des preuves manifestes de son mécontentement pourroient servir de prétexte à des entreprises dont résulteroient les plus grands troubles ; plusieurs des princes les plus puissans, honteux de l'état de servitude où ils sont réduits, s'empresseroient de voler à son secours, dans l'espoir de mettre un terme à leur humiliation, et de secouer le joug qui leur est imposé.

FÊTES ET CÉRÉMONIES

OBSERVÉES AUX DIFFÉRENTES ÉPOQUES DE L'ANNÉE

A LA COUR

DES DJOGOUNS.

FÊTES ET CÉRÉMONIES

OBSERVÉES AUX DIFFÉRENTES ÉPOQUES DE L'ANNÉE

A LA COUR

DES DJOGOUNS.

PREMIER MOIS.

L E 1er du 1er mois, à sept heures du matin, tous les grands de l'empire, ainsi que les principaux officiers et ceux qui sont d'un rang moins considérable, s'assemblent au palais, dont les gardes sont relevées de six heures en six heures. Tous ceux qui sont de garde sont revêtus d'une robe de soie noire, qui porte leurs armoiries, et qui offre, à la hauteur du genou, des raies ou de petits carrés blancs ou rouges ; on nomme cette espèce de robe, *nosime* ; ils ont en outre un habit de cérémonie fort simple.

Ce jour-là, on admet en premier lieu les princes d'*Owari*, de *Kidjo* et de *Mito* (1), avec

---

(1) Quand un *Djogoun* vient à mourir sans héritier, on lui choisit un successeur dans la famille d'*Owari*, de *Kidjo* ou de *Mito*, dont les ancêtres étoient fils de *Gongin*, mais plus ordinairement dans les deux premières ; la famille regnante a aussi

la famille et les frères du *Djogoun*, puis les *Kok-djou*, ou princes souverains ; les *Djo-djou*, ou princes du deuxième ordre ; les *Rio-djou*, ou *Foudaï* (1) ; les gardes-du-corps (2) et les officiers inférieurs. Chacun d'eux est en *siosok*, c'est-à-dire en habits de cérémonie à longues manches, suivant l'ancien usage ; ils inclinent la tête jusqu'aux nattes qui recouvrent le plancher, et font au *Djogoun* leurs complimens sur la nouvelle année, chacun de l'endroit qui lui est assigné par son rang.

Les princes du premier ordre, qui ce jour-là

---

des alliances avec les princes de *Kaga*, de *Satsouma*, de *Mouts*, de *Vetchezen* et de *Nagotto*. Comme en pareil cas on a toujours lieu de craindre une révolte, principalement de la part des princes de *Vatsouma*, de *Mouts*, et d'*Odjo*, on tâche constamment de s'attacher, par des mariages, le premier, qui est le plus puissant.

(1) Les *Riodjou*, ou *Foudaï*, sont des vassaux ou feudataires. Le pouvoir du *Djogoun* ne s'étend que sur les deux dernières classes. Quand les princes du premier ordre se comportent mal, il n'a pas le droit de les priver de la vie ; tout ce qu'il peut faire est de les forcer, avec l'assistance du *Daïri*, à remettre leur pouvoir à leur fils.

(2) Il y en a environ quatre-vingt mille. Tous les gouverneurs, inspecteurs, ministres des finances, et autres grands officiers sont pris parmi eux. On les distingue en deux classes, dont la première comprend ceux qui ont des revenus depuis trois mille jusqu'à neuf cent quatre – vingt – dix – neuf mille *kohf* ou *kobans* (depuis 36,000 fr. jusqu'à près de deux millions). Ils ont le nom de *Sansin-gohoudjo*. La seconde classe est composée de ceux qui ont des revenus depuis cent jusqu'à trois mille *kohf*. On les nomme *Sansin-kohf-ige*.

se trouvent dans leurs provinces, envoient un ambassadeur, et font offrir un sabre en bois et un *oban* (1). Le sabre indique qu'ils s'engagent au besoin à venir au secours du *Djogoun*; *l'oban* tient lieu d'un présent de chevaux. Aussi lui donne-t-on le nom de *kin-ba-daï* (2), qui signifie *mis à la place des chevaux*.

L'ambassadeur, à son arrivée au palais, est introduit dans la salle *Sitsinoma*, par le *Sosioban*, qui y reçoit le présent.

Après les complimens d'usage, le *Djogoun* offre au premier des princes une petite jatte pleine de *zakki*; le prince la boit après s'être incliné, et rend la jatte au *Djogoun*. Il en est de même du second, et ensuite de tous ceux qui par leur rang ont le droit de prétendre à cet honneur. Ceux qui sont d'un rang moins distingué ne rendent point la jatte au *Djogoun*, et un des substituts du *Mondo-no-kami* leur verse le *zakki*.

Le 2ᵉ jour du mois, les princes qui n'ont pu venir le jour précédent, s'acquittent de leur hommage. Pour ne point causer d'embarras, un des inspecteurs du palais a d'avance marqué leurs noms. Les princes d'*Owari*, de *Kidjo* et de *Mito*, honorés du titre *Go-san-ke* (les trois fa-

______

(1) *Voy.* plus bas la table des monnaies, etc.

(2) On diroit en chinois *Kin-ma-taï*. A. R.

milles distinguées), sont tenus de paroître le
1ᵉʳ, de même que les parens et les frères du
Djogoun.

Ce jour-ci, les conseillers d'Etat ordinaires
et extraordinaires, les *Seigneurs des temples*,
et les autres principaux officiers de la cour, sont
de même admis à l'audience. Chacun d'eux offre
en présent au *Djogoun*, suivant un ancien usage,
une enfilade de *sepikkes* (sorte de petite monnaie
de cuivre avec un trou carré au centre). Ceci
ne s'observe pas à l'audience des grands, admis
à voir le *Djogoun* le jour précédent.

Les fils des princes, qui n'ont encore ni emploi, ni rang, sont de même admis le deuxième
jour du mois.

Le 3ᵉ, on reçoit ceux qui ont été retenus les
deux premiers jours. Pendant ces trois jours, les
gardes des salles du palais se relèvent à six heures
le matin, et sont toute la journée, jusqu'au soir,
vêtus de leur robe de soie noire, et d'un habillement qu'on nomme *kamisimo* (1). Tous les
officiers du palais gardent ce costume jusqu'au
septième jour du mois, et aussi quand le *Djo-*

---

(1) Le *Kamisimo* est un vêtement de cérémonie, composé de
deux pièces; savoir, d'un manteau court sans manches, et d'une
culotte. *Kami*, signifie ce qui est en haut; *simo*, ce qui est en bas.
Le manteau est nommé *katagenou*; la culotte, *vakama*. Tous les
deux sont d'une forme particulière et d'étoffes de couleur. On
s'en sert seulement dans les jours de cérémonie et aux funérailles; on ne les met pas quand on se donne la mort.

goun va dans le *Fouki-age*, c'est-à-dire dans le jardin intérieur du palais.

Dans la soirée, le *Djogoun* se rend avec le prince héréditaire dans la première grande salle *Osiroma* (1), où ils s'asseyent sur un endroit élevé. Les quatre premiers musiciens se réunissent dans le salon nommé *Sotits-noma*, c'est-à-dire, suivant la signification du nom, dans la *salle peinte en arbres de fer*, et de là se rendent chez le *Djogoun*, pour y exécuter les airs convenables à la circonstance. Autrefois les princes qui servoient le *Djogoun*, étoient seuls admis; mais à présent les princes du sang, comme ceux de *Kaga*, de *Satsouma*, de *Mouts*, de *Yetche-zen* et de *Nagotto* le sont aussi, ainsi que plusieurs autres princes, et ceux de ses gardes-du-corps qui ont le cinquième rang (2). Aucun autre, même parmi ceux qui ont un rang plus élevé, ou qui ont plus de revenus, n'y est admis. Ceux qui ont le rang de *Go-i* portent aussi des robes à longues manches, ce qui n'est pas permis aux autres.

---

(1) Ce mot signifie *sapins représentés en peinture*.

(2) *Go-i*, ou le cinquième rang. Quand on les admet à ce rang, on leur accorde en même temps le titre de *Kami*, et le droit de porter le nom de leur pays : par exemple, *Kouze*, *Fekouro*, etc. L'excellent gouverneur que j'ai connu à *Nangasaki*, en 1783, avoit le nom de *Kouze-tango-no-kami*, parce qu'il étoit né dans la province de *Tango*.

Chaque prince offre au *Djogoun* une soucoupe vernissée, sur laquelle sont peints en or des ornemens qui représentent des grues, des tortues, des sapins ou des bambous, ce qui est déterminé par un réglement particulier. Les princes de *Kaga* et d'*Omi* ont seuls le droit de donner des soucoupes peintes avec une plaque, au-dessous de laquelle se trouve la figure de la plante *Nasouma*, ou le chou.

Ensuite le *Djogoun* commence à boire du *zakki*. Pendant ce temps, le *Sozin*, ou grand-maître des cérémonies, le seul qui ait le droit de parler au *Djogoun* en cette occasion, lui fait le rapport des dons qui ont été offerts par chaque prince. Le *zakki* est versé par une personne de la famille d'*Isikawa* ou d'*Itakoura*. Pendant qu'on boit, le *Kouanze-dayou*, ou premier chanteur, chante la pièce intitulée *Sikaï-nami*, laquelle est en usage depuis long-temps dans les réjouissances. La coutume de chanter cette pièce est venue de *Yeye-mitsou*, 3e *Djogoun*, et voici à quelle occasion :

Ce prince avoit rêvé dans le cours du premier mois, que toutes ses dents étoient ébranlées ; ce songe le rendit fort mélancolique, et attrista tous ses amis, parce qu'on craignit qu'il n'annonçât quelque malheur, et que ce ne fût le prognostic de la mort de quelqu'un de ses parens ; l'on ne put trouver d'autre moyen pour calmer son esprit, qu'en faisant chanter au *Kouanze-dayou* la chanson *Sikaï-nami*, où il est dit :

« Le dieu *Tsoumi-yosi* habita plusieurs années
» sous un sapin ; il recueillit chaque jour les
» feuilles qui en tomboient, et parvint à un âge
» très-avancé. »

Comme *fa* signifie *une feuille* et *une dent*, le rêve se trouva expliqué favorablement. Le *Djogoun*, enchanté, se défit dans sa joie de son manteau de cérémonie, le donna au maître de chant, et lui fit faire le même présent par tous les princes et officiers qui étoient présens. Cet usage s'est conservé jusqu'à ce jour.

Quand la musique est achevée, le *Djogoun* se défait de son *kami* ou manteau de cérémonie, et le donne au *Kouanze-dayou* ; tous les princes, même les gardes-du-corps, suivent son exemple. Le lendemain, un inspecteur des gens de guerre qui accompagnent le *Djogoun*, en sortant, va de sa part trouver le *Kouanze-dayou*, et lui remet, en échange du *kami*, dix barres d'argent, chacune de la valeur de quatre *tael* et trois *mas*, ou ensemble de quarante-trois *tael* (1).

Les princes retournent chez eux dans la nuit ; un bûcher est allumé à la porte de devant, et

____

(1) Environ 200 fr. *Voy.* la table des monnaies.

un autre à la porte de derrière du palais pour les éclairer.

Le 4 et le 5 sont des jours libres ; le *Djogoun* va s'amuser alors à la chasse aux faucons.

Le 6 est un jour où on reçoit les complimens des prêtres de la doctrine des *Sintos* et de *Chaka*, des médecins, des architectes, des fauconniers, des directeurs de la monnaie, et de tous les principaux marchands et artisans. Ce jour-là les officiers ne mettent point de robes à longues manches ; ils sont vêtus seulement d'un manteau et de culottes d'une forme particulière.

Le 7 est le jour du *Nanakousa*. Ce mot désigne un potage préparé avec sept sortes de légumes, dont l'usage a commencé sous le 59e *Daïri Ouda-ten-o*, la 2e année *Kouan-ye*, ou l'an 890. On lit dans l'ouvrage *Kousi-kongen*, qu'*Ouda-ten-o*, au 1er jour du Rat du 1er mois, célébra une fête, et régala tous ses serviteurs avec un *kaï*, ou potage composé de riz et de fèves rouges.

C'est de cette fête que date l'institution du *Nanakousa*. Tous les princes se rendent, comme le 1er et le 2e, à six heures du matin, au palais, vêtus du *nosime* et du *kamisimo*.

Depuis les temps les plus reculés, ce jour est le premier grand jour de cérémonie ; toutes les gardes sont relevées à six heures du matin.

Le 8, tous les princes, et jusqu'au moindre employé, portent dans le palais des robes doublées, ou de demi-cérémonie; les gardes sont relevées à sept heures du matin.

Ce jour-ci étant le jour de la mort de *Genyou-in-sama*, ou de *Yeye-tsouna*, un conseiller ordinaire va faire la prière, au nom du *Djogoun*, dans le temple *Ouyeno*, où ce prince a été enterré; il est précédé par un inspecteur des gens de guerre, par quatre inspecteurs des serviteurs ordinaires, et par quinze officiers.

Le 8 de chaque mois, un conseiller se rend, de la part du *Djogoun*, à ce temple, pour faire la prière; tous les employés, nommés ci-dessus, sont alors vêtus d'un *nosime* et d'un vêtement de cérémonie. Ordinairement les officiers ont seulement la robe de cérémonie au-dessus de leurs habits; mais ce jour-ci ils portent un *nosime*.

Le 9 étant le jour de la mort de *Djo-yen-in*, épouse de *Genyou-in*, un conseiller d'État extraordinaire va, au nom du *Djogoun*, à ce même temple; il est accompagné des personnes nommées ci-dessus, et dans le même costume.

Le 10, le *Djogoun* va au temple *Ouyeno* prier sur les tombeaux de *Yee-mitsou*, de *Yee-tsouna*, de *Tsouna-yosi* et de *Yosi-moune*. Il sort du palais dans sa chaise à porteurs, vêtu d'un *nosime* et d'un pantalon. Arrivé chez le grand-prêtre, fils du *Daïri*, il prend des vêtemens pareils à ceux du jour de l'an, lesquels sont le véritable habillement de cérémonie japonais, et celui que porte le *Daïri*. Sa voiture, qui l'a précédé, est pourvue par l'inspecteur de tout ce qui est nécessaire; ensuite on la parfume avec du bois de *kalambak*, et elle est examinée scrupuleusement par la garde qui la remet au premier cocher.

Les porteurs, en arrivant chez le grand-prêtre, mettent des vêtemens blancs, et marchent ainsi des deux côtés de la voiture.

Tous les princes et les grands officiers accompagnent le *Djogoun*, et mettent dans le temple les mêmes habits qu'ils portoient au jour de l'an.

Sur la route, depuis la porte du palais jusqu'au temple, il y a dans cinq endroits une forte garde, nommée *Mitsi-ban*, ou *garde de la route*; Les trois gouverneurs de *Yedo* viennent offrir leurs hommages sur le *Tsousikaïbasi*, ou Pont oblique, où le *Djogoun* monte en voiture.

Tous les lieux en dehors du temple sont occupés par des gens de guerre, armés de fusils, de pistolets, et d'arcs et flèches. Le lieu des sépultures est de même entouré en dehors par des soldats; les chefs, qui sont en grand nombre, et nommés *Singo-ban*, (*Voyez* pag. 76) sont en dedans. En allant dans le temple chez le grand-prêtre, le *Djogoun* est pareillement entouré de ses gardes.

Au moment où il sort du palais dans sa chaise à porteurs, une estafette part en toute hâte pour prévenir au temple de son départ. Quand il arrive au pont, une autre estafette est expédiée, et une troisième part lorsqu'il est parvenu à la porte extérieure du temple : chaque estafette est de deux cavaliers. On en fait autant quand le *Djogoun* revient à son palais.

Lorsque le *Djogoun* se rend au temple *Ouyeno*, son train est composé :

1°. D'un *norimon*, ou chaise à porteurs, dont le fond est formé d'une natte, avec une couverture de velours, sur laquelle est encore une natte mince, pour que les plis de ses vêtemens ne soient pas dérangés.

2°. D'un autre *norimon*, disposé comme le premier, pour servir en cas de besoin ; la couverture est faite de drap.

3°. D'une couverture, soutenue des deux côtés, par des domestiques, au-dessus du *norimon*, pour le cas de pluie.

4°. De deux *fassambaks*, ou porte-manteaux, dans l'un desquels il y a un superbe cor de chasse, entouré d'un fort cordon de soie, avec un nœud qui pend ; il est enveloppé dans une étoffe précieuse.

5°. De deux *fassambaks*, contenant deux grands cordons de soie, et deux autres plus courts.

6°. De deux *mino-baks*, ou valises, avec une couverture de drap contre la pluie, un manteau et la couverture du *norimon*.

7°. D'un *mito-boukouro*, ou panier à couvercle, avec le chapeau en cas de pluie.

8°. Du *daï-gasa*, ou chapeau enveloppé dans du drap, et porté sur une pique.

9°. D'un petit parasol.

10°. D'un parapluie avec un long manche.

Tous ces objets sont couverts de drap noir.

11°. D'une pique; le fer est dans un fourreau de peau de tigre, dont le bout pend par dessus la pointe : on la nomme, à cause de cela, *nagi-saya*, ou long fourreau.

12°. D'une autre pique, nommée *sou-yari*, ayant une garde comme une hallebarde.

13°. De deux cassettes, l'une pour un sabre long, l'autre pour un sabre plus court.

Soit que le *Djogoun* aille au temple *Ouyeno*, ou à celui de *Zo-sio-si*, ou à la chasse aux faucons, il n'a jamais avec lui d'autre train, si ce n'est des arcs, des flèches et des chevaux ; encore il se sert à la chasse d'un *norimon* plus étroit et plus court, afin de pénétrer plus facilement dans les forêts.

Le 11, on célèbre l'*O-goussok-go-siougi* de la manière suivante : on tire la cuirasse du *Djogoun* de sa caisse, et, devant cette cuirasse, on place une offrande de grands gâteaux de riz ; cette cérémonie se pratique chez tous les gens de guerre. Ceux qui sont au service du gouvernement, ou qui mènent une vie privée, font de même des offrandes devant ce qui a le plus de rapport à leur profession. Ainsi nos interprètes placent un livre hollandais sur une table, et mettent leur offrande devant ce livre.

Ce jour-ci, tous les princes, tous les parens du *Djogoun*, tous les grands, les moindres employés et les médecins vont au palais pour présenter leurs hommages.

Les gâteaux sont ensuite envoyés à la cuisine. Comme ils sont restés devant la caisse de la cuirasse depuis le jour de l'an jusqu'au 11, ils sont fort secs, et pleins de fentes. Pour les couper, on introduit dans ces fentes une corde d'arc ; il n'est point permis de se servir pour cela d'un couteau, parce que le couteau est un instrument semblable au sabre, et le gâteau représentant la cuirasse, si le *sabre* touchoit la *cuirasse*, cela seroit de mauvais augure.

Le même jour, le *Djogoun* s'occupe avec les poëtes à composer des vers. Cet usage s'est introduit sous *Gongin*, qui en fit une fois ce jour-là avec *Nobou-naga*, et qui depuis, dans une guerre contre *Takeda-katsou-yori*, le vainquit aussi ce même jour. Depuis ce temps, le 11 de la première lune est au palais un jour consacré pour faire des vers. Au reste, la poésie a été, dès les premiers temps, une occupation en honneur à la cour des *Daïris*, dont plusieurs sont cités dans l'histoire pour y avoir excellé. On s'y applique encore à présent avec la même ardeur. Peu à peu le goût de cet art s'est répandu parmi toutes les classes des Japonais. On s'attache ordinairement à exprimer des pensées ingénieuses avec le moins de mots possible, et à se servir de mots à double sens pour faire des allusions. Il y a deux sortes de poëmes : l'*Outa*, ou *Waka*, est composé de cinq lignes de 5, 7, 5, 7 et 7 caractères. Le *Nag-aouta*, ou long poëme, en a autant qu'on veut; les lignes sont de 5 et 7 mots, et les deux dernières lignes doivent être chacune de 7. Ces deux sortes de poëmes sont composés en *Firokanna*, ou écriture des femmes.

Les deux ouvrages en poésie les plus recherchés sont le *Ko-kin-djou*, ou collection de poëmes anciens et modernes, par *Kinotsoura-inki;* et le *Manyo-zou*, collection d'anciens poëmes, depuis le temps du dixième *Daïri*, *Suisin-ten-o*, jusqu'au soixantième, *Daïgo-ten-o*, par *Fatsi-banna-no-moroye*.

Le 15, tous les princes, ainsi que les grands et petits officiers, viennent faire hommage au *Djogoun*, vêtus d'un *nosime* et d'un *kamisimo*. Cela se pratique le 1ᵉʳ et le 15 de chaque mois, ou à la nouvelle et à la pleine lune.

Le 17, le *Djogoun* se rend au temple *Momisi-yama* (1), pour y prier, accompagné de tous les princes qui se trouvent alors à *Yedo*, et de tous les grands et petits officiers. Ce jour-là, le *Djogoun* se sert d'un *norimon* sans couverture. Dès le jour précédent, il est interdit à tous ceux qui sont en deuil d'entrer dans le palais.

A son retour, une estafette y est envoyée du temple; une autre part quand le *Djogoun* arrive à la porte *Fasou-iki*; et la troisième, quand il est sur le pont du château.

Le 20, anniversaire de la mort de *Youtok-in*, ou de *Yosi-moune*, un conseiller extraordinaire va faire, au nom du *Djogoun*, la prière dans le temple *Ouyeno*.

Le 24, le *Djogoun* va faire ses prières au temple *Zo-sio-si*. Sa suite est la même que le 10.

______

(1) Le *Momisi-yama* est une montagne dans l'enceinte du château; on y trouve un temple des *Sintos*, fondé par *Yosi-moune*, en l'honneur de *Gongin*, et qui renferme son portrait, ainsi qu'un temple de *Chaka*, dans lequel sont plusieurs petits temples. Chaque temple contient l'*I-fai*, ou la tablette d'un des *Djogouns* défunts, devant lesquels le *Djogoun* régnant fait séparément ses prières. Ces deux temples sont ordinairement désignés par le nom de la montagne.

Trois estafettes sont expédiées de même : la première, quand le prince entre dans le *norimon*, pour informer le grand-prêtre de son départ ; la seconde, du *Torra-no-gomon* ou de l'ancienne porte du château ; et la troisième, de la porte de derrière du temple. A son retour, une estafette est envoyée au *Ginkouan*, ou à la grande garde, à l'entrée du palais ; la seconde, de l'ancienne porte ; et la troisième, de la porte *Sakourada* du *Nisi-no-mar*, ou du second palais, habité par le prince héréditaire.

La suite du *Djogoun*, quand il va aux temples *Ouyeno* et *Zo-sio-si*, ou à la chasse aux faucons, se compose de la manière suivante :

1°. Deux soldats avec des éventails déployés(1); ils avertissent par leurs mouvemens et leurs cris, de laisser la route libre.

2°. Deux soldats marchant au pas sur le même rang.

3°. Deux autres soldats marchant comme les précédens.

4°. Plusieurs chevaux richement ornés de

---

(1) Quoiqu'il paroisse singulier d'entendre parler d'un soldat avec un éventail, l'usage en est si général dans tout le Japon, que jamais on n'y rencontre un homme comme il faut sans éventail. Ces éventails ont un pied de long, et servent quelquefois de parasols, quelquefois de souvenir. On y peint des vues superbes, des fleurs, des oiseaux, ou des sentences ingénieuses. L'étiquette à observer par rapport à l'éventail exige une étude profonde et beaucoup d'attention.

belles fleurs en étoffe et de nœuds de rubans ; chaque cheval est conduit par deux palefreniers.

5°. Deux porte-manteaux sous la surveillance d'autant d'inspecteurs des domestiques.

6°. Un inspecteur des gens de guerre.

7°. Un inspecteur du palais.

8°. Le *daï-gasa*, ou chapeau placé sur une pique, et enveloppé de drap noir.

9°. Un petit parasol.

10°. Un parasol avec un long manche.

11°. Un parapluie à long manche.

12°. Trente soldats conduits par quatre officiers.

13°. Un officier supérieur.

14°. Un inspecteur des domestiques.

15°. Un inspecteur du palais.

16°. Un certain nombre de soldats en plusieurs rangs.

17°. L'inspecteur-général du château.

18°. Les gardes-du-corps du *Djogoun*.

19°. Les *Boos*, ou garçons du palais.

20°. Le *naginata*, ou sabre courbé à longue poignée.

21°. Le *norimon* du *Djogoun*.

22°. Les commandans de la garde, et les conseillers extraordinaires avec leur suite.

23°. Deux piques ordinaires, et une pique en croix ou hallebarde.

24°. Le *Nagi-saya*, ou la pique à long fourreau de peau de tigre.

25°. Le *sou-yori*, ou la pique avec une garde.

26°. Un inspecteur du palais.

27°. Un inspecteur des gens de guerre.

28°. Le *tcha-binto*, sorte de caisse qui contient ce qu'il faut pour faire du thé.

29°. Deux cassettes pour les sabres, sous la
garde de quatre soldats.

30°. Deux *mino-bako*, ou corbeilles, en cas
de pluie.

31°. Deux *mito-boukouro*, ou paniers, pareillement avec des couvertures.

32°. Le second *norimon*, servant dans le cas
où il arriveroit un accident au premier; il est
accompagné de plusieurs domestiques.

33°. Le *okatche-ozaye*, soldat qui ferme la
marche.

34°. Un détachement de soldats.

35°. Un inspecteur du château, qui est le dernier du cortége.

Le 28 est un jour de réception ordinaire dans
les 1er, 4e, 7e et le 12e mois; les autres mois l'on
paroît aussi au palais en habits de cérémonie.

Le 29 ou 30, suivant que le mois a trente
jours ou seulement 29, un conseiller ordinaire
va, de la part du *Djogoun*, faire la prière au

temple *Zo-sio-si*, parce que ce jour est l'anniversaire de la mort de *Yee-tsougou*.

Si le printemps commence dans le cours de
ce mois, tous les princes et officiers vont présenter leurs hommages au *Djogoun* le premier
jour de cette saison.

DEUXIÈME MOIS.

Le 1er, les parens du *Djogoun*, tous les princes
et les officiers s'assemblent au palais ; chacun
d'eux reçoit un morceau de certains gâteaux
qui ont été faits pendant le douzième mois, avec
seize balles de riz récolté dans la province de
Mikawa où *Gongin* étoit né. On les fait à *Yedo*,
et on les envoie de là à *Niko* (1), pour y être
offerts en offrande au tombeau de *Gongin*. On
les y laisse quelques jours ; après quoi on les
rapporte à *Yedo*.

(1) C'est dans le temple de *Niko* qu'est le lieu de la sépulture de
Gongin. Son *I-fat*, ou sa tablette, et toutes celles de ses successeurs y sont conservées. Le temple est à trois fois vingt-quatre
heures de chemin de *Yedo*. On prétend qu'à la mort d'un *Djogoun*
ce temple et le pont qui y conduit, sont recouverts, par les soins de
son successeur, d'une couche de plaques d'or très-minces. La description merveilleuse qu'on me faisoit de cet édifice, de sa magni-
ficence et de son étendue, m'engagea pendant mon séjour à *Yedo*,
en 1782, à prier le gouverneur de *Nangasaki* de m'obtenir la
permission d'y faire un tour à mes frais. Cette permission me fut
refusée sur le motif qu'il n'existoit point d'exemple d'une pareille
faveur.

Le grand-prêtre de *Niko*, qui est en quelque sorte le primat du Japon, et qui est toujours l'un des fils du *Daïri*, se rend au palais; le *Djogoun* et le prince héréditaire viennent à sa rencontre, et reçoivent premièrement de lui un morceau des gâteaux préparés pour la distribution; ensuite le *Djogoun* lui-même en donne un morceau à chacun des princes et des officiers; et, quand la distribution est achevée, un des inspecteurs du palais et un des officiers apportent ce qui en reste au temple *Momisi-yama*, où ils le jettent dans un puits.

Le 15 est un jour de réception à la cour.

Chaque mois un conseiller d'Etat ordinaire va à certains jours aux temples *Ouyeno* et *Zo-sio-si*, faire les prières au nom du *Djogoun*, lorsque le prince ne peut y aller lui-même.

Les jours fixés sont :

Le 10, au temple *Ouyeno*; c'est celui de l'anniversaire de la mort de *Tsouna-yosi*.

Le 14, au temple *Zo-sio-si*; c'est le jour de la mort de *Yeye-nobou*.

Le 20, au temple *Ouyeno*; c'est celui de la mort de *Yosi-moune*.

Le 24, au temple *Ouyeno*; c'est celui de la mort de *Sintokou-in*.

Le 29 ou 30, au temple *Zo-sio-si*; c'est celui de la mort de *Yeye-tsougou*.

Le 17 de chaque mois, un conseiller d'Etat va, de la part du *Djogoun*, au temple *Momisi-yama*.

Le 28, il n'y a pas de réception à la cour.

TROISIÈME MOIS.

Le 1ᵉʳ, l'envoyé de la Compagnie hollandaise est admis à l'audience du *Djogoun*; il s'arrête auparavant quelque temps dans la salle *Tensio-no-ma*, ou la salle de retraite des ambassadeurs du *Daïri* et de ceux de la Corée. On le conduit ensuite devant le *Djogoun*, qui le reçoit dans le *O-ziro-djo-yin*, ou la grande salle blanche, où il offre les présens qui y sont exposés. Si, par le débordement des rivières, par des vents contraires dans le passage par eau, ou par les grandes neiges sur les montagnes, l'envoyé ne pouvoit être rendu à temps à *Yedo*, l'audience seroit remise au troisième jour.

Le 3 est un grand jour de réception; toutes les personnes de la cour sont vêtues de leur *nosime* et de leur *kamisimo*.

Le 6, l'envoyé de la Compagnie hollandaise a son audience de congé devant une commission de conseillers d'Etat.

Le 15 est un jour de réception ordinaire.

Le 28, il n'y a pas de réception à la cour.

Dans le cours de ce mois les ambassadeurs du *Daïri* sont conduits à l'audience. Le même jour il y a spectacle au palais. A leur audience de congé, tous les officiers sont en *nosime* et en *kamisimo*.

QUATRIÈME MOIS.

Le 1ᵉʳ est un jour de réception ordinaire. On commence au palais à porter des robes doublées, mais sans ouate. On les porte jusqu'au 4 du 5ᵉ mois.

Le 15 est un jour de réception ordinaire.

Le 17, le *Djogoun* va faire ses prières au temple *Momisi-yama*, dans son *norimon* ordinaire. Depuis le jour précédent, nulle personne en deuil ne peut entrer dans le palais. Tous les officiers sont en *nosime* et en *kamisimo*.

Le 20, étant le jour de la mort de *Yee-mitsou*, le *Djogoun* va faire sa prière au temple *Ouyeno*.

Le 28 est un jour de réception ordinaire.

Le 29 ou le 30, le *Djogoun* va au temple *Zo-sio-si* pour l'anniversaire de la mort de *Yee-tsougou*.

CINQUIÈME MOIS.

Le 5 est un grand jour de réception. Ce jour-là on commence à mettre des robes d'été sans doublure.

Le 8, jour de la mort de *Yee-tsouna*, le *Djogoun* va faire sa prière au temple *Ouyeno*.

Le 17, il se rend au temple *Momisi-yama*. Personne, depuis le jour d'avant, ne peut entrer en deuil dans le palais.

Au 1er, au 5e et au 9e mois, le *Djogoun* va en personne faire sa prière aux temples *Momisi-yama*, *Ouyeno* et *Zo-sio-si*.

SIXIÉME MOIS.

Le 1er est un jour de réception ordinaire ; on commence ce jour-ci à porter des *katabre*, sorte de robes d'une étoffe simple et légère, et on met le *kamisimo*.

Ce jour-là, le *Djogoun* reçoit du prince de *Kaga* un présent de glace de la montagne *Fousi*.

Le 15, est le *Matsouri*, ou la foire du dieu des Montagnes, *Sanno*; elle se tient dans le temple des Singes.

Le *Djogoun* se rend au jardin *Fouki-age*, pour y voir la fête. Il est précédé des surintendans du château qui sont de garde, de dix soldats, et il est suivi de sa garde.

Au milieu du *Kayaba-tcho*, ou de la grande

rue de *Yedo*, on dresse une tente, où l'image du dieu est exposée pendant dix jours. Cette tente étant au centre de *Yedo*, il est aisé au peuple de s'y rendre pour faire les prières.

Lorsqu'on rapporte l'image au temple, l'on dépêche à trois fois une estafette à la grande garde ou au *Gin-kouan*, qui est à l'entrée du palais : la première, lorsque le dieu sort de la tente; la seconde, du *Fibiya-gomon*, et la troisième, de la porte *Sanno-dja*. Ces estafettes sont des soldats du *Djogoun*, vêtus de *katabre* d'un bleu clair, et d'un *kamisimo* simple. La pompe, au retour, est fermée par deux soldats; après eux est un officier à cheval.

Le 16 est un jour de réception pour tous les princes et pour tous les officiers. Le *Djogoun* donne en cette occasion à chacun d'eux un petit gâteau ou un morceau de sucrerie. Cet usage a commencé dès le temps du *Djogoun Asikaga*, avec le nom d'années *Kou-djo*, ou à l'an 1106.

Le 20, le *Djogoun* va prier devant la tablette funéraire de *Yosi-moune*, au temple *Ouyeno*; le prince héréditaire fait la même chose au temple *Momisi-yama*. Les tablettes des *Djogoun* sont placées dans tous les temples autorisés et ayant patente. C'est ainsi qu'on les voit dans celui de *Nangasaki*.

Le 29, ou le 30, est la fête *Nagasi-faraï*.

Dans les temps les plus reculés, tous les serviteurs du *Daïri* s'assembloient devant la porte *Djo-yak-mon*, et y chantoient l'hymne *Naka-tomi-faraï*. En s'acquittant de ce devoir, ils s'imaginoient être absous de tous leurs péchés. Cela avoit lieu alors deux fois par an. Sous le règne du 40ᵉ *Daïri*, *Ten-mou-ten-o*, cette cérémonie fut fixée au 29 ou au 30 du 6ᵉ mois exclusivement.

Suivant l'ouvrage intitulé *Sindaï-no-maki*, cette fête doit son origine à *Isanagi* et à *Isanami-no-mikotto*, qui se baignèrent et se purifièrent ce jour-là dans la rivière *Tatsibana-no-odo*, dans la province *Fiouga*.

Le *Djogoun* et le prince héréditaire donnent chacun deux *katabre* à deux inspecteurs des gens de guerre, qui se rendent, avec quatre inspecteurs des domestiques, à *Sinagawa*, l'un des faubourgs de *Yedo*, et y jettent ces *katabre* à la mer. Immédiatement après, les pêcheurs accourent de toutes parts, et chacun d'eux tâche d'en avoir un morceau, ce qui fait que les manteaux sont bientôt mis en pièces.

SEPTIÈME MOIS.

Le 1ᵉʳ est un jour de réception ordinaire.

Le 7 est le 4ᵉ grand jour de réception. Tous

les princes qui se trouvent à *Yedo*, et tous les grands et petits officiers se rendent au palais en *katabre* et en *kamisimo* blancs, pour faire leur cour au *Djogoun*.

Le 14, le *Djogoun* et le prince héréditaire vont faire la prière au temple *Momisi-yama*.

Dix officiers, accompagnés chacun d'un soldat, et un officier supérieur, se rendent ce jour-là aux temples *Ouyeno* et *Zo-sio-si*, pour y rester de garde jusqu'au lendemain, qui est le jour de la fête des Lanternes (1).

Le 28 est un jour de réception ordinaire.

HUITIÈME MOIS.

Le 1er est un jour de réception ordinaire, et en même temps le jour auquel tous les grands de l'empire et tous les serviteurs du *Djogoun* viennent lui offrir quelques présens; ce qui se nomme *Tannomo* et *Fassak*, ou tribut; ils sont tous vêtus de *katabre* et de *kamisimo* blancs.

Le 15 est un jour de réception ordinaire.

Le *Djogoun* et sa femme vont se divertir au clair de la lune.

NEUVIÈME MOIS.

Le 1er est un jour de réception ordinaire. Ce

____

(1) Voyez plus bas la description de cette fête

jour-là l'on commence à porter l'*Awase*, ou robe doublée, sans ouate.

Le 9 est le cinquième grand jour de réception. Ce jour-là on commence à porter des robes fourrées ou ouatées.

Le 10, il est permis de venir au palais chaussé de *tapiè* ou chaussons blancs. Ces chaussons viennent jusqu'à la cheville du pied, et sont attachés par derrière avec deux rubans. Cette chaussure convient à l'extrême propreté des Japonais, dont tous les appartemens sont couverts de belles nattes, chacune de trois pieds en large et de six pieds en long, hautes de deux pouces, et se joignant exactement. On fait attention à la grandeur de ces nattes dans la distribution des appartemens, et on exprime la grandeur d'un appartement par le nombre des nattes qu'il faut pour le tapisser. On cesse de porter les *tapiè* le 1ᵉʳ du 3ᵉ mois ; les femmes en mettent toute l'année.

Le 14, un conseiller ordinaire va faire, au nom du *Djogoun*, la prière dans le temple *Zo-sio-si*.

Le *Djogoun* et le prince héréditaire se rendent le 8, le 17 et le 20 de ce mois-ci au temple *Momisi-yama*.

DIXIÈME MOIS.

Le 1er est un jour de réception ordinaire. Le *Djogoun* offre à chacun des princes un petit gâteau, nommé *Gentcho-no-motsi*; ils se retirent du palais à sept heures du soir : deux bûchers sont allumés aux portes pour les éclairer.

Le 14, le *Djogoun* va faire sa prière au temple *Zo-sio-si*, devant l'*I-faï*, ou la tablette de *Yosi-moune*.

ONZIÈME MOIS.

Le 1er et le 15 sont des jours de réception ordinaire.

DOUZIÈME MOIS.

Le 1er est un jour de réception ordinaire.

Le 13, on fait un nettoyage général dans le palais. L'inspecteur des gens de guerre est le seul qui soit en *nosime* et en *kamisimo*.

Le 15 est un jour de réception ordinaire.

Le 17, le *Djogoun* va prier au temple *Mo-misi-yama*.

Le 28, tous les princes et tous les officiers viennent faire compliment sur le commencement du printemps; ils sont vêtus en *nosime* et en *kamisimo*.

La nuit qui précède ce jour est considérée

comme le commencement du printemps, quand même cette saison ne commenceroit qu'au premier mois. Les Japonais ont l'habitude de jeter des fèves brûlées contre les murs et les planchers de leurs maisons, en prononçant trois fois à haute voix les mots *Oniwa soto*, qui signifient : *Mauvais génie, sors d'ici*, et en disant ensuite d'une voix plus douce, *Foukouva outche*, ou *Dieu des richesses, entrez dans cette maison.* On fait cette cérémonie dans les différentes parties de la maison. Au palais, c'est le conseiller d'Etat ordinaire le plus ancien qui en est chargé.

Le 29 ou le 30, dernier jour de l'an, on est en costume ordinaire et sans habits de cérémonie.

Ce jour-là, le *Fayasi-tosiro*, ou grand-veneur, offre au *Djogoun* un présent de lièvres, pour en faire faire un potage le jour de l'an. Cet usage a été de tout temps observé par les ancêtres du *Djogoun*.

On nettoie le *Ginkouan*, ou le grand corps-de-garde du palais, de même que les meubles et armes qui y sont déposés. On y expose, sur des tablettes magnifiquement vernissées et dorées, lesquelles ont été offertes en présent par *Sakaï-sayemon-no-djo*, prince de *Dewa*, toutes les armes qu'on a coutume de porter au cortége du *Djogoun*, comme la pique en croix, deux piques ordinaires, la pique à long fourreau de peau de tigre, la pique à garde, et le *Naginata*, ou sabre recourbé, à longue poignée non vernissée.

Le lendemain, à six heures, au moment de l'aurore, on commence les prières en se tournant vers les quatre points cardinaux, pour obtenir une année féconde et paisible. Cette cérémonie a été ordonnée par le 59ᵉ *Daïri*, *Ouda-ten-o*, la première année *Kouan-pe*, ou en 889.

DES JOURS DE GRANDES FÊTES.

Les Japonais ont cinq jours de grandes fêtes, qui sont considérés comme des jours fortunés, et consacrés aux grandes réceptions. On les nomme *Go-sits*, et ils ont été déterminés par le 40ᵉ *Daïri*, *Ten-mou-ten-o*, la 6ᵉ année *Fak-fo*, ou l'an 677.

Le premier est le 7 du 1ᵉʳ mois, et nommé *Nanakousa*.

Le second est le 3 du 3ᵉ mois, et nommé *Tchok-djo-no-in*.

Le troisième est le 5 du 5ᵉ mois, et nommé *Go-gouats-go-nitsi-no-sio-bou*, et *Tango-no-se-kou*, ou *Tchoyo-no-sekou*.

Le quatrième est le 7 du 7ᵉ mois, et nommé *Kikod-in-sitssek*, ou *Seïsek*.

Le cinquième est le 9 du 9ᵉ mois, et nommé *Tchoyo-no-sekou.*

Voici quelques détails sur ces fêtes :

Le premier jour de fête est nommé dans la langue savante *Zin-sits*, ou jour de l'Homme; et dans la langue vulgaire, *Nanouka Djogouats*, ce qui veut dire le 7 du 1ᵉʳ mois.

A une époque plus récente, ou à la 2ᵉ année *Kouan-pe* (l'an 890), l'on servit au 59ᵉ *Daïri* un potage composé de riz cuit et de sept sortes de légumes, et nommé *Nanakousa* (1). On nomme encore cette espèce de potage, *Sitsisou-no-saisikou* et *Nanakousa-no-kayou.*

Un auteur japonais dit que le 7ᵉ du 1ᵉʳ mois de la 11ᵉ année *In-gi* (l'an 911), on offrit sept sortes de légumes au *Daïri, Daïgo-ten-o.*

On trouve dans l'ouvrage intitulé *Lifo-o-no-ki*, que *Mourakami-ten-o* reçut, de son épouse *Yasko*, une offrande des prémices d'herbes potagères, le 29 du 2ᵉ mois de la 4ᵉ année *Ten-riak* (l'an 950).

Un ancien auteur prétend que cette fête fut célébrée pour la première fois le 7 du 1ᵉʳ mois sous le 1ᵉʳ *Daïri Zin-mou-ten-o.*

------

(1) Ce potage est fait avec des *sousouna*, ou navets; des *sousou-siro*, ou radis; du *serie*, ou persil; des *nasouna*, ou des choux; le légume appelé *fakobera*; celui qu'on nomme *fotohenosa*; et le *gogio*, ou les épinards.

Suivant l'ouvrage intitulé *Fou-bok-zan*, le 75ᵉ *Daïri*, *Sutok-in*, fit, au sujet de cette préparation de riz avec sept différentes sortes de légumes, la pièce de vers suivans, qui a trente-un caractères.

Ki mi ga ta mo
Na na tsou na o sa no
Na na hou sa ni
Na o tsou mi so ye nou
Yo ro tsou no no fa rou.

« Puisse-t-on, pendant dix mille ans encore,
» continuer de cueillir sept sortes de légumes,
» dans la matinée du 7ᵉ jour du 1ᵉʳ mois, pour
» l'usage du prince ! »

Telle est l'origine de la fête qui est célébrée ce jour-là, non seulement dans le palais du *Daïri*, mais aussi par tout l'empire. On régale ses amis avec le potage dont on vient de parler, et on leur souhaite une longue et heureuse vie.

———

Le second jour de fête est nommé *Tchok-djou-no-in*, *Kiok-zen-no-in*, et *Djo-si : Djo* veut dire *dessus, premier, commencement; si* signifie serpent : c'est donc la fête du premier jour du serpent du 3ᵉ mois : proprement le 3ᵉ mois étoit le mois du dragon, mais on a changé cette dénomination, et on a pris celui des douze signes du zodiaque, qui suivoit immédiatement, pour marquer le mois où l'on souhaite à ses amis la continuation de leur bonne santé et de leur bonheur. Anciennement cette fête, fixée au premier jour du serpent du 3ᵉ mois, s'est faite à des jours différens, à cause de la variation continuelle des calculs des Japonais. Depuis, il fut décidé qu'on la célébreroit le 3ᵉ jour, ce qu'on nomma *Tcho-san*, deux fois trois, ou le 3 du 3ᵉ mois. Nous avions coutume de la nommer la *fête des Poupées*.

Elle se fait principalement pour les filles, d'où lui vient le nom d'*Onago-no-sekou*, ou la *fête des Femmes* : dans toutes les maisons, soit chez les gens de qualité, soit chez le peuple, on dresse, dans un appartement convenable, en dedans ou en dehors de l'alcôve, un petit théâtre de la hauteur d'une table, lequel est couvert d'un tapis rouge, ou de quelque étoffe précieuse de couleur, suivant les moyens du maître de la maison. On y pose des figures et des décorations qui représentent la cour du *Daïri*, des temples, des bâtimens, le *Daïri* lui-même, ses femmes, nommées *Daïri Bina*, ou d'autres personnes distinguées des deux sexes : on nomme ces images *Vina-ningio*, ou *Poupées d'enfans* ; elles sont très-bien imitées en miniature ; on leur offre, dans de petits plats et sur de petites tables, plusieurs sortes de mets, comme cela est d'usage chez le *Daïri* et chez les gens distingués ; l'on y trouve de même en petit tout l'ameublement d'une maison, et tout ce qu'il faut pour la cuisine.

Cette fête instruit les filles des gens de qualité de tout ce qu'il faut pour l'ornement d'une maison, et les filles de moindre classe dans tout ce qui est nécessaire pour le ménage, et pour bien diriger une maison. On cherche ainsi à leur apprendre, en jouant, dès leur première jeunesse, à devenir, par la suite, de bonnes et d'habiles ménagères.

Un ancien auteur dit que ces *Vina-ningio* étoient faits de son temps avec du papier, et représentoient des enfans marchant sur leurs mains. On les nommoit *Voogko*, et ils servoient de jouets aux filles.

On trouve, dans l'ouvrage intitulé *Gense-wakana-no-maki*, que ces poupées, nommées, dans la langue savante, ou dans la langue du *Daïri*, *Ama-gatsou*, se donnoient aux filles jusqu'à leur troisième année, et qu'on les chargeoit de toutes les petites fautes commises par les enfans, pour donner à ceux-ci une leçon indirecte.

Un autre auteur raconte que *Gensi-no-kimi*, faisant son séjour au bord de la mer, à *Sima-no-moura*, dans la province de *Farima*, fit, sur l'avis d'un devin, le jour du serpent du 3e mois, une image qu'il envoya dans un petit bateau, en mer, pour se garantir de toute infection et des mauvaises exhalaisons, et que de là sont venus les *Vina*, dont le nom signifie *enfant* ou *poussin* : on les nomma aussi *Fafa-ko*, de *fafa*, mère, et *ko*, enfant, parce que la mère et l'enfant s'en frottoient le corps, pour se purger de toute infection; on alloit ensuite jeter les poupées dans la mer, pour éloigner de soi toutes les souillures dont on les supposoit chargées.

Depuis les temps les plus reculés, on a eu la coutume de faire, ces jours-là, des *kousa-no-motsi*, ou petits gâteaux de riz et de feuilles vertes d'armoise, qu'on offre à une mère et à sa fille en présent, pour conserver leur santé, au lieu de l'herbe *Fafa-ko-kousa*, dont on se servoit autrefois. L'on boit aussi du *zakki* distillé sur des feuilles de pêcher, dans la vue d'obtenir une bonne santé et de prolonger sa vie; on suppose aux pêches la propriété de résister à toutes les infections, ce qui est fondé sur le conte chinois que voici :

Une femme immortelle, nommée *Sen-nin-seï-yo-bo*, offrit à l'empereur *Kanno-boute* (1) une pêche qui n'avoit pas été produite sur la

---

(1) *Wou-ti*, de la dynastie des *Han*. A. R.

terre, mais qui provenoit d'un arbre qui ne donnoit des fruits que tous les trois mille ans. Elle
l'assura que, s'il mangeoit cette pêche, il attein-
droit cet âge : c'est pour cela que les Chinois et
les Japonais se régalent ce jour-ci d'une boisson
distillée sur des fleurs de pêcher, en se souhaitant les uns aux autres la bénédiction du Ciel
et un grand âge.

———

Le troisième jour de fête est le 5 du 5ᵉ mois,
et on le nomme *Tango-no-sekou*, ou *Tcho-go-
no-sekou* : *tan* signifie premier, *go*, un cheval,
sekou, un jour de fête ; et cela veut dire la fête
du premier jour du cheval du mois du cheval :
tcho veut dire double, *go* cinq, *tcho-go* le 5 du
5ᵉ mois : on nomme aussi cette fête *Go-gouats-
go-nitsi-no-siobou*, ou la fête du cinquième
jour du 5ᵉ mois.

Cette fête est pour les garçons ce que la précédente est pour les filles. Depuis le 1ᵉʳ jusqu'au
6, on attache à de longs bambous des pavillons
de soie, de toile de chanvre ou de papier, décorés
des armoiries d'un prince, d'un grand officier,
ou de quelque général ou soldat fameux : chez le
bas peuple on y peint des armes ou quelque figure.

A la cour du *Daïri*, à *Miyako*, à *Yedo*, à

Osaka, et dans les autres villes capitales, ces bambous sont élevés sur les bastions, sur les boulevards, sur chaque porte du château, et devant les palais des princes. A *Nangasaki* et dans toutes les autres villes, les bourgs et villages, on les dresse devant les maisons où il y a des enfans mâles : on élève, pour chacun, deux pavillons, nommés *No-bori*, ou *étendards de guerre* ; on place aussi, à la porte ou à l'entrée de la maison, des cuirasses, des casques, des arcs et des flèches, des fusils, des piques et d'autres armes, faites de bois ou de bambou, recouvertes de papier, et vernissées : dans la rue, dans le vestibule ou dans l'appartement de devant, on met des figures d'hommes fameux par leur courage, ou de cavaliers armés de toutes pièces. Ces figures sont faites de bois, et recouvertes de papier et de pièces d'étoffes d'or, d'argent, de soie ou de laine de couleur; on les nomme *Kabouto*, ou *figures cuirassées*.

On donne aux garçons, pour jouets, des sabres, des épées, des piques, des arcs et des flèches, et d'autres armes, faites de bois ou de bambou, pour les animer, dès leur bas âge, à la bravoure et au service militaire, et embraser leurs jeunes cœurs par le souvenir des grands exploits de leurs ancêtres.

Ces sabres, que chacun fait à son gré, de bois

ou de bambou, ont le nom de *Sioboukatana*; le mot *Siobou* a un double sens : il veut dire *glaïeul*, parce que le sabre a la forme de la feuille de cette plante, et, en décomposant le mot, on trouve *sio* qui signifie *vaincre*, et *bou*, *être défait*. Dans les deux sens, le son est le même. *Katana* est le mot ordinaire qui signifie sabre.

Les *Nobori*, les *Kabouto* et les *Siobou-katana* sont empruntés de la doctrine des *Sintos*. Anciennement il y avoit au village nommé *Fouka-kousa*, qui étoit sous la juridiction de *Kieï-no-kori*, dans la province de *Yamassiro*, un temple de *Fousi-no Mori* appartenant aux *Sintos*, dont le dieu est nommé *Mawataki-no-kami* dans l'ouvrage intitulé *Yengi-siki*; dans le *Nifon-ko-ki* il a le nom de *Kamo-no-wake-ikatsouti-no-kami*, c'est-à-dire dieu de la guerre.

La première année *Ten-wo* (781), sous le 49ᵉ *Daïri*, nommé *Kwou-nin-ten-o*, une flotte de vaisseaux de guerre vint, des pays étrangers, aborder dans la province de *Mouts*, pour subjuguer le Japon; le *Daïri* envoya son fils, *Sara-sin-o*, et deux de ses frères, *Iyo-sin-o* et *Momori-no-sin-o*, pour commander l'armée qu'il opposoit à l'ennemi. Avant de partir, *Sara-sin-o* se rendit au temple *Fousi-no-mori*, pour informer le dieu de sa marche, et pour implorer son appui. Il vainquit l'ennemi, et détruisit son

armée. Les trois princes furent, dans la suite,
mis au nombre des dieux. Depuis ce temps, on
commença, le jour de la fête du 5ᵉ mois, à éri-
ger des étendards et des figures cuirassées devant
les maisons, et à donner des sabres aux garçons
pour jouets, tant pour complimenter le *Daïri*
sur la victoire que ses fils avoient remportée,
que pour inspirer aux enfans, dès leur bas âge,
l'horreur de toute lâcheté et un noble courage.

––––––

Le quatrième jour de fête est nommé par les
Japonais *Sits-sek*, la septième soirée, ou *Seïsek*,
la *soirée des étoiles* (1) : on célèbre cette fête
dans la soirée du 7 du 7ᵉ mois. Elle a été établie
en l'honneur de deux constellations; savoir : du
Tana-bata, *Siok-djo*, ou l'*Ori-fime*, la tisse-
rande (2), l'ouvrière, la vierge, et de l'*Inkaï*, le
nourrisseur de chiens, ou du *Ken-giou*, le bou-
vier, le vacher. Elle est fondée sur une fiction
chinoise, rapportée dans l'ouvrage qui est intitulé *Roya-daï-soeï*, et dont l'auteur du *Djou-
tsi-kie* a tiré les détails suivans.

––––––

(1) En chinois, *Thsi-si* et *Sing-si*. A. R.

(2) En chinois, *Tche-niu*. Cette constellation est composée de
trois étoiles de la lyre. *Voy.* Noël, *Observ. mathematica*, pag. 85.
A. R.

A l'est de la voie lactée, nommée par les Chinois *Ten-ga*(1), par les Japonais *Ama-no-gawa*, ou la rivière du ciel, vivoit *Siok-djo* ou *Tanabata*, femme d'une rare beauté, et fille de l'empereur du Ciel. Elle s'occupoit, dans sa solitude, à tisser une étoffe très-fine, que les Japonais nomment *Wounmou-sioken-no-koromo*, étoffe de vapeurs ou de nuages. Elle ne perdoit aucune partie de son temps pour ses amusemens ou pour sa toilette. L'empereur, affligé de ce train de vie solitaire, la maria au génie de la constellation, *Inkaï* ou *Kengiou*, personnage très-bien fait, qui demeuroit au nord de la voie lactée, et avec lequel, par une condescendance insigne, elle eut la permission d'habiter. Cette nouvelle manière de vivre lui plut tant, qu'elle négligea son ouvrage. L'empereur en fut outré, la sépara de son mari, et la fit retourner à l'est de la voie lactée ; mais il leur accorda de se voir une seule fois chaque année, dans la 7ᵉ nuit du 7ᵉ mois, pour s'acquitter du devoir conjugal. Il résulte de cet arrangement que ces deux constellations travaillent encore à présent pour le bien du monde, ce qui les met en grande vénération chez les Chinois et les Japonais, qui les invoquent pour obtenir la bénédiction du ciel, une

---

(1) C'est-à-dire *Thian-ho*, le fleuve céleste. A. R.

longue vie, des richesses, et de nouveaux progrès dans les arts et dans les sciences. Les femmes enceintes les prient de les assister dans leurs couches; les filles, dans leurs ouvrages à l'aiguille et leurs broderies; les garçons, dans leurs ouvrages mécaniques, leurs études et la poésie. Tous leur présentent en offrande de l'eau, du feu, de l'encens, des fleurs, du *zakki*, des sucreries, des légumes, des melons, des melons d'eau, des aiguilles, des fils de soie et de chanvre, des épithalames, des vers de noces, des sonnets et des pièces d'écriture soignée, suivant l'usage du pays. Les Chinois nomment ce sacrifice *Kik-ko-ten*. Cette fête commença chez eux sous l'empereur *Si-no-boutei*, et chez les Japonais, où on la nomme *Kikkono-matsouri*, dans les années *Tenpe-djo-fo*, ou à l'an 749. La manière de la célébrer est décrite dans l'ouvrage *Yengi-siki*.

On trouve dans le *Kouzi-kon-gen-ki*, que la 7ᵉ nuit du 7ᵉ mois on dresse à la cour du *Daïri* quatre tables, en plein air, dans un lieu convenable. On y place plusieurs choses qui servent d'offrandes : un vase avec de l'eau pure, pour y contempler ces étoiles, et neuf chandeliers avec des bougies allumées pendant toute la nuit. On brûle de l'encens dans un petit vase : des Japonais instruits pensent que cette fiction chinoise est dérogatoire au respect dû au dieu du

Ciel; mais, en général, on considère ces deux constellations comme ayant beaucoup d'influence sur notre globe, et on les nomme *O-mono* et *Ta-natsou-mono*. *O-mono* est un mot anciennement en usage à la cour du *Daïri*; il a le même sens que *Ori-mono* en langue vulgaire, c'est-à-dire l'art de faire de la toile. Comme on porte en été des robes très-légères, ces constellations en tirent le nom de *Siok-djo*, ou d'*Ori-fime*. *Tanatsou-mono* signifie *semaille*; il est composé des caractères *ta*, terre labourable; *natsou*, été; et *mono*, grains, ou tout ce qu'on sème en été.

Anciennement il étoit d'usage à la cour du *Daïri* de faire tous les ans, ce jour-là, des poëmes de trente et un caractères, sur des morceaux de papier oblongs ou carrés de différentes couleurs, qu'on attachoit ensuite aux branches d'un bambou vert; cela se fait encore à la cour du *Daïri* et dans les cinq métropoles impériales, *Miyako*, *Yedo*, *Osaka*, *Sakaï* et *Nangasaki*, dans les capitales des soixante-quatre provinces, et dans le palais des princes, chez les personnes d'une moindre classe, et même chez le peuple, où, si l'on ne fait pas des vers japonais ou chinois, on offre du moins encore à ces constellations du feu, de l'eau, des bougies de senteur, des sucreries, des melons, des melons d'eau, et plusieurs sortes de légumes, pour implorer la santé et le bonheur, et pour rendre grâces de la prospérité de l'empire.

———

Le cinquième jour de fête est le 9 du 9ᵉ mois, et reçoit le nom de *Tchocho-no-sekou*, et de *Tchokiö-no-sekou*, ou du double 9, et de *Tango-no-sekou*. A la cour du *Daïri* on s'amuse ce jour-là à boire du *zakki*, distillé sur des fleurs de matricaire (1). On croit cette liqueur propre à prolonger la vie.

Anciennement on avoit l'habitude à la Chine de cueillir ces fleurs au moment où elles venoient d'éclore, d'en mêler la feuille et les pétioles avec du riz bouilli ; on en préparoit une boisson dont on se servoit pour célébrer cette fête.

Selon le récit des Chinois, l'on trouvoit autrefois, à trois lieues au nord de la province de *Nanio-no-rekken*, un village de trente maisons, situé près d'une montagne qui étoit couverte de superbes fleurs jaunes de matricaire. Au pied

———

(1) La matricaire, en japonais, *Kik*, ou *Kits-kikkou* et *Kawara-yamoge*, est une superbe fleur odoriférante, et dont il y a trois espèces de couleurs variées. C'est le *Kiou-hoa* des Chinois, qui donnent ce nom à diverses espèces de *chrysanthemum*, et particulièrement au *chrysanthemum indicum*, fleur très-estimée à la Chine, et célébrée par tous les poëtes de ces pays. A. R.

de la montagne étoit une vallée, le long de laquelle couloit une eau douce et pure, qui s'amassoit sur les flancs de la montagne par l'effet des rosées et des pluies, et que les habitans de ce village recueilloient pour leur boisson habituelle. Les gens de ce village parvenoient généralement à l'âge de cent, et même de cent vingt et cent trente ans : mourir à l'âge de soixante-dix ans étoit considéré chez eux comme une mort prématurée.

Plusieurs auteurs chinois prétendent que l'empereur *Gi-no-boen-teï* (1), qui parvint à l'empire à l'âge de sept ans, avoit reçu une prédiction qui lui annonçoit qu'il mourroit à l'âge de quinze ans, ce qui l'avoit fort attristé. Un immortel, nommé *Sin-nin-foso*, en fut informé, et lui apporta un présent de fleurs de matricaire de *Nanyo-no-rekken*; il en fit préparer du *zakki*, dont l'empereur but tous les jours, et ce prince parvint à l'âge de plus de soixante-dix ans.

Ce *Sien-nin-foso*, nommé dans sa jeunesse *Zido*, avoit été au service de l'empereur *Tsiou-no-bokko* (2); mais il fut banni pour quelque délit, et vint près de la montagne dont on vient de parler. Il fit son séjour dans la vallée, ne buvant que de l'eau douce des fleurs de matri-

____

(1) *Wen-ti*, de la dynastie des *Wei.*
(2) *Mou-wang* de la dynastie des *Tcheou.*

caire, et parvint à l'âge de trois cents ans, ce qui lui valut le nom de *Sen-min-foso*. Sous *Gi-no-bounteï*, il reparut à la cour, et fit connoître à l'empereur le moyen qui lui avoit fait atteindre un âge si avancé. L'empereur suivit le même genre de vie, et parvint à l'âge de soixante-dix ans.

Voilà l'origine de l'usage qui s'est établi de se régaler le 9 du 9e mois, à la cour du *Daïri*, avec du *zakki* distillé sur des fleurs de matricaire. Par tout l'empire, les serviteurs viennent ce jour-là, de même qu'aux quatre premiers jours de fête, saluer leur chef ou leur supérieur en habits de cérémonie. Dans les maisons du peuple, on trouve, au lieu de ce *zakki*, une petite branche de fleurs de matricaire, attachée avec un cordon sur une cruche à *zakki*, ce qui veut dire qu'on se souhaite une longue vie. On nomme cet usage *kikou-no-zakki*, le mois a dérivé de là le nom de *kikou-souki*, ou mois des fleurs de matricaire; et le jour a en particulier le nom de *kikou-no-sekon*, ou la fête des matricaires.

A *Nangasaki*, c'est moins la fête des fleurs de matricaire qu'on célèbre, qu'une foire, en japonais, *Matsouri*. Les habitans nomment ce jour *Kountche*, abréviation de *Kou-ni-tche*, ou le double 9. Le caractère *kou* a un double sens; il signifie *neuf*, et est aussi synonyme de *Miya*, qui désigne un temple des *Sintos*.

Cette foire commence le 7 du 9e mois : onze rues de la ville, et les deux rues où sont les maisons de débauche, la *Marou-yama-matsi*, et la *Youriaï-matsi*, donnent alternativement, chaque année, des danses solennelles dans la grande place ; des enfans, superbement vêtus, exécutent ces danses avec beaucoup de grâce, et avec la plus grande précision. Ces danses sont en l'honneur de *O-souva-sama*, dieu des *Sintos*. Les prêtres, suivis d'une foule immense, conduisent la statue de ce dieu à la place, où on lui a construit, pour la recevoir, un grand bâtiment. Tant qu'elle y reste, on la désigne par les trois dénominations de *Souva-daï-miyo-sin*, de *Soumeï-osi-daï-miyo-sin*, et de *Mourasaki-daï-miyo-sin*.

Le 8 est un jour de repos. Le 9, les danses recommencent de nouveau ; après quoi l'on reconduit le dieu au temple, en s'efforçant de le réjouir par le moyen suivant : on prépare trois poêles de fer remplies d'eau bouillante, et l'on met dans chacune une botte de feuilles vertes de bambou, avec laquelle l'on asperge cette eau, nommée *Oudate*, autour de la statue, pour chasser les mauvais génies. Un prêtre monte aussi à cheval, et tire en courant çà et là, avec un arc et des flèches, pour éloigner les malins esprits. Cette fête est principalement consacrée à ce Dieu, afin que, par son intercession, le commerce avec les Hollandais et les Chinois se fasse sans interruption, et soit heureux et avantageux pour les habitans (1).

LA FÊTE DES LAMPIONS OU DES LANTERNES.

Outre les cinq grandes fêtes ou jours de cérémonie dont on a parlé ci-dessus, il y a, le 15 du 7e mois, une fête nommée, dans la langue savante, *Wouran-bon*, et, dans la langue vulgaire, simplement *bon*, ce qui veut dire une assiette, un plat (2). Il est d'usage alors de faire des offrandes pour les âmes de ses parens défunts. La fête commence dès le 13, au coucher du soleil, et dure jusqu'à deux heures, dans la nuit du 15. Anciennement on la célébroit six fois par an, savoir : le 15 du 2e mois, depuis quatre heures de l'après-midi jusqu'à midi du lendemain ; le 15 du 5e mois, depuis le lever du soleil jusqu'à dix heures du matin du lendemain ; le 14 du 7e mois, depuis le lever du soleil jusqu'à midi du 16 ; le 15 du 8e mois, depuis huit

---

(1) On trouve de grands détails sur cette fête dans Kæmpfer, liv. IV, chap. 6, édit. *in*-12, p. 143.

(2) C'est le mot chinois *Pan*, qui a la même signification.

A. R.

heures du matin, jusqu'à quatre heures de l'après-midi du lendemain ; le 16 du 9ᵉ mois, depuis dix heures du matin jusqu'à quatre heures de l'après-midi du lendemain ; et, enfin, le 29 ou le 30 du 12ᵉ mois, depuis midi, jusqu'au lever du soleil, le jour de l'an.

Il y a déjà plusieurs siècles qu'on se borne à la célébrer le 7ᵉ mois. Cette fête appartient à la doctrine de *Chakia*, transportée de la Chine au Japon.

Au premier volume du livre des cantiques *Bouts-setsou wouran-bon-kio*, qui a été traduit à la Chine de l'indien en chinois, par *Sanzo-tikfo*, dans la province *Sin-no-kouni*, on trouve la tradition suivante :

« La mère du prêtre *Mok-ren-bikou* (1), disciple de *Chakia*, descendit après sa mort aux enfers pour y expier ses péchés ; elle y souffroit une faim cruelle : son fils, qui, par ses grandes lumières, avoit la connoissance du passé et de l'avenir, ainsi que de tout ce qui se passoit au ciel et dans les enfers, tâcha de lui procurer quelque nourriture, et lui donna un plat de riz dont la vue la réjouit beaucoup ; mais dès qu'elle eut approché un peu de riz de ses lèvres, il se

---

(1) *Bikou*, en chinois, *Pi-khieou*, d'un mot samskrit, qui signifie mendier ; c'est le nom qu'on donne aux religieux bouddhistes qui mendient par un principe de dévotion. A. R.

changea en charbons ardens. Le fils, voyant cela
de ce monde, alla consulter son maître *Chakia*
sur le moyen de délivrer sa mère de la punition
qu'elle avoit encourue par son impiété, et reçut
cette réponse : « Votre mère est morte en
» état de révolte contre les *Fotoke*, ou dieux ;
» seul, vous n'êtes pas en état de lui donner des
» secours efficaces ; mais, le 15 du 7ᵉ mois,
» rassemblez tous les prêtres pour chanter des
» hymnes avec eux, et préparez une offrande
» de cent sortes de mets pour les dieux. » *Mok-
ren* obéit à *Chakia*, et réussit ainsi à délivrer sa
mère. »

Cette fête commença à la Chine sous l'empereur *Go-kan-no-miti* (1), et au Japon, sous le
55ᵉ *Daïri*, *Siomou-ten-o*, la 5ᵉ année *Tem-pe*,
ou l'an 733. Elle s'étendit bientôt par tout l'empire. On commence, dès le soir du 14 et du
15, à allumer des lanternes sur les tombeaux
jusqu'à dix heures du matin.

Les prêtres de *Chakia* nomment cette fête
Wouran-bon ; ceux des *Sintos*, *Tchou-gen* : de
tchou, milieu, et *gen*, commencement, pour
signifier qu'en payant ses dettes au milieu de ce
mois, on peut commencer à établir un nouveau
compte. Ces jours sont fort désagréables pour

---

(1) *Ming — ti*, de la dynastie des seconds *Han*, il régna depuis
l'an 58 jusqu'en 75 après J.-C. A. R.

plusieurs de nos interprètes, qui, afin d'éviter leurs créanciers, restent souvent, pendant le jour et pendant la nuit, à *Desima*, parce que, suivant un ancien usage, il n'est permis de leur demander le paiement de leurs dettes que ces jours-là.

Tout Japonais, dont les parens sont encore en vie, regarde ce jour comme un jour heureux; on se régale, soi et ses enfans, avec du poisson, et on se souhaite une continuation de bonne santé. Les fils et les filles mariées, ou qui ont été adoptés, envoient des boîtes vernissées, avec du poisson frais, salé ou sec, et quelques mets tout apprêtés, à leurs parens, en leur souhaitant une bonne santé. Anciennement il étoit d'usage de suivre, pour toutes ces cérémonies, la doctrine des *Sintos;* depuis on a commencé de mêler dans cette fête les rites des *Sintos* avec ceux de *Chakia.*

A *Nangasaki*, on commence la fête par adresser, le 13, à six heures du soir, ses prières aux âmes des défunts. A cet effet, on tire de leurs caisses les tablettes de ses parens et celles de sa famille, et on les place dans une salle latérale, qui est le lieu où on les garde, et qu'on nomme *Bouts-dan;* ou bien on les met dans la salle et en dedans de l'alcôve, où on leur sert un repas en action de grâces, et en signe de reconnoissance pour tout ce qu'on leur doit. Préalablement, l'on étend des nattes vertes, faites avec de l'herbe *Kaya*, sur lesquelles on met des deux côtés des épis de riz et de millet, des légumes et des fruits crus, comme des fèves, des figues, des poires, des marrons, des noisettes, des raiforts, et les premiers fruits de l'automne. On place au centre un petit vase où l'on brûle des bâtons d'odeurs et d'autres parfums. Devant ce vase, on pose, d'un côté, une jatte avec de l'eau pure; de l'autre, une jatte avec une feuille verte de nénuphar rose, sur laquelle on met un peu de riz cru et de petits morceaux carrés de *fokkifoklie*, sorte de navets. Au-dessus de la jatte remplie d'eau est placé un bouquet de chanvre, fait en forme de petit ballet ou de goupillon, dont on se sert, quand on vient faire ses prières, pour asperger le riz et les navets. On adresse ses prières au dieu *Amida*, en marmottant cent fois, ou même mille fois, les mots *namandoubt* (*Nami-amida bouts!* ou *Amida!* prie pour nous!) et on le prie en même temps de transporter le défunt dans un monde où il puisse jouir d'une félicité parfaite.

Dans un autre vase, on met des branches de l'arbre *Fanna-siba*, et d'autres belles fleurs, et on a soin de tenir des lanternes allumées pendant deux jours et trois nuits.

Dans la matinée du 14, on ôte la jatte d'eau, et on la remplace par de petites tasses de thé, qu'on sert deux ou trois fois par jour à chaque tablette, avec deux plats qu'on offre, l'un pour le déjeûner, l'autre pour le dîner, et qui sont couverts de riz cuit, et de plusieurs mêts apprêtés comme à l'ordinaire. Dans l'intervalle de ces deux repas, on met devant la tablette plusieurs friandises, comme du *laksak*, des gâteaux, des *mansi* étuvés, des pains de sucre, etc. etc.

Sur le soir, on commence, dans les cimetières, à allumer des lanternes devant chaque *si-sek*, ou pierre érigée sur les tombeaux ; elles brûlent jusqu'à dix heures, et sont suspendues à de longs bambous posés des deux côtés sur deux bâtons en forme de croix. Cet usage s'est introduit sous le 85ᵉ *Daïri*, *Go-forikawa-no-in*, le 14 du 7ᵉ mois de la seconde année *Kouan-ki*, ou en 1230.

En devant de la pierre, on met une petite écuelle de pierre, de forme carrée, avec de l'eau pure, et des deux côtés un gobelet de pierre ou de bambou, rond ou carré, avec une petite branche verte de l'arbre *Fanna-siba*. Dans deux morceaux de bambous plus courts, on brûle de petits bâtons d'odeur, et on place en même temps des *mansi* étuvés, des sucreries, et autres friandises sur le tombeau.

Dans la nuit du 15, le sacrifice se fait dans l'intérieur des maisons, devant les tablettes, comme le jour d'avant ; on allume de même des lanternes près des tombeaux.

Le 16, à trois heures du matin, on empaquette tous les mets dont on vient de parler dans de petites barques de paille, que les paysans des villages voisins apportent à pleins bateaux au marché ; les voiles en sont de papier peint, de soie, ou de toile de chanvre. On les éclaire avec de petites lanternes et des bâtons d'odeur. A *Nangasaki*, on les porte à *l'O-fato*, ou sur la grande place, ou on les met sur l'eau, à l'escalier qu'on nomme *l'escalier des moules*, afin de congédier les âmes des défunts, qu'on suppose retourner ces jours-là à leurs tombeaux. Au contraire, les âmes des impies sont à errer constamment, jusqu'à ce que le terme fixé pour l'expiation de leurs péchés soit expiré. Pour le raccourcir, les prêtres vont, près des tombeaux, faire des prières.

Cette fête produit un effet très-pittoresque : en dehors de la ville, la vue prise de l'île *Desima* est des plus belles. On croiroit voir un torrent de feu couler de la montagne, par la quantité immense de petites barques qu'on apporte au rivage, d'où elles sont envoyées à la mer. Au milieu de la nuit, et par un vent frais, l'agitation de l'eau, qui fait changer de place toutes ces lumières, produit un tableau charmant. Le bruit qu'on entend dans la ville, le son des bassins et les voix des prêtres, se mêlent pour former une harmonie bizarre et difficile à imaginer. Toute la baie semble couverte de feux follets. Quoique ces barques votives aient des voiles de papier ou d'étoffes, il n'y en a qu'un petit nombre qui passent l'endroit où nos vaisseaux sont à l'ancre. En dépit des gardes, des milliers de pauvres se jettent à l'eau pour en enlever les *sepikkes* (ou les petites monnaies de cuivre) et les autres objets qui y sont placés. Le lendemain, on en tire ce qui reste, et la marée les entraîne vers la mer; c'est ainsi que se termine cette cérémonie.

APPENDICE.

APPENDICE.

—

REMARQUES

SUR LES POIDS ET LES MONNAIES DU JAPON (1).

Au Japon, les revenus se comptent toujours par *ballots*, *kokf* et *man-kokf*.

Chaque *ballot* contient 33 ⅓ de *ganting*, et pèse de 82 à 83 *cattis*. Chaque *catti* est d'une livre et un quart. Une épreuve exacte, faite en 1781, porte les 120 *cattis* à 120 ½ au lieu de 120.

Il n'y a pas d'autre mesure que le *ganting*, pour tous les objets, soit secs, soit liquides.

Trois ballots de riz, évalués chacun à deux *taëls*, dans le calcul des revenus, font un *kokf*

---

(1) Comme M. Titsingh n'a pas eu soin d'exprimer dans son ouvrage les valeurs japonaises en monnaies européennes, ni de distinguer les *tobans* des différentes époques, quoique leur valeur ait varié de près de moitié, il est resté quelque incertitude dans les évaluations que j'ai jointes à son texte. Sans renvoyer le lecteur aux livres anciens, où l'on trouve des détails sur ces matières, je crois utile de lui indiquer le résumé qu'en a donné dans le t. III des *Verhandelingen van het Bataviaasch Genootschap*, M. J. C. M. *Radermacher*, et particulièrement ce qu'il dit, d'après M. Titsingh lui-même, des monnaies japonaises (*van de Japansche munten*, p. 209 et suivantes). On consultera aussi avec fruit la *Dissertation de Thunberg*, présentée à l'académie royale de Stockholm, en 1779, et traduite en allemand, ainsi que l'extrait qu'en a publié M. Langlès, p. 359 et suivantes du t. IVᵉ de sa traduction des *Voyages de Thunberg*, édit. *in-8º*. A. R.

ou un *koban*. Les valeurs suivantes sont dé-
cuples. Ainsi :

Si kokf valent	10 *kokf* ou *kobans*.
Fiak kokf....	100
Sin kokf....	1,000
Un *Man–kokf*..	10,000
Un *Siou–man*...	100,000
Un *Fiak man*...	1,000,000, un million de kobans.
Un *Sin–man*....	10,000,000, dix millions de kobans.

La valeur du *koban* a beaucoup varié; il y a
d'anciens *kobans* de 24 florins, d'autres de
19 florins. Le *bounrok-koban* vaut 14 florins
8 sous; mais le prix en augmente quelquefois
de 15 à 23 sous. Le nouveau *koban*, actuellement en usage, est de 12 à 13 florins, suivant
le prix de l'or. Le *taël* d'argent est une monnaie
de compte de la valeur de 4 fr. 16 sous environ.

FRAGMENS

DE POÉSIE JAPONAISE.

LES Japonais ne laissent passer aucun événement un peu remarquable sans que leur goût pour la poésie ne trouve matière à s'exercer. Pour donner une idée du genre de leur poésie, et de l'énergie de leur langue, j'ai cru convenable de citer quelques unes des pièces de vers qui ont été composées à l'occasion de la mort de *Yamassiro* (1).

Ki ra re ta wa	Præcidisse
Ba ka to si yo ri to	Consiliarium minorem
Ki hou ta fa ya	Nuper audivi,
Ya ma mo o si ro mo	In montis castello
Sa wa gou sin ban	Turbas excitantem, novum custodem.

« J'apprends à l'instant qu'un des nouveaux » gardes a excité du tumulte au château, en » assassinant un conseiller dans sa folie. »

(1) Voy. p. 188.—L'auteur avoit essayé de traduire mot à mot, en français, ces vers japonais; il a renoncé à cette difficile entreprise, et remplacé la version littérale par une traduction libre. Pour remplir son intention, et donner aux lecteurs une plus juste idée de la poésie japonaise, dont ces stances sont le premier échantillon, nous donnerons en latin, et vers par vers, le sens exact, pour l'analyse duquel on pourra ensuite recourir à la paraphrase de M. Titsingh. A. R.

Ya ma si ro no	Yamassiro
Si ro no o ko so de	Candidam togam
Tche mi so mi te	Cruore tinctam
A ka do si ya ri to	Rubentemque consiliarium
Fi to wa you nar.	Omnes viderunt.

« La robe blanche de *Yamassiro* est teinte
» de sang, et chacun le nomme le conseiller
» rouge. »

A sou ma si no	In viâ orientali
San no no wa tari ni	Per *Sanno* vicum irruentes,
Mi sou ma si te	Aquæ profluentes,
Ta no ma mo ki ré te	Terram lacunæ perfosserunt,
O tsou rou ya ma si ro	Ruitque montis castellum.

« Le courant qui, sur le chemin à l'est,
» traverse le village *Sanno*, s'est gonflé, a percé
» la digue autour du bourbier, et le haut châ-
» teau de la montagne s'est écroulé. »

Fa tsi ou ye te	Pretiosas in vasis arbores,
Ou me ga sa kou ra to	Prunos et cerasos,
Sa kou san na wo	Floribus amœnas
Ta re la ki tsou ke te	Quis in ignem projecit?
San no ai ki ra se ta	*Sanno* quidem eas præcidit.

« Qui est-ce qui a jeté dans le feu les pru-
» niers et les cerisiers, arbres précieux, que
» l'on plante dans des caisses pour l'agrément
» de leurs fleurs? c'est *Sanno* qui les a coupés. »

Ki ra re ta wa	Præcidit (consiliarium)
Ba ka do si ya ri to	Vesanus consiliarius.

Yau oube he ni	Dicere possumus,
San no sin sa ye mi mou	Si priùs talia unquam audive- rimus,
Ko re ga ten meï.	Hoc fuisse CŒLI MANDATUM.

« Un conseiller en démence a été renversé : si
» jamais on a entendu parler de chose pareille,
» on peut dire que c'est un châtiment du ciel. »

Remarques sur les strophes précédentes.

Baka tosi yori. Un conseiller extraordinaire
est nommé *Waka tosi yori*, ou jeune conseiller ;
le changement de la première lettre de son nom
donne ce nouveau sens, et ce jeu de mots
prouve combien il étoit méprisé.

Yama siro no : *Yama* veut dire montagne ;
siro, château ; *no* est une particule qui n'a point
de signification, mais qui sert à donner de
l'expression et de l'élégance au langage : on
l'emploie en prose et en vers.

Dans ces deux mots se trouvent le nom et la
qualité du blessé, ainsi que l'indication du lieu
où l'événement a eu lieu, le palais du *Djogoun*
étant dans la dernière enceinte du château, sur
une hauteur.

Sawagou sin ban, signifie proprement une
nouvelle mode qui fait beaucoup de bruit ; mais
ces mots sont ici métaphoriquement pour un
nouveau garde.

Siro no Okosode : une chemise blanche, ou robe de dessous que personne n'a le droit de porter, à l'exception de ceux qui ont le titre de *kami*, des femmes et des prêtres (Voyez p. 43.)

Asouma : *Yedo*, suivant la division de l'empire, est sur le chemin à l'est de *Miyako*, qui en est la capitale. *Asouma* est un ancien mot, dont quelques personnes expliquent ainsi l'origine. *Tatche bana fime*, femme de *Yamatto dake no mikotto*, ayant été surprise, avec son mari, par une violente tempête, se jeta à la mer pour apaiser le dieu marin *Riouzin*, et se noya. Son mari, après être débarqué, monta sur la montagne *Ousoui*, d'où la vue s'étend à une grande distance sur tout le pays à l'est. Là, se rappelant le sacrifice de sa femme chérie, il s'écria, en poussant un profond soupir : *Atsouma!* ou, ma femme! C'est ce qui fit donner au Japon le nom de *Kisi kokf*, ou le pays des femmes : d'autres prétendent que ce nom vient de *Tensio Daïsin*, de qui les Japonais croient descendre.

Lorsque les provinces *Odjo* et *Dewa*, vis-à-vis l'île de *Yeso*, étoient encore désertes, on nommoit les habitans *Asouma ibis*, ou peuples grossiers et sauvages. On se sert encore de ce mot en parlant de quelqu'un qui est grossier et mal élevé.

Sanno : le nom du village, traversé par une grande rivière, sur laquelle est un pont de bateaux, liés par des chaînes. La vue y est superbe, ce qui a inspiré de très-beaux vers à plusieurs poëtes. Gongin l'avoit donné à un des ancêtres de *Sinsayemon*, en récompense des services qu'il lui avoit rendus dans ses guerres.

Tanoma : *ta*, terre labourable ; *noma* ou *nouma*, un bourbier. Lorsqu'il y a un bourbier près d'une terre labourable, les fermiers le séparent par une digue. Ici ce mot fait allusion au nom du père de *Yamassiro*, que l'on compare à un bourbier, à cause de toutes les innovations qu'il méditoit, et qui l'avoient fait détester.

Yamassiro est proprement le nom d'un château sur une montagne ; un château au bord de la mer se nomme *Oumi siro*, et dans une vallée *Fira siro*.

Ce vers fait allusion à l'histoire suivante.

Sous le 88ᵉ *Daïri*, *Go foukakousa-no-in*, *Fosio toki yori* étoit premier ministre de *Yori-tsougou* et de *Moune taka sin-o*, *Djogouns* de *Kamakoura*. Sous son ministère, l'empire étoit dans un état florissant ; les habitans, heureux et maintenus avec équité dans la jouissance de leurs droits. Le onzième mois de la 8ᵉ année *Ken-tcho* (l'an 1256), *Toki-yori*, qui avoit formé le projet de parcourir l'empire, pour vérifier par lui-même si les rapports qu'il recevoit de toutes parts étoient exacts, se démit de sa charge en faveur de son fils, *Toki-moune*, âgé de six ans, lui donnant *Naga-toki* et *Masamoura* pour la remplir jusqu'à ce qu'il fût en âge, et se retira dans le temple *Saï-mio-si*, où il s'enferma dans une chambre dont il interdit l'entrée à qui que ce fût. La seconde année *Djo-ko* (l'an 1258), il fit courir le bruit de sa mort et de celle de son conseiller d'Etat *Nikaïdo-sinano-noudo*, qui partageoit sa retraite, ce qui plongea tout l'empire dans le deuil et la consternation. Il exécuta ensuite son dessein, et parcourut l'empire avec *Nikaïdo* pendant trois ans, vêtus l'un et l'autre comme de simples prêtres, afin de ne donner aucun soupçon.

Lorsqu'il fut arrivé au village *Sanno*, il fut surpris par une forte neige qui l'empêcha de continuer sa route. Il frappa à une cabane couverte de chaume, et demanda l'hospitalité pour une nuit; une bonne femme lui répondit qu'elle consentiroit volontiers à la lui accorder, mais que cela ne dépendoit pas d'elle; que son maître étoit sorti, et qu'elle alloit le chercher. Le maître étant arrivé, fit observer au prêtre que sa maison étoit bien petite et ouverte de toutes parts, et qu'il y passeroit une bien mauvaise nuit; il lui conseilla d'aller dix-huit *rues* plus loin (1), au village de *Yamamotto*, où il trouveroit plusieurs bonnes maisons, et où il seroit beaucoup mieux hébergé : le prêtre ayant insisté, en objectant l'impossibilité d'aller plus loin par une nuit si obscure, le maître consentit à le recevoir, puisqu'il vouloit bien se contenter d'un si mauvais gîte. La femme lui servit du millet cuit, en s'excusant de ne pas lui donner du riz, comme elle l'auroit fait si elle avoit encore de la fortune, comme autrefois. Le prêtre répliqua que c'étoit son mets favori. Tout en causant, la nuit devint plus profonde et le froid plus piquant. Ils n'avoient ni couverture à lui offrir pour le garantir du froid, ni bois pour faire du feu. Dans cet embarras, ils se déterminèrent à couper des arbres qui étoient dans des caisses devant la maison. Le prêtre s'étant aperçu de leur intention, s'y opposa, en disant qu'un prêtre devoit savoir souffrir la faim et le froid, et même coucher à la belle étoile quand cela est nécessaire. Il demanda à voir les arbres ; le maître les lui apporta. C'est tout ce qui me reste, lui dit-il, de mon ancienne prospérité. J'en avois un grand nombre ; mais quand la pauvreté est

---

(1) Le mot de rue (*matche*) sert, comme on sait, pour marquer les distances. Voyez *Kæmpfer*, L. V, ch. 2. A. R.

venue me frapper, je les ai donnés à mes amis,
à l'exception de ces trois, que j'avois le plus
aimés (c'étoient un *oume*, ou prunier, un *sakoura*, ou cerisier, et un *mats*, ou sapin); mais
aujourd'hui je vais les couper pour vous chauffer. Le prêtre le remercia de sa bonne volonté,
et lui recommanda de nouveau de ne pas les
couper. Les arbres, ajouta-t-il, ont leur temps
comme les hommes : ils croissent, poussent,
portent des fruits, et se dessèchent pour pousser
de nouveau. Le maître, toutefois, les porta hors
de la maison, les coupa, fit du feu, et pria ses
hôtes d'en approcher pour se chauffer. *Toki-
yori* se plaignit de ce qu'il avoit fait pour lui,
et dans la conversation il lui demanda son nom :
l'autre refusa quelque temps de le dire; mais
enfin, ne pouvant résister aux instances de son
hôte, il se fit connoître pour *Sanno-gen-saye-
mon-tsoune-yo*, fils de *Sanno sabro-masa
tsoune*. Le prêtre parut surpris. *Sanno-sabro*,
dit-il, étoit un grand seigneur; comment se
fait-il que vous soyez si pauvres? Mon oncle
Sanno-toda, répliqua l'autre, a assassiné secrètement mon père, et a fait croire au *Djogoun* que dans un accès de folie il s'étoit lui-
même donné la mort; ensuite il m'a chassé :
voilà ce qui m'a rendu si pauvre. J'ai été tenté
plus d'une fois de le tuer lui-même, pour venger

mon père; mais c'est un homme important, et qui est entouré de tant de serviteurs, qu'il est impossible de pénétrer jusqu'à lui. En faisant ce récit il versa un torrent de larmes, aussi bien que la femme. Les deux voyageurs pleurèrent avec eux. *Toki-yori* lui ayant demandé pourquoi il n'alloit pas se plaindre à *Kamakoura*, il répondit qu'il avoit appris avec chagrin que le premier ministre *Toki-yori* étoit mort, et que les autres conseillers d'Etat ne gouvernoient plus avec autant d'équité. Quoique je sois pauvre, ajouta-t-il, j'ai encore une cuirasse, un *na:e-nata* (1) et un cheval roux, pour venir au plus tôt au secours du *Djogoun*, s'il survenoit une guerre à *Kamakoura*. L'autre, surpris de tout ce qu'il entendoit, l'engagea à prendre patience, et lui fit espérer un temps plus heureux. Pendant cet entretien le jour parut; les deux voyageurs prirent congé de ces bonnes gens, et poursuivirent leur chemin.

Parvenu au terme de son voyage, *Toki-yori* reparut à l'improviste à la cour de *Kamakoura*. Ce retour inattendu combla de joie les habitans, qui l'avoient cru mort. Il n'eut rien de plus pressé que de faire venir *Sanno-toda-tsoune yosi*, avec ses parens, aussi bien que *Sanno*

______

(1) Sabre courbé, avec une longue poignée.

gensayemon tsoune yo. Après un examen rigoureux, il trouva que le récit que ce dernier lui avoit fait étoit conforme à la vérité, et fit trancher, sur le bord de la mer, la tête à *Sanno-toda* et à un de ses parens, qui étoit complice de son crime; rendit à *Gensayemon* toutes les terres qui avoient appartenu à son père, et lui donna en outre le village d'*Oumeda*, dans la province de *Kaga* (1), le village de *Sakoura-i*, dans la province de *Yetchou*, et le village de *Matsou-yeda*, dans la province de *Kotsouki*, faisant ainsi allusion aux trois arbres *oume*, *sakoura* et *mats*, qu'il avoit coupés pour chauffer ses hôtes.

Les pruniers et les cerisiers sont en grande estime au Japon, à cause de leurs fleurs. L'on trouve derrière presque toutes les maisons quelques uns de ces arbres nains dans des caisses et dans les appartemens des personnes aisées, un vase de porcelaine avec une branche en fleurs : ici le poëte fait allusion à *Yamassiro*, comme s'il vouloit dire : qui a coupé la tige chérie de *Tanomo Sanno?*

Sinsayemimon. Le *n*, dans la première et dans la

---

(1) *Kaga*, en chinois *Kia-ho*, et *Yetchou*, en chinois, *Youei-tchoung*, sont deux provinces de la côte septentrionale de *Nifon*, au sud de la pointe de *Noto*. Celle de *Kotsouki*, en chinois, *Chang-ye*, est plus au sud et vers l'est, dans le centre de la même île. A. R.

seconde syllabe, pris pour la consonne *si*, fait *si*, auparavant; *saye*, l'on n'a; *mi*, jamais; *mo* entendu: en laissant la lettre *mi*, c'est le nom de *Sinsayemon*, qu'on prononce *Sinsaïmon*.

Ten mei. Lorsque quelque malheur arrive, on dit ordinairement *ten mei*; c'est un châtiment du ciel : quand quelqu'un a commis un délit qui ne peut être clairement prouvé, et qu'ensuite il lui arrive quelque malheur, on se sert de la même expression. Ici elle désigne le mal fait par *Yamassiro*, en abusant de son pouvoir, et le temps auquel il en fut puni, qui fut la quatrième année *ten mei* ou *ten mio* (1).

Autres stances sur le même sujet.

Tonoma Yamassiro
Faaka desya na i ga
Aïta mi tat si
Ki ra rete nigerarou
Iyo sanno sinsa
De tchouva sansa
Yo i kimi siani iye

Tonoma Yamassiro reçut trois coups de sabre. Quoique les blessures ne fussent pas fort profondes, il souffroit beaucoup; il avoit tâché de se défendre; son sang coula : c'est un heureux événement.

---

(1) En chinois, *Thian-ming*, *Cœli mandatum*.

Orava toaomo wo
Ni kou mou si a
Na i ga san sa
Fitori i mous komo
Kouro sa re ta
Iyo sanno sinsa
De tchiwa sansa
Yo i kimi siani iye.

Nous ne sommes pas mal disposés envers le vieux père *Tonomo*, quoique son fils ait été abattu. Son fils unique a été tué; *Sanno* fit couler son sang : c'est un heureux événement.

Tonoma Yamassiro
Kirareta sono
Den tchou ki sou an
Asaïga dirare maï
Iyo sanno sinsa
De tchiwa sansa
Yo i kimi siani iye.

Tonoma Yamassiro fut grièvement blessé au château. Quoique ses blessures ne fussent pas profondes, il ne pouvoit pas sortir du château ; son sang coula : c'est un heureux événement.

Vers dans lesquels on trouve les noms de tous les mois de trente jours, aussi bien que ceux des autres qui n'en ont que vingt-neuf.

Si yo daï mi o
Mou sio ni nikou mo ou
Nanats ou ba si
I ma si kou si re ba
Si mo no si ya wa si.

« Tous les grands de l'Empire avoient en

» horreur l'ourse (les armes de *Yamassiro*,
» qui sont sept étoiles); qu'elle ne brille plus :
» c'est un heureux événement, même pour les
» moindres serviteurs. »

On trouve dans ces vers les mois qui ont trente jours; savoir : ceux qui sont en lettres romaines, *mou*, le 6e; *sio*, le 1er; *ni*, le 2e; *nanats*, le 7e; *si*, le 4e; *kou*, le 9e; et *simo*, le 11e. Tous les autres n'en ont que vingt-neuf; ce sont ceux qui sont en lettres italiques (1).

Stances sur l'air d'une romance nommée Outaï, *faite anciennement au sujet de* Gensayemon, *dont la mémoire est toujours honorée, à cause de son humanité.*

I de so no to ki ni	In illo tempore
Fa si no gi va	Res magni momenti (evenit)
To no ma ya sanno ni	*Tonomo a Sanno*
Kira rela yo na	Prostratus cecidit !
Sono fin pa o	Propè regiam
Kan no ni O ota	*Kanno* et *Oota*
Yetchou ni sakou ra da	Et *Yetchou* ab ostio postico (palatii)

---

(1) Ces sortes de jeux d'esprit, qu'on pourroit comparer à nos rébus et à nos calembours, sont assez communs dans la poésie des Chinois. On sent qu'ils doivent être faciles dans une langue où chaque syllabe, prise isolément, peut avoir un grand nombre de significations différentes. Les Japonais trouvent la même facilité à former des phrases à double sens, en employant les prononciations qui sont attachées chez eux aux caractères chinois. Les mots de leur langue naturelle fournissent aussi matière à de nombreuses allusions, comme on a pu le voir dans la pièce précédente. A. R.

O ote ni sougi yama	Ad portam anteriorem, Sougi-yama
Ava si te sanga	Simul pergebant.
Sio na san ki sou	Vulneratus est triplici loco.
Chi chi san sa ni	Pater ejus miser
Ita rou ma de	Factus est hoc (casu)
So o ma a ri so na	Sic profecto
Zi zits na sio	Ejus hora advenerat.
Tango ni tori tsouki	Tango superbiens
Kogo ni no ri te zo ro	Ad currum eum duxit.

Remarques sur les stances précédentes.

Le nom du conseiller d'Etat extraordinaire étoit *Kanno totomi no-kami*.

Le nom du conseiller d'Etat extraordinaire, *O – Ota Biengo-no-kami*.

Le nom du prince de *Figo*, *Fosokava yetchou-no-kami*.

Sougi yama tonoske, garde de la chambre intérieure (*Okonando*), où l'on conserve la garde-robe du *Djogoun*.

Le conseiller d'Etat extraordinaire, *Yone koura tango-no-kami*, *Masa farou*.

« Dans ce temps-ci est arrivé un événement
» de grande importance : *Tonoma* a été abattu
» par *Sanno*, près du palais; il alloit avec
» *Kanno*, *O-ota*, *Yetchou* et *Sougi yama* de la
» porte de derrière vers la porte de devant.
» Son père en est devenu bien malheureux. Il
» falloit que ce fût ainsi; son temps étoit venu.
» *Tango* le soutint, et le conduisit à son char. »

DIVISION DE L'ANNÉE

CHEZ LES JAPONAIS.

LES Japonais partagent l'année en douze mois, dont chacun a deux subdivisions de quinze jours, et est distingué par un nom différent. Les vingt-quatre heures sont divisées en cent parties, et le jour et la nuit en contiennent plus ou moins, à raison de ce que le soleil approche ou s'éloigne de l'équateur. Dans les cas où il y a un centième de moins, ce centième est encore divisé en cent parties. Cette manière de compter sera plus sensible par un exemple. Nous choisirons l'année 1783.

Le soleil est 30 jours dans le *Bélier*, et cette
      période a le nom de......... Fak-yo-kiou ;
savoir, 15 j. (le jour de 0,50, la nuit de 0,50),
      nommés.................. *Sinn-boun ;*
    15 j. (le jour de 0,52, la nuit de 0,47),
      nommés .... *Sio-mi ;*
   30 jours dans le *Taureau*.......... Kin-giou-kiou;
    15 j. (le jour de 0,55, la nuit de 0,44), *Ko-kvou;*
    15 j. (le jour de 0,57, la nuit de 0,42), *Lits-ka ;*
   30 jours dans les *Gémeaux*......... Tso-ki-kiou ;
    15 j. (le jour de 0,58, la nuit de 0,41), *Sio-man ;*
    15 j. (le jour de 0,59, la nuit de 0,40), *Bo-sin ;*

Le soleil est 3o jours dans le *Cancer*, et cette
période a le nom de....... Kio-kaï-kiou ;
savoir, 15 j. (le jour de o,6o, la nuit de o,4o),
nommés............... *Ge-tsi* ;
15 j. (le jour de o,5g, la nuit de o,4o),
nommés............... *Djo-djo* ;
3o jours dans le *Lion*............ Sisi-kiou ;
15 j. (le jour de o,58, la nuit de o,41), *Taï-sio* ;
15 j. (le jour de o,57, la nuit de o,42), *Lits-siou* ;
3o jours dans la *Vierge*........... Sits-djo-kiou ;
15 j. (le jour de o,55, la nuit de o,44), *Sio-sio* ;
15 j. (le jour de o,52, la nuit de o,47), *Vak-ko* ;
3o jours dans la *Balance*.......... Tim-bin-kiou ;
15 j. (le jour de o,5o, la nuit de o,5o), *Siou-boun* ;
15 j. (le jour de o,47, la nuit de o,52), *Kan-lo* ;
3o jours dans le *Scorpion*.......... Ten-kəts-kiou ;
15 j. (le jour de o,44, la nuit de o,55), *Tson-go* ;
15 j. (le jour de o,42, la nuit de o,57), *Lits-to* ;
3o jours dans le *Sagittaire*.......... Tsin-ba-kiou ;
15 j. (le jour de o,41, la nuit de o,58), *Djo-sets* ;
15 j. (le jour de o,4o, la nuit de o,5g), *Taï-sets* ;
3o jours dans le *Capricorne*........ Makats-kiou ;
15 j. (le jour de o,4o, la nuit de o,6o), *To-djo* ;
15 j. (le jour de o,4o, la nuit de o,5g), *Sio-kan* ;
3o jours dans le *Verseau*.......... Vo-bin-kiou ;
15 j. (le jour de o,41, la nuit de o,58), *Taï-kan* ;
15 j. (le jour de o,42, la nuit de o,57), *Lits-siun* ;
3o jours dans les *Poissons*.......... So-gio-kiou ;
15 j. (le jour de o,44, la nuit de o,55), *Wou-soui* ;
15 j. (le jour de o,47, la nuit de o,52), *Ki-tiets.*

Des cent parties dans lesquelles on partage les

vingt-quatre heures, on en prend deux pour le crépuscule du matin, et deux pour celui du soir.

Le mécanisme des horloges japonaises consiste dans un balancier horizontal, se mouvant sur une tige en avant et en arrière, avec un poids des deux côtés. Cette horloge marque exactement la durée du jour et de la nuit, par l'approche ou la rétrogradation de ces poids ; j'examinai au palais du gouvernement, à *Nangasaki*, une horloge de cette espèce ; et comme la construction m'en parut curieuse, j'eus envie d'en emporter une du Japon ; mais le haut prix qu'on y mit m'empêcha de me satisfaire.

L'année, nommée en japonais *tosi* ou *nen*, se trouve ainsi partagée en vingt-quatre périodes, qui forment les quatre saisons. Le printemps, qui est la première, commence toujours par *Lits-siun*. En 1783, ces périodes étoient fixées aux jours suivans :

FAROU, OU LE PRINTEMPS.

Lits – siun , depuis le 4 du 1ᵉʳ mois, ou depuis le 5 février
Wou-souï, ... 19 ..   » .... 20 ......
Ki-tiets, ... 5 ..   2ᵉ .... 7 mars.
Siun-boun, ... 19 ..   » 21
Sio-mi, ... 5 ..   3ᵉ............. 6 avril.
Ko-kvou, ... 22 ..   » 23

NATS, OU L'ÉTÉ.

Lits-ka , depuis le   7 du   4ᵉ mois, ou depuis le 7 mai.
Sio-man , ... 22 . .   » . . . .   »
Bo—sin , ... 7 . . 5ᵉ . . . . 6 juin.
Ge-tsi , ... 22 . .   » 21
Djo—djo , ... 8 . . 6ᵉ . . . . 7 juillet.
Taï-sio , ... 23 . .   » 22

AKI , OU L'AUTOMNE.

Lits-siou , depuis le   9 du   7ᵉ mois, ou depuis le 6 août.
Sio-sio , ... 24 . .   » 21
Vak-lo , ... 10 . . 8ᵉ . . . . 6 sept.
Siou-boun , ... 25 . .   » 21
Kan-lo , ... 11 . . 9ᵉ . . . . 6 octobr.
Tson-go , ... 26 . .   » 21

FOU-YU , OU L'HIVER.

Lits-to , depuis le 12 du 10ᵉ mois, ou depuis le 6 novem.
Djio-sets , ... 27 . .   » 21
Taï-sets , ... 13 . . 11ᵉ . . . . 6 décem.
To—djo, ... 28 . .   » 21
Sio-kan , ... 14 . . 12ᵉ . . . . 6 jʳ. 1784.
Taï-kan , ... 29 . .   » 21

Comme les Japonais ont des années lunaires,
le rapport varie constamment. Après une période
de trente-trois mois, il vient un an de treize
mois : l'on eut ainsi en 1778 un *kou-gouats*,
ou neuvième mois, et un *ouro-kougouats*, ou
neuvième mois intercalaire ; en 1781, un *go-*

gouats ou cinquième mois, et un *ouro-go-gouats*, et en 1784, un *djo-gouats*, et un *ouro-djo-gouats*, ou premier mois intercalaire.

L'an 1777, le 1ᵉʳ du djo-gouats fut le 8 février.
       1778, le 1ᵉʳ .... 28 janvier.
       1779, le 1ᵉʳ .... 16 février.
       1780, le 1ᵉʳ .... 5 ....
       1781, le 1ᵉʳ .... 24 janvier.
       1782, le 1ᵉʳ .... 12 février.
       1783, le 1ᵉʳ .... 2 ....
       1784, le 1ᵉʳ .... 22 janvier.
       1785, le 1ᵉʳ .... 9 février.

L'on a observé qu'ordinairement le deux cent dixième ou le deux cent vingtième jour après le 1ᵉʳ du *djo-gouats*, il y a une tempête affreuse; s'il n'y en a pas, on a coutume de s'en féliciter.

Les douze signes du zodiaque ont en japonais les noms suivans :

1.	Ne.	Le Rat.	Aries.
2.	Ous.	La Vache.	Taurus.
3.	Torra.	Le Tigre.	Gemini.
4.	Ou, abréviation d'Ousagi.	Le Lièvre.	Cancer.
5.	Tats.	Le Dragon.	Leo.
6.	Mi.	Le Serpent.	Virgo.
7.	Ouma.	Le cheval.	Libra.
8.	Fitsousi.	La Brebis.	Scorpio.
9.	Sar.	Le Singe.	Sagittarius.
10.	Torri.	Le Coq.	Capricornus.
11.	In.	Le Chien.	Aquarius.
12.	I.	Le Cochon.	Pisces.

Les quatre points cardinaux sont :

Figassi, l'Orient.   Minami, le Midi.
Nisi, l'Occident.   Kita, le Nord.

Les noms des sept planètes sont :

Gouats, la Lune.
Koua, Mars, ou la planète du Feu.
Souï, Vénus, ou la planète de l'Eau.
Mok, Jupiter, ou la planète du Bois.
Kin, Mercure, ou la planète de l'Or.
Do, Saturne, ou la planète de la Terre (1).
Nitji, le Soleil.

A l'exception du soleil et de la lune, les autres sont, suivant l'ouvrage *Sin-daï-no-maki*, les enfans des dieux *Isanagi-no-sanami-no-mikotto*.

Comme nous, ils distinguent les jours de la semaine par les noms des sept planètes, et ils disent :

Gouats-yo,   Lundi.
Koua-yo,   Mardi.
Souï-yo,   Mercredi.
Mok-yo,   Jeudi.
Kin-yo,   Vendredi.
Do-yo,   Samedi.
Nitie-yo,   Dimanche.

---

(1) C'est ainsi que M. Titsingh donne la correspondance des planètes aux cinq élémens ; mais cette table est fautive, et doit être rectifiée de la manière suivante :

Saturne.   *Terre.*   Vénus.   *Métal.*
Jupiter.   *Bois.*
Mars.   *Feu.*   Mercure.   *Eau.*

A. R.

Yo désigne proprement la constellation boréale ou l'Ourse.

Les cinq élémens sont distingués en *frère aîné* et en *frère cadet*, par les mots *ye* et *to*; ainsi ils en ont dix; savoir :

Ki-no-ye..... Bois, *Frère aîné*.
Ki-no-to........... *Frère cadet*.
Fi-no-ye..... Feu............etc.
Fi-no-to.
Tsou-tsi-no-ye. Terre.
Tsou-tsi-no-to.
Kan-no-ye.... Or.
Kan-no-to.
Misou-no-ye. . Eau.
Misou-no-to.

En joignant les dix élémens avec les douze signes de la sphère, ils dénotent distinctement, suivant leur manière de compter, chaque jour du mois. Ainsi, lorsque la nouvelle lune est le mercredi,

Mercredi, le 1er, est chez eux Ki no-ye........ Ne.
Jeudi, le 2.............. Ki-no-to-no.... Ous.
Vendredi, le 3........... Fi-no-ye....... Torra.
Samedi, le 4............ Fi-no-to-no.... Ou.
Dimanche, le 5.......... Tsoutsi-no-ye... Tats.
Lundi, le 6............ Tsoutsi-no-to no. Mi.
Lundi, le 7............ Kan-no-ye .... Ouma.
Mardi, le 8............. Kan-no-to-no.. Fitsousi.
Mercredi, le 9.......... Misou-no-ye.... Sar.

19.

Jeudi , le 10 , est chez eux le Misou-no-to-no. Forri.
Vendredi , le 11.......... Ki-no-ye....... In.
Dimanche , le 12.......... Ki-no-to-no.... I.
Lundi , le 13............ Fi-no-ye...... Ne.
Mardi , le 14............ Fi-no-to-no.... Ous , etc.

Anciennement le onzième mois, pendant lequel le soleil entre dans le solstice d'hiver, étoit pris pour le premier mois, parce qu'alors le soleil est dans le nord et au-dessous de la terre. Il en étoit de même autrefois chez les Chinois. Leur cycle, ou espace de soixante ans, commence pourtant par Torra-no-tsouki. Cette manière de compter a été adoptée en Chine par les princes de la dynastie actuelle.

Voici les noms du cycle de soixante, qui se compose de ceux du cycle de dix, combinés avec le cycle de douze.

1	1	Ki-no-ye	Torra.
2	2	Ki-no-to-no	Ou.
3	3	Fi-no-ye	Tats.
4	4	Fi-no-to-no	Mi.
5	5	Tsoutsi-no-ye	Ouma.
6	6	Tsoutsi-no-to-no	Fitsousi.
7	7	Kan-no-ye	Sar.
8	8	Kan-no-to-no	Torri.
9	9	Misou-no-ye	In.
10	10	Misou-no-to-no	I.
11	11	Ki-no-ye	Ne.
12	12	Ki-no-to-no	Ous.

13	1	Fi-no-ye............	Torra.
14	2	Fi-no-to-no........	Ou.
15	3	Tsoutsi-no-ye......	Tats.
16	4	Tsoutsi-no-to-no....	Mi.
17	5	Kan-no-ye.........	Ouma.
18	6	Kan-no-to-no......	Fitsousi.
19	7	Misou-no-ye........	Sar.
20	8	Misou-no-to-no......	Torri.
21	9	Ki-no-ye..........	In.
22	10	Ki-no-to-no........	I.
23	11	Fi-no-ye...........	Ne.
24	12	Fi-no-to-no........	Ous.
25	1	Tsoutsi-no-ye......	Torra.
26	2	Tsoutsi-no-to-no...	Ou.
27	3	Kan-no-ye.........	Tats.
28	4	Kan-no-to-no......	Mi.
29	5	Misou-no-ye.......	Ouma.
30	6	Misou-no-to-no....	Fitsousi.
31	7	Ki-no-ye..........	Sar.
32	8	Ki-no-to-no.......	Torri.
33	9	Fi-no-ye...........	In.
34	10	Fi-no-to-no........	I.
35	11	Tsoutsi-no ye......	Ne.
36	12	Tsoutsi-no-to-no...	Ous.
37	1	Kan-no-ye.........	Torra.
38	2	Kan-no-to-no......	Ou.
39	3	Misou-no-ye.......	Tats.
40	4	Misou-no-to-no....	Mi.
41	5	Ki-no-ye..........	Ouma.
42	6	Ki-no-to-no........	Fitsousi.
43	7	Fi-no-ye..........	Sar.
44	8	Fi-no-to no........	Torri.

45	9	Tsoutsi-no-ye........	In.
46	10	Tsoutsi-no-to-no....	I.
47	11	Kan-no-ye.........	Ne.
48	12	Kan-no-to-no......	Ous.
49	1	Misou-no-ye.......	Torra.
50	2	Misou-no-to-no....	Ou.
51	3	Ki-no-ye.........	Tats.
52	4	Ki-no-to-no.......	Mi.
53	5	Fi-no-ye..........	Ouma.
54	6	Fi-no-to-no.......	Fitsousi.
55	7	Tsoutsi-no-ye......	Sar.
56	8	Tsoutsi-no-to-no....	Torri.
57	9	Kan-no-ye.........	In.
58	10	Kan-no-to-no......	I.
59	11	Misou-no-ye.......	Ne.
60	12	Misou-no-to-no....	Ous.

On partage les vingt-quatre heures deux fois en six périodes, dont chacune est divisée en huit, qui, de même que les huit points du compas, ont des noms différens.

Kokonots est chez eux le plus haut du jour et de la nuit, chez nous.. midi et minuit.

Kokonots-fan, chez nous .... midi et demi.

Kokonots-fan-souki .... 1 heure.

Kokonots-fan-souki-maye............. 1 heure $\frac{1}{2}$.

Yaats .... 2 heures.

Nanats .... 4 heures.

Mouts-donki.......................... 6 heures.

Itsous.... .... 8 heures

Yoots................................. 10 heures,

Puis l'on a de nouveau *kokonots* ou *mous-docki*................................. minuit.

Comme chez nous on rappelle, à la tête des calendriers, les événemens mémorables, et l'espace de temps qui s'est écoulé depuis ces événemens; l'on voit ainsi, dans celui de la troisième année du *Nengo* ou nom d'année *ten-mi*, ou de l'an 1783, qu'il s'est passé :

Depuis le premier *Daïri Tsin mou-ten o*... 2,440 années.

Depuis la conquête de la Corée......... 185

Depuis la mort de *Taïko-sama*......... 186

Depuis la conquête des îles *Lioukoueo*, par le prince de *Satsouma*..................... 173

Depuis l'arrivée du premier vaisseau hollandais (le 2 de juin 1609)................. 174

Depuis la mort de *Gougin-sama*......... 162

Depuis la construction de l'établissement de l'île *Desima*......................... 144

Depuis que les Hollandais ont quitté *Firando*............................ 143

Du règne du *Djougoun-Ye e-farou*...... 24

Le calendrier est toujours composé à la cour du *Daïri* par le *Rek-Fakassi*.

Les Japonais ont des boussoles à douze points, conformes aux douze lignes de la sphère, à partir du Nord, ou du Rat; en quoi ils sont d'accord avec les Chinois. Comme dans nos almanachs communs l'on trouve des prédictions, l'on voit dans celui de l'année du *Lièvre*, déjà cité, les précautions suivantes à prendre :

« Tout ce qui est opposé au nord doit être

fermé cette année-ci. Lorsqu'on veut, par exemple, se rendre dans quelque lieu situé au nord, l'on va, en sortant de chez soi, auparavant un peu du côté de l'est ou du sud; après quoi l'on peut poursuivre sa route.

» Les femmes enceintes doivent, cette année, se garder d'accoucher à l'opposite de l'*ous-no-fo* ou du point de la vache.

» Cette année-ci tout est *ouvert*, c'est-à-dire fortuné, entre les points du serpent et du cheval; c'est pour cela qu'en priant on se tourne vers le sud, qui est entre les points consacrés à ces deux animaux.

» Il ne faut pas, cette année-ci, semer en se tenant à l'opposite du nord.

» L'on ne peut pas déménager et s'approcher de *torri-no-fo*, ou du point du coq.

» Le 2ᵉ ou le 3ᵉ de la 1ʳᵉ lune, les marins érigent, dans leurs barques, une branche de sapin, entourée d'une corde de paille, à laquelle ils attachent plusieurs choses, comme de l'herbe, des écrevisses, du riz, du sel, du blé, etc. C'est une offrande au dieu de la barque, qu'ils font afin d'être heureux dans le cours de l'année. Cette offrande se nomme *Tama-fouma-dama sama*, ou offrande au dieu de la barque; car chaque barque est supposée sous l'influence d'un esprit tutélaire.

» Lorsque l'almanach défend de déménager, ou de faire voile vers un des douze points, on commence par se diriger vers un autre point ; ce qui prévient tout malheur : après quoi l'on poursuit sa route dans la direction qu'on veut.

» Il faut se garder, cette année, de prendre une femme d'un pays situé vers l'*in-no-fo*, ou le point du chien.

» Dans le cours de l'année, l'on ne doit pas tirer directement vers le point de la brebis, avec l'arc, le fusil, ni la pique.

» Cette année, l'on ne doit pas aller à la selle, ni faire de l'eau à l'opposite du point de la vache. Il est défendu de même de recevoir du bétail de ce point-là. »

Ces calendriers sont encore pleins de prédictions sur le temps et les vents, et de marques pour les jours fortunés et infortunés, auxquels on doit avoir égard dans toutes sortes d'entreprises.

SUR LE SUICIDE LÉGAL

DES JAPONAIS.

Il est parlé si souvent, dans ce volume et dans les autres ouvrages sur le Japon, de la prérogative que certaines classes de Japonais ont, dans le cas où ils ont encouru la peine capitale, de se donner la mort, en s'ouvrant eux-mêmes le ventre, qu'on sera peut-être bien aise de voir ici quelques détails sur cet usage singulier.

Tous les militaires, tous les serviteurs du *Djogoun*, et tous les employés au service de l'Etat, sont tenus, quand ils ont commis quelque crime, de se couper le ventre, mais non sans en avoir reçu préalablement l'ordre de la cour; car s'ils prévenoient cet ordre, leurs héritiers courroient risque d'être privés de leurs emplois et de leurs biens. Il en résulte que tous les employés du gouvernement sont toujours munis, outre leur costume ordinaire et celui qui sert en cas d'incendie, de tout l'appareil nécessaire en pareille occasion, et le portent avec eux toutes les fois qu'ils vont en voyage. Cet appareil est composé d'une robe blanche, et d'un vêtement de cérémonie, fait de toile de chanvre, le tout sans armes. On garnit l'extérieur de la maison de tentures blanches; car habituellement les palais des grands, et les lieux où ils séjournent sur la route, en allant à Yedo, ou en en revenant, sont tendus de pavois de couleur, où sont brodées leurs armes, privilége dont jouit aussi l'envoyé hollandais.

Dès qu'on a signifié l'ordre de la cour au coupable, il invite ses amis intimes pour le jour fixé; il les régale de *zakki*. Après qu'on a bu pendant quelque temps, il prend congé d'eux; ensuite l'ordre de la cour lui est lu de nouveau. Chez les grands, cette lecture a lieu en présence de leur secrétaire et de l'inspecteur; le principal personnage de cette scène tragique fait ensuite une sorte de discours ou de compliment; puis il baisse la tête vers la natté, et, tirant son sabre, il s'en donne sur le ventre un coup en travers, pénétrant jusqu'aux entrailles. Un de ses serviteurs affidés, qui se tient derrière lui, lui tranche alors la tête. Ceux qui veulent montrer un plus grand degré de courage, se donnent, après le coup en travers, un second coup en long, puis un troisième à la gorge. Un pareille châtiment n'a rien de déshonorant. Le fils succède à l'emploi du père, comme on en a vu plusieurs exemples dans les Mémoires sur les *Djogouns*.

Celui qui se sent coupable de quelque crime, et qui craint, à cause de cela, d'être couvert d'ignominie, se coupe le ventre pour sauver à sa famille les suites fâcheuses d'une information judiciaire. Cet usage est si commun, que l'on n'y fait presque pas d'attention. Dans leur jeunesse, les fils de tous les gens de qualité s'exercent pendant cinq à six ans, pour s'en acquitter au besoin avec grâce et dextérité, et se faire par là une réputation. Ils s'y appliquent avec autant d'ardeur que nos jeunes gens en montrent dans leurs exercices du corps; ce qui leur inspire, dès leur bas âge, un profond mépris de la mort. Aussi, la préfèrent-ils à la moindre insulte. Ce mépris de la mort s'étend, chez les Japonais, aux dernières classes de la société.

Pendant mon séjour à Yedo, en 1782, on me fit part d'un fait récemment arrivé au palais du prince de *Satsouma* : sur le fourreau du sabre est attaché un petit couteau dont la poignée avance un peu au-devant de la garde, et offre ordinairement des fleurs et d'autres ornemens en or, supérieurement travaillés. Le prince, en allant se coucher, mit son sabre de côté; le lendemain, le petit couteau avoit disparu, sans qu'on pût soupçonner qui que ce fût de ce vol. On fit en secret des recherches chez tous les prêteurs sur gages, pour savoir si le couteau y

avoit été déposé. Trois jours après, un de ces
prêteurs apporta un couteau sur lequel il
avoit avancé de l'argent, et qu'on reconnut
aussitôt pour celui du prince. On fit paroître
tous ses gens devant le prêteur, qui reconnut à
l'instant celui dont il l'avoit reçu. Le coupable
confessa franchement son crime : on lui ordonna
de se préparer à la mort. Sa réponse fut qu'il
étoit prêt. On le conduisit dans la cour, et on
lui trancha la tête sans plus de formalité.

TABLE DES MATIÈRES.

FIN.